労働組合の変貌と労使関係法

道幸哲也

労働組合の変貌と労使関係法

学術選書
45
労働法

信山社

はしがき

　組織率の長期的な低迷やその力や役割の低下により労働組合の社会的位置は低下している。職場における影響力の弱まりも顕著である。労働法学会の関心も，労働組合よりも従業員代表制の常設化が主流になりつつある(1)。もっとも，それが現行労働組合法の問題点を的確に踏まえたものとはいえず，ややムード的なものといえる。さらに，雇用問題をめぐる最近の論調も労組法の改正までは対象としてはいない(2)。そこで本書では，労働組合法の現状と問題点を把握するという観点から，労組法全体の問題点とともに直面する諸問題やあるべき法理について検討した。

　ところで，2009年の政権交代は，格差の是正を求める民意によるところが大きい。問題とされた格差は，労働者内部におけるそれではなく，むしろ会社と労働者の取り分の割合，つまり，労働分配率の低下として現れている。この格差の是正のためには,労働者への分配率を高めることが不可欠であり，内需の拡大のためにも有効な手段といえる。そのための端的な方法は，労働者サイドの交渉力を高めるために労働組合を強化することが考えられる。
　にもかかわらず，この点の議論は政党レベルにおいてまったくなされていないばかりか(3)，労働組合の存在は公務員制度改革の障害とさえみなされている。たしかに，運営が形骸化したり，正規従業員の利益ばかりを追求す

---

(1) 論争状態については，労働政策研究・研修機構編『労働条件決定システムの現状と方向性』(2007年，労働政策研究・研修機構編) 参照。
(2) たとえば，座談会「貧困・格差をめぐる諸問題と社会法」季刊労働法226号（2009年），座談会「雇用の危機と労働法の課題」法律時報81巻12号（2009年）等。
(3) 雇用に関する各党のマニフェストについては，季刊労働者の権利232号（2009年）101頁参照。また，連合自体の組合法改正方針も不明確である。村上陽子「雇用問題に対する連合の取り組みと今後の課題」季刊労働法226号（2009年）48頁。

v

はしがき

る組合も少なくないが，その原因の一端は，現行の労働組合法の不備によることも見逃せない。終戦直後に制定された労働組合法はその後あまり改正がなされなかったので，実態にあわない多くの規定を有している。にもかかわらず本格的な議論はなされていない。関心さえ示されていない。

職場における労働者の「声」を実現する新たな仕組みを作り上げるためには労組法の改正は不可欠であるというのが本書の問題関心である。

第1部では，適切な集団的労働条件決定の観点から労働組合法が全体としてどのような特質を持ち，また課題を有するかを検討した。労働組合や労働組合法について議論する際の共通の了解を得る作業であるとともに立法論の前提にもなる。本書の総論的な位置を占める。

第2部は，団結権保障のあり方を行政救済と司法救済の双方の観点から論じた。第2章では組合申立の観点から，一連の判例法理をふまえて労働委員会手続きにおける組合と組合員との利益の相互関係について検討した。第3章では，多発する団結権・団交権侵害を理由とする損害賠償事案を対象に判例法理の問題点と限界を論じた。行政救済と司法救済との関係についてはより本格的な考察が必要とされよう。

第3部は，具体的な立法や裁判例と関連づけて提起された労働組合法の課題を取り上げる。具体的には，第4章では，労働契約法立法の際にみられた従業員代表構想に着目して「労使自治」とはなにかを論じた。就業規則に関する集団的規制のあり方は今後のホットな論点となろう。第5章は，企業組織再編にともなう使用者概念の拡張を論じたものである。最近は使用者概念ではなく，むしろ労働組合法上の「労働者」概念さえ問題となっている。本格的な「団交関係論」は将来の課題である。第6章では，この組合の代表性を，関係当事者間の利益調整の観点から検討した。法理論の前提となる労使関係論といえる。第7章では，団交・協約法理を非現業公務員に適用する際にどのような問題が発生するかを論じた。将来の立法構想の際の留意点であると同時に組合がどのような意味で組合員（従業員）を代表しうるかを考えるためにも示唆的な論点が提起されている。日本型排他的交渉代表制の立論

といえようか。

　なお，本書の各部分の初出は以下の通りである。若干の補正・加筆をしている。各論文はそれぞれ独立して執筆されたので，叙述内容に重複した部分（たとえば，行政救済と司法救済の異同）があることをおことわりしておきます。

◇第1部　労働組合法の行くえ
　　第1章　「解体か見直しか――労働組合法の行方　(一)・(二)・(三)」
　　　　『季刊労働法』221号122-135頁（一）
　　　　　　　　　　222号127-145頁（二）
　　　　　　　　　　223号（2008年）93-122頁（三）

◇第2部　危機に瀕する団結権法理
　　第2章　「組合申立の法理――労働委員会手続における組合員と組合」
　　　　『中央労働時報』1098号（2009年）2-17頁
　　第3章　「団結権侵害を理由とする損害賠償法理（1）（2）」
　　　　『季刊労働法』226号141-157頁
　　　　　　　　　　227号（2009年）118-130頁

◇第3部　直面する諸問題
　　第4章　「労働契約法制と労働組合――どうなる労使自治」
　　　　『労働法律旬報』1630号（2006年）4-21頁
　　第5章　「企業組織再編と労使関係法」
　　　　早稲田大学21世紀COE叢書
　　　　『企業社会の変容と法創造6巻　労働と環境』（2008年，日本評論社）
　　　　103-122頁
　　第6章　「労働条件の不利益変更をめぐる紛争化・公共化の諸相」
　　　　『法社会学』68号（2008年）160-168頁
　　第7章　「公務員労働法における団交・協約法制」
　　　　『季刊労働法』221号（2008年）78-87頁

<目　次>

はしがき (v)

◆第1部◆　労働組合法の行くえ

◇第1章◇　労働組合法の直面する諸問題 …………………… 3

はじめに——やや長めの問題提起 (3)
　(1) 労働組合はなぜ弱体化したか (4) ／ (2) 従業員代表法制の構想 (6) ／ (3) 従業員代表構想と組合機能 (8) ／ (4) 本稿の問題関心 (9)

Ⅰ節　労使関係の変貌と法理形成 (10)
　(1) 労使関係の変貌 (10) ／ (2) 法制度・法理形成への影響 (14)

Ⅱ節　労働組合内部問題 (17)
　(1) 現行規定の特徴と問題点 (17) ／ (2) 判例法理の特徴と問題点 (20) ／ (3) 見直しの視点 (24)

Ⅲ節　団体交渉 (28)
　(1) 現行規定の特徴と問題点 (29) ／ (2) 判例法理の特徴と問題点 (32) ／ (3) 団交紛争の処理 (35) ／ (4) 見直しの視点 (36)

Ⅳ節　プレッシャー行為 (44)
　(1) 判例法理の特徴と問題点 (45) ／ (2) 見直しの視点 (47)

Ⅴ節　労働協約 (53)
　(1) 判例法理の特徴と問題点 (53) ／ (2) 見直しの視点 (56)

Ⅵ節　不当労働行為制度 (62)
　(1) 労組法の立法史からの考察 (63) ／ (2) 判例法理の特徴 (69) ／ (3) 行政救済法理の独自性 (73) ／ (4) 2004年の労組法改正 (80) ／ (5) 不当労働行為制度の直面する課題 (87) ／ (6) 集団的労使紛

ix

争処理システムとしての見直し（92）
結語　法理を支える構想力（102）
　　（1）なぜ団結したか（103）／（2）なぜ団結が困難となったか（104）／
　　（3）団結の行くえ（107）

◆第2部◆　危機に瀕する団結権法理

◇第2章◇　組合申立の法理
　　　　　　──労働委員会手続における組合員と組合 ……………… 121

はじめに（121）
Ⅰ節　労働委員会手続（123）
　　（1）申　立（123）／（2）再審査申立（128）
Ⅱ節　取消訴訟（129）
　　（1）原告適格（129）／（2）参　加（130）
Ⅲ節　救済命令・救済利益（132）
　　（1）救済命令（132）／（2）救済利益（136）
Ⅳ節　組合申立の法理（138）
　　（1）判例法理の検討（138）／（2）組合申立の法理（143）

◇第3章◇　団結権侵害を理由とする損害賠償法理 ……… 153

問題提起（153）
Ⅰ節　行政救済と司法救済（154）
　　（1）判例法理の全体像（154）／（2）行政救済と司法救済（156）
Ⅱ節　裁判例の全体的傾向（160）
　　（1）事実関係上の特徴（161）／（2）理論的特徴（165）
Ⅲ節　団結権侵害を理由とする損害賠償法理（179）
　　（1）反組合的行為に対する規制視角（179）／（2）違法性（180）／
　　（3）故意・過失（183）／（4）損害論（185）／（5）加害者関係論（190）／
　　（6）将来的課題（196）

◆第3部◆　直面する諸問題

◇第4章◇　労働契約法制と労働組合 …………………… 211

はじめに (211)

Ⅰ節　現行従業員代表制・労使委員会制度の問題点 (216)

　(1) 制度の形成過程 (216) ／ (2) 基本的特徴と問題点 (220) ／ (3) 関連裁判例 (224)

Ⅱ節　素案が示した労使委員会等構想 (230)

　(1) 現行就業規則法理の問題点 (230) ／ (2) 労使委員会等の構想 (232)

Ⅲ節　労働組合機能との関連 (239)

　(1) 労働組合と労使委員会の異同 (239) ／ (2) 労働組合機能との関連 (242) ／ (3) 労働契約法下における労働組合の機能 (244)

◇第5章◇　企業組織再編と労使関係法 …………………… 249

Ⅰ節　企業組織再編にともなう労使関係法上の問題 (250)

　(1) 企業組織の再編 (250) ／ (2) 労使関係法上の諸問題 (252)

Ⅱ節　親会社の団交応諾義務をめぐる判例法理 (253)

　(1) 最高裁判例法理の形成 (254) ／ (2) 下級審の動向 (255) ／ (3) 朝日放送事件最判の位置づけ (259)

Ⅲ節　親会社の使用者性 (262)

　(1) 不当労働行為制度のとらえ方 (263) ／ (2) なんのための団交権か (264) ／ (3) 残された課題 (268)

◇第6章◇　労働協約締結過程における労使の利害調整 …… 271

Ⅰ節　なにが問題か (271)

Ⅱ節　なぜこのような紛争が増加したのか (273)

Ⅲ節　労働条件決定過程における労働組合 (275)

（1）労働条件決定過程《275》／（2）労働組合の「公正代表義務」
　　《278》／（3）労使の利害調整《279》

◇第7章◇　公務員労働法における団交・協約法制
　　　　　　　──2007.10.19報告書の死角 …………………………… 283

はじめに《283》

Ⅰ節　公務員労働基本権の現状と問題点《285》
　　　（1）労働基本権の保障規定《286》／（2）判例法理の特徴と問題点《288》

Ⅱ節　本報告書の内容《290》
　　　（1）改革の必要性と方向性《290》／（2）改革の具体化にあたり検討すべき論点《292》

Ⅲ節　本報告書の特徴と問題点《294》

Ⅳ節　残された基本問題《299》

◆ 第1部 ◆
労働組合法の行くえ

◆第1章
労働組合法の直面する諸問題

はじめに
Ⅰ節　労使関係の変貌と法理形成
Ⅱ節　労働組合内部問題
Ⅲ節　団体交渉
Ⅳ節　プレッシャー行為
Ⅴ節　労働協約
Ⅵ節　不当労働行為制度
結　語　法理を支える構想力

はじめに——やや長めの問題提起

　年金や教育再生問題において，組合バッシングが再現されている。組合を改革に対する抵抗勢力と単純に位置づけ，その解体を狙うキャンペーンの一環といえる。組合の組織率の低下に歯止めがかからないばかりか，社会における威信や影響力が極端に低下している。

　一方，格差やワーキングプア問題は社会的に注目を浴びている。しかし，組合のみが「労働問題」についての世論形成の主体であるため，組合の発信力の低下は，労働問題を適切に議論し，世論を誘導する主体がいなくなることをも意味している。政党や市民団体もそのような役割を果たしていない。このような状態はまさに不正常である。

　組合を結成し運営する権利は，中核的労働基準といわれるが[1]，実際には

---

1)　1998年のILO宣言（「労働における基本的原則および権利に関する宣言」）は，中核的労働基準として，①結社の自由・団結権・団体交渉権の効果的承認，②強制労働の禁止，③児童労働の廃止，④雇用差別の禁止，をあげている。詳しくは，吾郷眞一『国際経済社会法』（2005年，三省堂）148頁以下参照。

必ずしも十全に保障されてはいない。また，憲法28条で保障されている団結権に関する知識も驚くほどなくなっている[2]。憲法上の権利であるにもかかわらず，最近では論議の対象とはされず，改憲論争でもほとんど取り上げられていない。憲法記念日のテーマになったこともない。28条廃止論のほうが注目を浴びるだけ，無視されるよりましかもしれない。

(1) 労働組合はなぜ弱体化したか

　現在労働組合の組織率は，約18％であり，実際の影響力も低下している[3]。その主要な原因の一は，産業・就業構造の急激な変化に適切に対応できなかったことである。企業内においてパート等の非正規労働者の組織化を十分にはせず，また，企業を超えた産業別，地域における組織力が低下したため新組合の組織化がほとんどなされなかったためである。組合の努力不足の感は否めない。というより決定的である。

　その二は，労務管理の変化，とりわけ個別化，能力主義化に対応できなかったためである。具体的には，年俸制・成果主義的賃金制度，裁量労働制の導入により組合の発言力が急激に落ちている。制度化のレベルでもその実施レベルにおいてもそういえる。法理的にも未解明の問題が少なくないのにもかかわらず[4]，原理的に考えるという問題関心も希薄である。ロースクール化の影響によって，もっぱら実務的な処理が目指されている。

　その三は，社会意識のレベルにおいても，競争重視の観点からの個人主義化，能力主義化，市場原理の思考が蔓延している。グローバリゼーションの

---

2) たとえば，NHK放送文化研究所編『現代日本人の意識構造（6版）』(2004年，NHK) 90頁によれば団結権が憲法上の権利であるということを知っている人は20％である。連合総研が2007年4月に実施した「勤労者の仕事と暮らしについてのアンケート」によると労働組合を結成する権利を知っている者の割合は29.4％にすぎない。
3) 拙著『労使関係法における誠実と公正』(2006年，旬報社) 220頁以下参照。
4) たとえば，拙稿「成果主義人事制度導入の法的問題（一）（二）（三）」労働判例938，939，940号 (2007年) 参照。
5) 全般的には，田端博邦『グローバリゼーションと労働世界の変容』(2007年，旬報社) 等参照。

動きや規制緩和を目的とする労働ビッグバン構想がこれを助長している[5]。

その四は，株式会社「観」についても，ステークホルダー中心の発想からもっぱら株主利益中心のものに大きく変貌している[6]。賃金はもっぱら経営のコスト（人件費）として，組合はパートナーよりも効率的な経営を阻害する「抵抗勢力」と見られがちである。

なお，ここで注目すべきは，わが国の労働法システム自体が，以下の点において組合の弱体化を助長した側面があることである。

第一は，団結権の人権的把握（憲法28条）である。権利保障の側面では，基本的人権であることは有利に働く。他方，労使関係の実態にあった「政策」形成の側面においては，論議のタブー化を生ぜしめ，柔軟な発想を阻害する面もあったことは否定できない。具体的には，団結「権」保障の観点を重視したあまり，職場全体を念頭においてどのように実効性のある集団的な労働条件決定をなしうるかという政策的な論議が適切になされなかった。

たとえば，団結権平等論（使用者の中立保持義務）は，組合内部における民主的意思決定の重視より，各グループが独自に組合を結成・運営する権利を強調することにより組合併存状態の形成を促した。自己決定の側面では適合的な法理であったが，職場における労働者総体としての交渉力は確実に低下した。同時に多様な不当労働行為事件の温床にもなった。また，団交権保障の観点から「排他的交渉代表制」や「組合の団交拒否」構想は否定された。当該構想の是非以前に，議論をすること自体が忌避されたことが問題と言える。

第二は，労組法による古典的な労使対立構造の想定である。労組法は，使用者との関係における「自主性」の重視から使用者の利益代表者の組合加入（2条但書1号）とともに経費援助（同条但書2号，7条3号）等を禁止している。自主的であることが「強制」されているわけである。たしかに，労組法形成期においては当該規定に一定の教育的効果はあったが，現時点において

---

6) 問題点については，上村達男・金児昭『株式会社はどこへ行くのか』（2007年，日本経済新聞出版社），奥村宏『株式会社に社会的責任はあるか』（2007年，岩波書店）等参照。

は「自主的な」組合組織化・活動を阻害する側面が強い。とくに，当該規定は管理職の組合加入を阻害するとともに掲示板等の企業内コミュニケーション手段の確保を制約している側面がある。まさに，規制緩和の観点から削除すべき規定と思われる。

　以上の他に判例法理上，就業規則による集団的な労働条件決定システムの「整備」がなされてきたことも見逃せない。この就業規則による労働条件決定システムによると，過半数組合にとって，一定の発言力を行使することができ，また不利益変更の合理性は最終的に裁判所によるチェックが可能である。(過半数)組合が明確な責任を取ることなく労働条件変更に「関与」しうる制度といえる。組合が自己責任を取らなくなり，労使自治の形骸化を促進した側面は見逃せない。2007年に成立した労働契約法において就業規則不利益変更システムが導入されたが，当該規定につき組合が反対しない，もしくはしにくい理由であったと思われる[7]。同法が労使自治にどのような影響があるかを見守る必要がある。

(2) 従業員代表法制の構想

　組合組織率の低下，弱体化の傾向に対し，不当労働行為制度や組合法理の正面からの見直しはほとんどなされていない。立法の動きもなく学説の関心も驚くほど希薄である。しかし，職場において，なんらかの形で労働者の意向・声を結集するシステムの必要性は広く認識されている[8]。そこでは，労働組合よりは従業員代表制に期待するという形で論議が進んでおり，将来的な立法課題とされている。実際にも，企画業務型裁量労働制を具体化するために「労使委員会」制度が導入され（労基法38条の4），また，最終的に法案化されなかったとはいえ，労働契約法上の就業規則の不利益変更システムにつき同様な構想が提起されていた（本書4章）。

　7）　拙稿「労働契約法制と労働組合――どうなる労使自治」労働法律旬報1630号（2006年）4頁（本書4章）参照。

　8）　同時に無組合企業の労使関係も研究されている。JIL報告書『無組合企業の労使関係』（1996年）等。

従業員代表法制については多くの構想が提起されているが，ここではほぼ共通の特徴ともいうべきものを確認しておきたい[9]。

　第一に，制度構築の理由はなにか。企業内においてなんらかの集団的労働条件決定システムが必要であるという価値判断から概ね次のように立論されている。組合の組織率の低下等により組合の規制力が弱体化したために，それに替わる，もしくはそれを補完するシステムが必要である。そのために職場に基盤があり多様な従業員の利益を代表することができ，かつ労基法等による運営実績のある過半数代表をモデルにした従業員代表システムが適当である。

　第二に，具体的な制度内容については，①常設であること，②多様な従業員の利害を代表しうること，③組合機能を阻害しないこと，④労働条件決定に関与すること，がほぼ共通の了解といえる。もっとも，③の側面については論者によりかなりの温度差があり，過半数組合の存在しないことを前提とするか否かについて見解が分かれている。

　ところで，従業員代表法制については，次のような基本的問題があることにも留意しておきたい。まず，法制化自体の問題としては，強制設置という構想のために，労働者の主体性・自主性よりも会社のイニシアティヴによる設立という事態が予測される。こうなると，その設置や運営につき使用者の関与をどう排除するかという課題に直面する。「第二労務部」「御用組合」という古典的な問題が再現するわけである。ところが，このレベルの問題を念頭においた具体的構想は明確には提示されてはいない。従業員代表システムにおいては，組合の場合とは異なり従業員が突然生き生きと自主性をもって活動するという想定であろうか。現実の過半数代表制度が適切に機能していないことはほぼ共通の了解になっているのにもかかわらず安易に当該構想を持ち出すことは無責任といえる。

---

9) 論争状況については，労働政策研究・研修機構編『労働条件決定システムの現状と方向性』(2007年，労働政策研究・研修機構)，特集「労働者代表制度の再設計」季刊労働法216号 (2007年)，井波洋「労働者代表制論の今日的意義」日本労働研究雑誌571号 (2008年) 44頁以下，前掲・拙稿「労働契約法制と労働組合」等参照。

次に，議論の仕方も問題である。その一として，現行の過半数代表制度の実態やそれに対する評価が十分になされていない。とくに，「労使委員会」につきそういえる。まず，多くの論者から指摘されている現行制度自体の問題点を是正・整備をすることが必要と思われる。その実態や経験をふまえて常設化構想を出すべきである。

その二として，多くの論者は現行の組合に問題があると指摘しているにもかかわらず，その原因の解明や組合法の見直しにはほとんど関心を示していない。その点の見直しをすることなしに，または組合法との調整なしに一挙に従業員代表システム構想を提示することは無謀である。

(3) 従業員代表構想と組合機能

現行の過半数従業員代表制については，組合活動の活性化の観点から追求すべき問題は多い。とりわけ，従業員代表的機能との関連において労組法上次のような法的問題があり，その点に関する法理の構築は緊急の課題である。組合機能との両立は必ずしも容易ではないからである[10]。

第一は，過半数代表の地位獲得過程の問題である。そのための組合の諸活動について不当労働行為法理が適用されるか。この点は，組合活動の一環としてなされるので当然適用されることになると思われる。問題は，組合以外の団体や個人についてはどうかである。独自の権利保護システムを構築することや不当労働行為法理の拡張等が考えられる。後者については，個人の「集団志向的」行為も団結活動と把握することが前提となる[11]。

第二は，非組合員をも含む代表の仕方の問題である。多様な利害を適切に代表する公正代表義務法理の構築が必要となる[12]。まず，過半数組合とし

---

10) 過半数組合の組合活動，争議行為等の法理につき，組合活動等の目的が従業員代表機能と関連する場合に特段の配慮が必要となるかも問題となる。
11) アメリカ法上の議論が参考になる。木南直之「米国における未組織被用者の団体行動とその限界」日本労働法学会誌110号（2007年）177頁参照。
12) 公正代表義務法理については，拙著『労使関係法における誠実と公正』（2006年，旬報社）224頁以下参照。

ての選出過程においては，過半数組合と認定されたならば特段の問題は生じない。過半数か否かについて争いがあればデリケートな問題が発生し，どのような機関でまたどのような基準でこの種の紛争を処理するのかは明確ではない。次に，過半数組合と認められた場合には，要求の集約・決定について非組合員をも含む多様な利益をどのように公正に代表するかという困難な問題に直面する。過半数組合としての「組合内民主主義」の要請との調整が必要となる。

第三は，労使協定の法的効力問題である。この点は，労使協定に関する根拠条文との関連で捉えられる。理論的には，労使協定が形式的に労働協約の要式に合致している場合には，協約としての効力としても認められるかが争いになる。協約としての効力があるとすると，当該合意が個別契約内容になるメカニズムにつき，組合員と非組合員との相違が生じる。

(4) 本稿の問題関心

職場において労働者集団の意向を結集し，反映させる仕組みが必要なことはほぼ共通の了解である。そのためには，組合活動活性化の観点から現行の組合法を見直す方向，反対に組合には期待できないとして従業員代表制を法制化する方向が考えられる。世論の動向ははっきりしないが，学界の「雰囲気」はどうも後者を支持しているようである。私は，前者を支持している[13]。組合に固執するのは，団結権が労働者の生活を守るセーフティネットの一環であり，格差是正の主要な担い手に他ならないからでもある[14]。従業員代表法制の具体像が明確でないこともその理由である。従業員代表法制の「理念」と組合法の「現実」を比較すること自体アンフェアといえる。

組合活動の活性化は，組合自身の責任である。とはいえ，現行労組法およびそれをめぐる判例がそれを阻害している側面があり，その点について学説

---

[13] 拙著『不当労働行為法理の基本構造』（2002年，北海道大学図書刊行会）163頁以下参照。

[14] 熊沢誠『格差社会ニッポンで働くということ』（2007年，岩波書店）237頁以下。

等において十分な議論がなされていない。というより問題関心自体が希薄である。問題が発見されていないケースさえある。そこで，以下では組合活動活性化の観点から，組合活動の各ステージに応じた組合法の見直しを行いたい。

Ⅰ節　労使関係の変貌と法理形成

　集団的な労働条件決定過程は概ね次のようなプロセスをたどる。①組合内における要求の集約，②それを踏まえた団交，③団交過程においてなされる要求の実現を目指した使用者に対する種々のプレッシャー行為，さらに④労使間に一定の合意がなされた場合の協約の締結やその履行。②③は同時並行的になされることが多い。

　労組法は，これらの一連の過程につき若干の関連規定しか有しないが，多くの裁判例により判例法理が形成されている。ところがこれらの法理は必ずしも労使関係をめぐる最近の動きを前提にしていないので，実態に適切に対処しえない傾向にある。そこで，ここでは実態に見合った法理を形成するための前提作業として労使関係が近時どのように変貌しているか，それが労使関係法理にいかなるインパクトを与えているかを検討する。それをふまえて第2章以下において立法的・解釈的課題を検討する。

(1) 労使関係の変貌

　労使関係の変化やそれにともなう労働組合運動の停滞の原因[15]や課題については多くの議論がなされている[16]。ここでは，法理形成との関連で特に重視すべき以下の傾向を確認しておきたい[17]。

　第一は，国際的ならびに国内的レベルにおける競争の激化である。グロー

---

15)　都留康『労働組合組織率低下の規定要因』日本労働研究機構43号（1993年）。

16)　最近のものとして，中村圭介・連合総合生活開発研究所編『衰退か再生か：労働組合活性化への道』（2005年，勁草書房），鈴木玲＝早川征一郎編著『労働組合の組織拡大戦略』（2006年，御茶の水書房），木下武男『格差社会にいどむユニオン』（2007年，花伝社）等。

バリズムの端的な表れであり，それを支えるイデオロギーとして「規制緩和」「市場原理」をあげることができる。いわゆる労働ビッグバンはその具体化といえる[18]。

　第二は，労務管理の変化，とりわけ年俸制・成果主義的賃金制度，裁量労働制の導入にみられる個別化，能力主義化である。社会意識のレベルにおいても，競争重視の観点からの個人主義化，能力主義化が強調されている。

　第三は，株式会社観の変貌である。会社関係者（ステークホルダー）の諸利益に配慮しての経営からもっぱら株主利益中心主義への変化である。会社の業績を短期的スパンで向上する必要が出てくる。なお，コンプライアンスや企業の社会的責任論も活発になされている。しかし，労働問題に関するものは少ない[19]。

　第四は，労働内容自体の多様化・変化である。三次産業のウエイトが高まり，とりわけ情報操作関連及び多様なサービス労働が増加している。これらの労働は，使用者の指揮命令との関連がはっきりせず，仕事の進め方について労働者に広い裁量が認められている。労働者か否かの判断が困難な請負，準委任の働き方が多くなっている理由でもある。労働時間規制との関連において時間管理が困難となり，いわゆるホワイトカラー・イグゼンプションの問題を招来せしめている。もっとも，自主的な働きかたといっても，要求されている仕事「量」については決定的な制約がある。

　第五は，社会関係の個人主義化である。第二次大戦後，極度の貧困ゆえに

17）日経連「新時代の『日本的経営』」〔報告書〕（1995年）参照。また，近時の労使関係の変貌については，熊沢誠『能力主義と企業社会』（1997年，岩波新書），同『リストラとワークシェアリング』（2003年，岩波新書），中野麻美『労働ダンピング』（2006年，岩波新書）等参照。

18）批判的な論評として，森岡孝二編『格差社会の構造　グローバル資本主義の断層』（2007年，桜井書店），二宮厚美『格差社会の克服』（2007年，山吹書店），牧野富夫『労働ビッグバン』（2007年，新日本出版社）等参照。

19）たとえば，稲上毅・連合総合生活開発研究所編『現代日本のコーポレート・ガバナンス』（2000年，東洋経済新報社），稲上毅・森淳三朗編『コーポレート・ガバナンスと従業員』（2004年，東洋経済新報社），稲上毅・連合総合生活開発研究所編『労働CSR』（2007年，NTT出版）等参照。

集団化しなければ生きていけない状態（団結必然論）から，高度経済成長を経て家族，地域，企業等あらゆる社会関係において個人主義化の傾向が明確である。共同性や社会的連携は見えにくくなってきている。特に，職場においてその傾向が顕著である。

　もっとも，横並び意識は健在であり，他人に対する関心も強い。これが職場イジメの温床になっている。他人からは干渉されたくないが，（目立つ）他人を放っておく寛容さに欠けるものといえる。個人「主義」ではなく社会化されない自己中心的な意識と表現した方が適切か。

　やや脈絡は異なるが，「能力観」の個人主義的な把握も特徴と言える。自分の高い能力をもっぱら自分の努力によるものとみなすとともに，その能力を自分の利益のためにのみ使うことを当然に思うパーソナリティーである。エリート（意識）の社会性・謙虚さの欠如として現出している[20]。

　第六は，消費主義的な世相・世論である。社会の基本的発想が，消費者としての便利さを追い求めるあまり，もっぱらサービス利用者の立場からなされるようになった[21]。一次産業では「地産地消」等の運動もあるが，全体としては作る者としての立場や顔は見えにくくなっている。物作りの矜持も失われ，そこに偽装が忍びこんでいる。

　注目すべきは，以上の一連の傾向から「労働」はもっぱら労働「コスト」論として収斂しつつあることである。具体的には次の四つの側面からなると思われる。マルクスもびっくりする「労働力商品論」の21世紀版といえる。

　その一は，労働自体の社会的意義付けや人間にとっての意味が後退して，それが「労働力」の「コスト」という形で捉えられている。危機的なのは，人間的側面があるという問題関心自体が希薄化していることである。労務管理自体もコストの削減が至上命題となる。その結果，労働力の主体としての労働者生活のリアリティーも薄れている。まさに「疎外された労働」である。

---

[20]　「能力の共同性」という発想については，竹内章郎『哲学塾　新自由主義の嘘』（2007年，岩波書店）138頁以下。

[21]　中西新太郎『若者達になにが起こっているのか』（2004年，花伝社）63頁は，消費文化をめぐる「個体化」の圧力が社会化を阻害していると指摘する。

その端的なあらわれが「時間給」という発想かもしれない。

　その二として，リアリティーの欠如は賃金・年収額についての議論に顕著にあらわれている。たとえば，実際の年収によってまともな家庭生活ができるかというまっとうな問題関心は，国の政策形成レベルにおいては希薄である。パートや派遣についての政府報告書においては多様な働き方が強調されているが，その年収で生活できるかという問いはどういうわけか出されていない。また，ワーク・ライフ・バランスという発想においても，育児・介護休業制度や労働時間規制が中心であり，快適な生活ができる「賃金額」かというレベルの議論はされていない[22]。ワーキングプア対策は，最低賃金制度のレベルで解消できる問題ではない。最低「賃金」額を生活保護費と連動する発想自体を変える必要がある[23]。労働法はまさに，リビングウエッジ，ディーセントワークの世界である。

　その三は，使用者として，コストの削減とともにその一環としてリスクの回避がなされている。具体的には企業組織の再編・柔軟化による親会社や持株会社の創設であり，また仕事の外注化や派遣制度等の導入である。それらにより，必要に応じて労働力を利用しつつ使用者としての責任を回避する仕組みが見事に形成されている。コンプライアンス以前の企業の自己責任が問われているわけである。

　その四は，コスト・ベネフィットの観点から，ベネフィット部分，つまり個々人の労働能力の向上が強く要請される。そのために，労働の質・必要性に応じた柔軟な労務管理が強力に提唱されている。同時に，成果主義人事制度等によって仕事の結果に関する労働者の自己責任が重視される。自立や自己責任の過度な重視，もしくは無理にとらされる自己責任は，福祉等の領域においても強調されている（たとえば，生活保護法，障害者自立支援法）。

---

22) たとえば，平成19年12月18日に発表された「仕事と生活の調和（ワーク・ライフ・バランス）憲章」に基づく行動指針は，就業率や年休の取得率等の数値目標を示しているが，平均年収額という発想はない。想定しているのはどのような「ライフ」か。

23) 最低賃金法改正については，拙稿「最低賃金額決定手続と最低賃金法の改正」季刊労働法218号（2007年）119頁以下参照。

(2) 法制度・法理形成への影響

　以上の傾向は，近時の労働法制や労働法理論に次のような形で決定的な影響を与えている[24]。

　第一は，労働力流動化を支える法制の整備である。職業安定法，派遣法等の改正による規制緩和がその例である。同時に，競業避止義務事案[25]のように転職に伴う紛争も増加傾向にある。このような観点から総合的な法理形成の試みもなされている[26]。

　また，流動化とともに大幅な企業再編がなされ使用者としての責任回避の仕組みが形成されつつある。つまり，基本的な雇用上の決定につき，実質的な決定権限を行使する主体とその具体化を図る主体の分離がなされ，主に団交義務との関係において「親会社，持株会社の使用者性」として争われている。また，請負や派遣労働も責任回避のシステムといえる。

　第二は，多様な働き方を前提とした法的問題が発生している。多様性自体はそれが労働者の生き方，働き方のニーズに合致している限り問題はないが，不安定雇用としてパートや派遣等の働き方を余儀なくされ，貧困に直面している場合には別である。

　具体的には，その一として，パートや派遣等の非正規労働者の増加にともない，関連規定の整備がなされている。ごく一般化していえば，正社員と明確に区別しつつ不安定雇用層に対してもそれなりの保護をする方策と言えようか。最低賃金法の改正も同様な位置づけが可能である[27]。なお，パートと正社員との差別禁止（パート法8条）や派遣元と派遣労働者との労働契約

---

24) 萬井隆令＝脇田滋＝伍賀一道『規制緩和と労働者・労働法制』(2001年，旬報社)，浜田冨士郎＝香川孝三＝大内伸哉『グローバリゼーションと労働法の行方』(2003年，勁草書房)，西谷敏＝中島正雄＝奥田香子『転換期労働法の課題』(2003年，旬報社)，西谷敏『規制が支える自己決定』(2004年，法律文化社)，荒木尚志＝大内伸哉＝大竹文雄＝神林龍『雇用社会の法と経済』(2008年，有斐閣)，水町勇一郎・連合総研編『労働法改革』(2010年，日本経済新聞出版社）等参照。

25) 拙稿「競業避止義務制約の法理」田村善之編著『新世代知的財産法政策学の創成』(2008年，有斐閣) 311頁以下参照。

26) 菅野和夫＝諏訪康雄「労働市場の変化と労働法の課題」日本労働研究雑誌418号(1994年) 2頁。

関係の有無等が裁判上争われている(パナソニックプラズマディスプレイ事件・最二小判平成21・12・18労働判例993号5頁)のは周知の通りである。

　その二として，業務命令から一定程度独立した，その意味では自立した働き方をする労働者層が増加している。自立の程度がより明確になると，はたして労働契約法理の対象となる「労働者」か否かが争われる。この点につき多くの争いがあることは周知の通りである。自立の程度がそれほどではない場合には，労働時間管理との関連において裁量労働制やホワイトカラー・イグゼンプションの問題が発生している。もっとも，自立の程度はそれこそ程度問題であるので「労働者」とそれ以外の者を明確に区別することは困難である。基本的には当事者の合意が重視されており，実際は「労働者」であるのにもかかわらず「請負」等の形式で働くことの当否が争われている。最近は，労組法上の「労働者」（3条）か否かさえも争われている。

　第三は，労務管理の個別化・厳格化にともなう法的問題である。具体的には，年俸制，裁量労働制，成果主義人事をめぐる多くの紛争があり，学説上も活発に議論されている[28]。ここでは，賃金債権発生の法的メカニズムやその前提となる業務命令権の在り方等労働契約の原理論が問われている。

　第四は，労務コストの縮減のために労働条件の不利益変更事案，とりわけ就業規則による事案が増加し，実際の紛争も増加している。この点は一連の最判により不利益変更の合理性を問題にする判例法理が確立し，それを受けて2007年に労働契約法が成立した。今後は，同法の解釈が問題になる。

　第五は，個別紛争の増加にともなう紛争処理機関の整備である。労働条件の不利益変更や雇用終了をめぐる紛争が増加し，相談も急増した。労働組合の影響力の低下等のために企業内における自主的な紛争解決が困難になり，企業外部における紛争解決機関の整備が要請された。そこで，各地方の労働委員会における個別斡旋制度，個別労働関係紛争解決促進法や労働審判法による紛争解決機関の整備が図られ，一定の成果がみられる。

27）　拙稿「最低賃金額決定手続と最低賃金法の改正」季刊労働法218号（2007年）119頁。
28）　前掲注4・拙稿「成果主義人事制度導入の法的問題」等参照。

第1部　労働組合法の行くえ

　第六は，労働者相互の競争の激化，労務管理の個別化，個人主義的生き方の尊重等によって職場における連帯の基盤が大きく揺らいでいる。労働者間における人間関係紛争としても争われている。組合組織率や影響力の低下による労働運動の元気のなさは，集団法理自体の停滞を招いている。とりわけ争議行為や組合活動に関する法理は，法的論理だけではなく組合の力や活動実態によって支えられている側面があるからである。たとえば，ピケや組合旗をめぐる最近の裁判例（全国一般労働組合長崎地本＝支部（光仁会病院）事件・長崎地判平成18・11・16労働判例932号24頁，自治労＝公共サービス清掃労組ほか（白井運輸）事件・東京地判平成18・12・26労働判例934号5頁）は，組合活動のプレッシャー行為的性格への理解に欠け，秩序破壊的側面に対する許容性が全く示されない内容になっている。一定のプレッシャー行為や混沌さを許容する基盤自体が存在しなくなっているのであろうか。
　同時に，同盟罷業中心のプレッシャー行為もその有効性が消滅しつつある。労働態様の変化によって労務不提供自体が企業経営に与える影響が薄れてきているからである。同時に，企業間競争の激化と企業を超えた労働者の連帯の欠如によって，同盟罷業等による経営への危機は労働者の雇用の危機に直結するようになってもいる。さらに，医療や福祉等の対人サービス産業においては，サービスの不提供が利用者の利益を損ね，公衆の批判を受けやすいからでもある。
　第七は，労働委員会制度の見直しである。組合の影響力の低下等によって，労働委員会に対する不当労働行為の申立件数が減少し，集団的斡旋の申請も少なくなっている。さらに，救済命令を取り消す裁判例の増加もみられたので04年労組法の改正により労働委員会制度の整備が図られた[29]。その後も使用者の反組合的行為は必ずしも解消されず，組合の存在自体を認めない風潮さえ現れている。そこで，最近は，労働委員会による行政救済よりも司法救済を重視する傾向が見られる。もっとも，司法救済法理については未解明

---

[29]　拙稿「労組法改正と労働委員会システムの見直し」日本労働法学会誌104号（2004年）102頁参照。

の問題が多く，労働委員会制度をどう再構築するかの課題も残されている。従業員代表法制を安易に導入する前に検討すべき問題は多い。

Ⅱ節　労働組合内部問題

集団法の中核が労働組合法であるにもかかわらず，労働組合自体に対する法規制は必ずしも整備されたものとはなっていない。組合内部紛争に関する判例法理も政治的な問題に関するものが多く，労働条件の決定レベルについては十分に構築されてはいない。そのような発想自体も希薄である。組合民主主義法理が適切に形成されてこなかったことが組合内部における対立を自主的・民主的に解消することより組合分裂を促し，組合運動の停滞を招いた原因の一と思われる。また，Ⅲ節やⅤ節で検討するように団交や労働協約を巡る法理の混迷を生む結果となった。

(1) 現行規定の特徴と問題点

労組法自体は，労働組合を2段階で定義している[30]。まず，2条本文は，①労働者が主体となること，②労働条件の維持改善等を図ること，③団体であること，をあげている。主体，目的，構成員数による定義であり，この要件を満たすと一応「労働組合」とみなされる。なお，2条但書は，目的との関係において，共済事業その他福利事業のみを目的とするもの（3号），主として政治運動又は社会運動を目的とするもの（4号）は労働組合と認められないと規定している。

労組法は，さらに次の要件をも課し，それを満たした組合についてだけ，労組法上の手続参与や救済を受ける権能を認めている（5条1項）。その一は，自主性の要件であり，①使用者の利益代表者の参加を許していないこと（2条但書1号），②使用者から経理上の援助をうけていないこと（2条但書2号），が要請される。その二は，民主性の要件であり，組合規約に5条2項各号に

---

[30] 具体的立法過程については，遠藤公嗣『日本占領と労資関係政策の成立』(1989年，東京大学出版会) 参照。

掲げる規定を含む必要がある。このような間接的な方法によって組合民主主義の実現が図られている。これらの要件を全て満たした組合を法内組合といい，2条本文のみを満たした組合は法外組合といわれる。

法内組合か否かは，労働委員会による資格審査により判定される。この資格審査は，不当労働行為の救済や法人格の付与さらに労働委員会の労働者委員の推薦のために利用されている（労働委員会規則22条）。実際の運営において組合規約に問題があれば補正勧告制度（労働委員会規則24条）が利用される[31]ので，資格が認められないことは少ない。

では，このような法規制の特徴や問題点はなにか。

第一は，労働組合の定義（2条本文）自体が，かなりルーズなことである。とりわけ，構成員数の最低数につき制限がないために二名以上という要件になる。さらに，コミュニティーユニオン加入との関連では，当該職場に他に組合員がいなくとも，組合として団交を要求しうることになっている。また，場合によれば「一人組合」問題さえ発生する[32]。集団性や職場内における影響力をそれほど重視しておらず，集団法の前提としての「労働組合」の定義として適切かの問題は残されている。さらに，判例法上の使用者の中立保持義務との関連においては，併存する少数組合との差別につき，団交や便宜供与のあり方をめぐって組合員数をどの程度考慮すべきかというデリケートな問題が発生することになる。

第二に，自主性・民主性の要件との関連では過剰な内部運営規制ではないかも問題となる[33]。また，自主性につき法規定のうえで次のような大きな修正がなされていることにも注目すべきである。つまり，5条1項但書において，法外組合についても，7条1号に基づく「個々の労働者に対する保護を否定する趣旨に解釈されるべきではない」と定めている。個々の組合員に

---

31) 組合規約の改定を要請することが多いが，それが間に合わない場合には今後組合規約を改定することを約束させている。この点でもルーズな取扱いと言える。
32) 拙稿「一人組合の申立適格」労働法律旬報1401号（1997年）28頁以下。
33) 問題状況については，山本吉人『労働委員会命令と司法審査』（1992年，有斐閣）103頁以下参照。

対する救済の観点から，組合に対する規制につき一定の緩和がなされているわけである。また，昭和27年改正によって労調法上の取扱いについては申請組合の自主性・民主性を要件としないと修正されている。

さらに，後述のように管理職組合や管理職の組合加入問題との関連において資格審査制度の在り方が問われている。資格審査制度を厳格に運用したならば，組合員資格の自由な決定という組合自体の自主性を阻害するというジレンマに陥ることになるからである。そこで，労働委員会実務としては，資格審査制度を「柔軟に」運用することにより調整しているといわれる[34]。

全体として，自主性に関する規定は，いわば階級対立的ともいえる戦後すぐの組合観に基づくものである。組合運営に関する不当な規制として削除すべきものと考える。たしかに，昭和20年代初頭の混乱状態において，一定の教育的機能を果たしたことは否定できないが，現時点ではむしろ組合員資格決定の自由，自主性を大幅に阻害している。管理職の組合加入を認めても，それが組合の自主的な決定によるものならば原則的には問題がないものと思われる。管理職の組合加入や管理職による支配介入行為がなされた場合には（管理職中心に対抗的団体が結成された例として，エス・ウント・エー事件・東京地判平成9・10・29労働判例925号15頁がある），現行規定による対処が可能であろう。

特に，誰が組合の自主性を問題にしうるかとの点でも疑問がある。つまり，本来は，一般の組合員や従業員が自主性確保の観点から，組合員資格等につき組合内部において発言しうることが重要である。現行不当労働行為制度は，このような組合内部問題を対象としていない。他方，現行制度は使用者のみが，資格審査過程に関与すること等により組合の自主性欠如を問題にしうる。つまり，対使用者的な意味の自主性を問題にすることによって使用者自身が組合活動や運営に関与しうる，一種の支配介入システムがビルドインされているわけである。まさに，規制緩和の対象となるべき規定といえる。

さらに，経費援助の禁止についても，最小限の広さの事務所の供与等以外

---

[34] 詳しくは，拙著『不当労働行為の行政救済法理』（1998年，信山社）196頁以下。

については，使用者による便宜供与が原則として禁止されている（2条但書2号，7条3号但書）。このような労使対立的なルールは，すでに実態に合わなくなっている。実際には，組合方針が変更したこと（協調路線から対立路線へ）を理由に，それまで認めていた便宜供与を突然中止するような形の不当労働行為を助長する規定として利用されることさえある。むしろ，円滑な労使関係の形成のためには，組合掲示板の貸与やチェック・オフの実施等につき使用者の配慮・支援が必要といえる。とりわけ，組合内の円滑なコミュニケーションや民主的な意思決定のためには掲示板等の貸与は不可欠である。ここでも，階級対立的組合観を払拭する必要がある。

　ところで，5条2項に規定する民主性に関する条項については，それを組合規約に規定させることによって，実際の組合運営の民主性を担保するとともに，それが組合内部法理の基準とされている。間接的に，組合内部紛争に関する法規制がなされているわけである。ところが，その規定内容に問題は残されている。たとえば，7号の会計検査規定のように中小組合にとって実現が困難なもしくは不可能な規定が含まれている。また，同盟罷業開始に関する手続的規定はあるが（8号），協約締結承認に関する規定に欠ける等の問題点も指摘できる。全面的見直しが必要といえよう。各組合の自主性を促進するとともに組合民主主義を実現するためでもある。

(2) 判例法理の特徴と問題点

　組合内部問題に関する判例法理は，組合加入・脱退，統制処分，資格審査に関するものに大きく区分される。その他の組合内部紛争として，組織的対立に由来する組合分裂に関連する事例があげられる。他方，労働条件決定過程における組合内部紛争については，具体的裁判例が少なく，法理も形成されていない。協約法理，つまり規範的効力論との関連での議論がなされているくらいである。組合内部問題をそれ自体として処理するという発想と当該紛争を適切に処理する機関がないためと思われる。緊急の検討課題といえる。

1) 組合加入・脱退

　労働組合をどう見るかは，組合加入を義務づけるユニオン・ショップ協定

の評価にあらわれている。判例法理は，ユニオン・ショップ協定の効力を承認し，同協定に基づく解雇を有効としている（日本食塩製造事件・最二小判昭和50・4・25判例時報774号3頁）。同時に，組合からの除名が無効な場合にはその効力を制限し（前掲・日本食塩製造事件最判），また別組合加入がなされた場合には，組合選択の自由や別組合の団結権保障の観点から解雇は許されないと解している（三井倉庫港運事件・最一小判平成1・12・14労働判例552号6頁）。有力学説[35]の批判はあるが，判例はユニオン・ショップ協定有効論を維持している[36]。

とはいえ，脱退レベルになると脱退の自由はほぼ無制限に認められている。とりわけ，最近の東芝労組事件で，最判（最二小判平成19・2・2労働判例933号5頁）は脱退を制約することは公序良俗に違反すると明確に判示している。このような判断がユニオン・ショップ協定有効論と矛盾しないかは今後問題になるであろう。

たしかに労働者の自己決定や組合の任意団体性からなされるユニオン・ショップ協定無効論にはかなりの説得力はある。組合と労働者との関係からはそういえそうである。しかし，労働組合は，意見の同一性ではなく，職場における「利害の同一性」がその存立基盤である。また，その集団を前提にして交渉相手たる使用者と「対峙している」と考える。したがって，一定の団結強制による集団的労働条件決定システムの構築は適切な組合機能を維持するうえで不可欠であり，憲法28条の予定するところといえる。

その意味では，組合員資格の決定，資格ある者についての加入要請の拒否につき，どの程度司法審査が及ぶかという論点も重要である。若干の裁判例（全ダイエー労組事件・横浜地判平成1・9・26労働判例557号73頁）はあるものの，ほとんど本格的な議論はなされていない。私は，労働組合は職場におけ

---

35) 西谷敏『労働組合法（2版）』（2006年，有斐閣）100頁，大内伸哉『労働者代表法制に関する研究』（2007年，有斐閣）114頁。
36) 加入強制の有無が組合法理全般に強い影響があるとする見解として，大内伸哉「ユ・シ協定が労働団体法理論に及ぼした影響」神戸法学雑誌49巻3号（2000年）544頁参照。

る利害の共通性がその存立の基盤になると考えており，当該組合に加入するメリットが大きいので，加入資格の制限や個別の加入申請の拒否は，利害の共通性に欠ける等の相当な理由がない限り許されないと考える。その点では，団結権は結社権と明確に異なる。

2）統制処分

組合はその活動を活性化し組織を維持するために，組合員に対し一定の統制をする必要がある。とりわけ，一定の強制力を必要とする闘争集団的性質があるので統制のニーズは高い。この統制権については，その法的根拠，統制処分事由の有無，手続の相当性，司法審査のあり方につき活発な議論がなされていた[37]。現在ではあまり盛り上がらないテーマであり，実際の事件も少ない。組合員たること自体のメリットがなくなってきたからかもしれない。組合活動の停滞はこんな形でもあらわれている。

裁判上は，主に政治活動に関連した統制処分（中里鉱業所事件・最二小判昭和44・5・2労働法律旬報別冊708号4頁）や臨時組合費の強制徴収（国労広島地本事件・最三小判昭和50・11・28労働判例240号24頁）のあり方が争われている。組合として政治活動をし，決議に基づき一定の勧告等はできるが，個々の組合員に対し強制はできないというのが判例法理といえる。しかし，組合の方針や労働条件に密接に関連する「政治問題」についても同様に考えられるかという問題は残されている。その他に，統制処分に関しては，執行部批判や（違法）争議指令拒否等が問題とされている。

3）資格審査

組合内部問題に関する法的な規制は，不当労働行為事件の救済手続における労働委員会による資格審査によってなされる。組合規約に関する教育的・間接的なコントロールといえる。

救済命令の取消事由としては，審査手続上の瑕疵，事実認定・不当労働行為の成否・救済命令についての判断の誤りがある。労働組合の資格審査（労働委員会規則22条以下）に関しては，資格審査上の瑕疵を理由とする取消し

---

[37] たとえば，西谷敏『労働法における個人と集団』（1992年，有斐閣）163頁以下。

が認められるか否かが主に争われている。最高裁は，日本通運会津若松支店事件（最三小判昭和32・12・24民集11巻14号2337頁）以来繰り返し否定的，すなわち命令の取消事由とはならないという判断を示している（倉田学園事件・最一小判平成2・10・25労働判例600号9頁等）。

　実際にも，資格審査自体はかなりルーズに運営されている。資格審査は申立段階ではなく命令が出される直前になされているので，和解によって終了する事件については資格審査の必要がない。同時に，2条但書1号については，実質審査という建前（前掲・日本通運会津若松支店事件最判）であったにもかかわらず，実際には申立組合の提出した書類のみによっており，使用者もその内容に対しあまりクレームをつけていなかった。これが正面から議論されたのはいわゆる管理職組合問題以降である。それ以前は，労働委員会が利益代表者の範囲をかなり「柔軟に」解したために労働側も資格審査制度自体につきそれほど不満を持たなかった。

　理論的には，利益代表者が組合に加入しえない理由がなにかが問題になる。通常は，組合の自主性確保という観点からの理論づけがなされていた。しかし，以上のような運営実態から，自主性とはなにか，当該組合はなぜ自主性がなくなるのか，なぜ使用者がそれを問題にしうるのか等の本格的な検討はなされていなかった[38]。通説および判例は，資格審査義務は，「労働委員会が，組合が第2条および第5条第2項の要件を具備するように促進するという国家目的に協力することを要請されている意味において，直接，国家に対し負う債務にほかなら」ないと解している（前掲・日本通運会津若松支店事件最判）。実際にも，裁判上使用者が資格審査上の瑕疵の主張をすることは稀であり，このような形の紛争はほとんど生じていなかった。また，たとえ使用者がその点を問題としたとしても，資格審査上の瑕疵が命令の取消事由とはならないので，労委は使用者によって提起された当該主張を相当程度軽視し得たといえる。その意味では，実務上，使用者が組合の自主性確保の観点から組合運営に関与しうるというジレンマを回避することが可能であった。ルーズな

---

38)　詳しくは前掲・拙著『不当労働行為の行政救済法理』（1998年，信山社）195頁以下。

もっとも，判例法理に問題がないわけではない。資格審査制度は，申立資格と関連づけて，組合内部関係をも含めた労使間ルールを形成するという目的を持つと考えると，判例法理のように国家に対してだけ負う義務と解することは，発生史的にはともかく理論的には問題である。また，実際にも不当労働行為の成否のレベルではなく，資格審査上の問題としたほうが迅速妥当な処理ができると思われる事案も想定しうる[39]。とくに，和解ぶくみの事案についてそのようにいえよう。

　他方，適格組合か否かの判断が極めてデリケートであるという側面も否定できない。各企業，職場において管理職の役割・職責が多様であるとともに，適格組合か否かを判断する基準自体も一律とはいえないからである。最近は，管理職につきカタカナの名称が多く，名前だけから判断することはほぼ不可能である。実際にも，権限が客観的ではなく属人的に決定されたり，また審査の過程で変化したりすることさえある。司法審査が及ぶことになると，労委としてはこの問題の処理に忙殺されることも十分に予想される。また，使用者が，この問題に口出しをできるので，組合員資格等に関する支配介入行為を助長する結果になり，不当労働行為事件の審査が遅延することも考えられる。いずれにせよ，不当労働行為制度上由々しき事態である。この点からしても自主性確保という名目によって組合内部運営を過剰に規制する当該規定は削除されるべきものといえる。労働側からこのような主張がないのは疑問である。

(3) 見直しの視点

　組合内部問題法理に関する課題は多い。立法的課題と解釈論的課題の双方があり，実際に両者は関連しているので，ここでは原理的考察と個別の解釈

---

[39] たとえば，労組法2条但書1号に該当するか否かが争点となっている団交拒否の事案において，管理職の組合加入を団交拒否の「正当性」のレベルで処理するよりは，端的に資格審査上の問題として処理したほうが論点が明確になり，事件処理が迅速かつ円滑にできるケースが考えられる。

的な論点に区分して論じておきたい[40]。

1）原理的考察

組合内部紛争に関する基本的問題の多くは立法的課題である。

まずその一として，組合民主主義に関する規定を整備し，組合との関係における組合員の権利・義務を明らかにする必要がある[41]。ユニオン・ショップ協定の効力承認，団交権の付与，協約の規範的効力の両面性等から，個別組合員（従業員）との関係において労働組合に多大の権限が付与されているにもかかわらず，内部の民主制に関する規定はきわめて不十分である。労働条件の不利益変更事案を想定すると，少なくとも協約締結過程との関連における組合員による民主的チェックの規定は不可欠と思われる。

同時に，前述したように資格審査制度は廃止する必要がある。自主性や民主性の要請は重要であるが，それを資格審査制度と関連づけることは，組合の自主性を阻害するだけではなく，使用者の組合運営に対する関与を促進するからである。同時に，不当労働行為制度の迅速・円滑な運営のためにも廃止が必要と言える。

その二として，組合内部・組合相互間紛争を処理する機構を整備することも必要である。実際の労働委員会実務としては，併存組合下における不当労働行為事案の処理などにおいて別組合の実態や意向等を調査・打診することがある。しかし，手続的にはそのようなことは予定されておらず，整備もされていない。労働局の個別斡旋（個別労働関係紛争解決促進法1条）や労働審判制（労働審判法1条），さらに労働委員会の調整制度もこのような紛争を対象としていない。裁判所については，「法律上の争訟」（裁判所法3条）にな

---

40) 問題状況については，浜田冨士郎「労働組合内部問題法の基礎理論的考察」久保先生還暦記念『労働組合法の理論課題』(1980年，世界思想社) 32頁，三井正信「労働組合と労働者の自己決定」法律時報66巻9号（1994年）66頁，藤川久昭「労働法における労働組合像と実像」稲上毅編『成熟社会のなかの企業別組合』(1995年，日本労働研究機構) 167頁等参照。

41) 組合民主主義論については，特集「団結自治と組合民主主義」日本労働法学会誌60号（1982年），遠藤昇三『組合民主主義と法』(1999年，窓社)，また実際の組合規約については，特集「組合規約と組合民主主義」労働法律旬報1054号（1982年）を参照。

るかぎりその所管となる。しかし，専門性の欠如や民訴手続にのりにくい点において適切な処理は困難と思われる。

　労使紛争の背景に，組合内部・相互間紛争が伏在するケースが少なくないので，紛争の迅速・効果的な解決のために独自の紛争処理機構もしくは現行の不当労働行為救済システムと連動した形の紛争解決システムを構想する必要があると思われる[42]。もっとも，同一組合内における純粋な「組織間紛争（組合分裂）」について，適切な処理基準を構築しうるかは難問であるが。

　その三として，より原理的には，労使の階級対立的な「労働組合観」の見直しも必要であろう。組合の存在が企業経営や社会にとってどのような意義があるかについて再検討することともいえる。わが国の労働組合が従業員代表的機能を有していることはほぼ共通の了解になっているにもかかわらず，従業員代表的な観点から新たに権能を付与すべきであるという発想はほとんどない。安易に従業員代表制構想を提起する以前に検討すべき事項は多い。

　使用者との関連における自主性を堅持するために，現行法上使用者の利益代表者の参加，便宜供与・経費援助等が制約されている。たしかに労使間における適切な緊張関係を維持するために便宜供与等に関し一定のルールは必要である。しかし，企業別（内）組合にとって，適切な労使及び組合内コミュニケーションのために企業内において組織・情宣活動をするニーズは大きい。そのため組合掲示板や事務所の貸与等一定の便宜供与をなすことは組合活動活性化のために不可欠と思われる。それによって，組合の自主性が害される事態も想定しにくい。

　たとえ，一定の制約が必要であったとしても，組合の自主性確保という観点から一律に制約するよりも，個々の組合の自主性を重視した取扱いにすることが適切である。労働条件の改善や雇用保障等のために組合加入を求める管理職層やこれらを組織対象としたい組合のニーズに合致するからである。また，組合加入による「支配介入」のおそれは個別の不当労働行為事件とし

---

42) 労使の利害状況と紛争のパターンの齟齬については，拙稿「労働条件の不利益変更をめぐる紛争化，公共化の諸相」法社会学68号（2008年）165頁，本書第3部第6章頁参照。

て処理することで可能であり，それで十分に対処しうると思われる。
 2）個別的論点
　次に解釈論的課題としては，その一として，組合加入・脱退法理の整備が必要である。まず，加入については，加入権を広く認めることが重要と思われる。つまり，組合員資格について，少なくとも同一企業で就労している労働者について相当な理由なしに加入資格を認めないことは適切ではない。また，加入資格のある者の加入申請を拒否する場合には，相当な理由が必要である。加入「権」法理の構築が課題となる。
　他方，加入義務については，ユニオン・ショップ協定の効力如何が問題になる。私は，職場における労働者利害の共通性から効力を承認すべきであると考える。使用者と対峙して効果的に労働条件を決定するためにも必要といえる。まさに，憲法28条の要請である。
　また，除名が無効な場合や併存組合加入のケースにはユニオン・ショップ協定の適用が排除されるので，その点からも問題はないと思われる。さらに，あくまで純粋に組合内部問題としてユニオン・ショップ協定無効論を主張する場合は別として，ユニオン・ショップ協定を締結している使用者がことさらこのような主張をし，さらに組合脱退を慫慂することになると，これは不当労働行為制度上由々しき事態である。私は，現時点でユニオン・ショップ協定無効論を主張することは，労使関係の実態からしてかなりリスキーな決断だと思う。
　ただ，ユニオン・ショップ協定自体は，締結組合が職場において過半数の組織を有していることは前提になろう（7条1号但書）。また，過半数か否かは，組合員資格が認められている労働者数を母数に判断されるべきものであり，その前提としてユニオン・ショップ協定の対象としうるのは組合員資格がある労働者グループに限られる。したがって，たとえばパートについて，組合員資格を認めていなかった組合が，ユニオン・ショップ協定に基づき強制的にパートを組織化することは許されないと考える。パート労働者に自主的な組合加入の機会を与えることなく強制加入をさせることは，パート労働者の意向をあまりに無視する結果になるからである。まさにアンフェアである。

次に，脱退については，判例法上ほぼ無制限の自由が認められている（前掲・東芝労組事件最判）。しかし，一旦組合員になった者に対し脱退を思いとどまるよう組合が説得することは団結権の行使として認められるべきである。したがって，相当な説得期間中には脱退を認めない旨の規約上の制約は許されると考える[43]。

　その二は，労働条件決定過程との関連における組合民主主義法理の確立である。この点は，基本的に立法的課題と言えるが，現行法の解釈レベルにおいても一定の法理の構築が必要である。とくに，協約締結過程における，個々の組合員の手続的な権利の解明である。たとえば，協約締結の最終段階における組合内部における承認手続き上の権利[44]，その前提としての組合情報の組合員に対する開示をめぐる権利等を想定しうる[45]。以上のような問題関心は，組合内部問題だけではなく，一連の団交過程における労使の誠実交渉義務との関連においても検討されうるものである。

　総じて，組合民主主義，とりわけ労働条件決定過程における内部法理の未確立が，労組法の展開を大きく阻害してきたことは否定できない。

III節　団体交渉

　集団的な労働条件の決定過程は，組合内部における要求の集約を前提に，使用者との団交，協約の締結というプロセスをたどる。同時にこの過程において，組合員からの組合執行部へのチェックや要求実現を目指した組合の使用者に対する種々のプレッシャー行為等がなされる。

　団交権をめぐる裁判例や法理についてはすでに詳細に検討する機会を持ったので[46]，ここでは今後の見直しに必要な基本的な事項を確認しておきたい。

43）　拙稿「組合脱退法理の再検討」小樽商科大学・商学討究33巻3号（1982年）1頁参照。
44）　たとえば，前掲・拙著『労使関係法における誠実と公正』（2006年，旬報社）289頁。
45）　同上書294頁。
46）　同上書17頁以下。

(1) 現行規定の特徴と問題点

団交権をめぐる規定は，まず憲法28条において，勤労者の団結権として，「勤労者の団結する権利及び団体交渉その他団体行動をする権利は，これを保障する。」と定められている。一般的には，団結権，団体行動権とともに労働三権と表示されている。しかし，文言上は，「団体交渉その他団体行動をする権利」であり，必ずしも独自の権利とされてはいない。団体行動権の一態様とみることもできる。実際にも当初は，団交権は，一定の強制力によって交渉の場自体を実現したり，交渉の場において使用者にプレッシャーをかける「権利」と解されていた。また，憲法制定時においても，団交権についての議論はほとんどなされていない[47]。しかし，その後の展開としては，団交権は労働三権として独自の権利とされており，この点については論争的な状況にない。判例・学説において団交権独自の意義付けが明確になってきたことがそれを促進した。

憲法を受けて労組法7条2号は，正当な理由のない団交拒否を不当労働行為として禁止している（昭和24年改正）。また，同法1条2項は団交に関連する行為についての刑事免責を，6条は組合代表者または組合の委任を受けた者の交渉権限を定めている。同時に1条1項は，協約締結に向けた団交を促進することを労組法の目的の一としている。このように，団交「権」が独自の権利として，さらに憲法上の基本的人権として保障されている点にわが国の労使関係法の顕著な特徴を見出すことができる。同時に，あらゆる組合に平等な団交権が保障されており，これが多様な「労労使」間紛争を生じさせている。

団交の結果，労使合意が達成されない場合には紛争状態が発生し，労働関係調整法上の斡旋，調停，仲裁制度の利用が可能である。同法は，紛争の調整という形態をとって団交を促進する目的をも持つと言われる[48]。

団交権をめぐる解釈ではもっぱら労組法7条2号が問題とされている。他

---

47) 孫昌熹「団体交渉の法的構造（二）」日本労働協会雑誌221号（1977年）22頁以下。
48) 遠藤公嗣『日本占領と労資関係政策の成立』（1989年，東京大学出版会）135頁。

29

の関連規定との整合性や憲法28条を中心とした団交権法理は十分に展開されてはいない。むしろ，以下のような基本的な論点についてさえ，共通の了解があるとは限らない。

1）団交権保障の意義

　団交権はどのような目的で保障されているのか。基本的に以下の三点からの説明が可能と思われる。

　その一は，団結承認である。組合の団結権を実効化あらしむるために独自の権利として保障された。とりわけ小規模会社において，組合が結成され，団交を要求したにもかかわらず，それが拒否されると組合の存続自体も危ぶまれる。そこで，交渉の場を国家が強制的に設定することによって，団結活動というより組合の存在自体をバック・アップする必要がある。それだけ弱い，自立できない組合を想定しているわけである。団交権保障の基本的意義はこの点にあると思われる。使用者が組合と交渉することは組合自体を承認することを意味するからである。実際の団交拒否事案においても，組合否認が背景にあるケースが多い。

　その二は，労働条件の平和的決定であり，争議代替的目的を持つ。つまり，権利があるということは，力でその実現を図る必要がなくなるからである（もっとも，一定の力量がなければ交渉はできないが）。アメリカ法上は，主に組合承認を目的とするストを回避するために，交渉関係の制度化がなされ排他的交渉代表制が形成された[49]。わが国においては，争議権もほぼ完全に保障されているのでこのような発想は希薄である。むしろ昭和20年代においては，団交は争議代替的というよりは，争議自体と位置づけられていた。交渉の場でプレッシャーをかけることにより要求の実現が図られたわけである。当初は，団体行動的側面がまさに団交権保障の意義と見なされていたわけである。

　その三は，経営参加であり，労働条件の決定を通じて間接的に経営内容に

---

49) 拙稿「アメリカにおける『不当労働行為制度』の形成（二）」北大法学論集24巻3号（1974年）605頁。

関与する目的を持つ。いわゆる「産業民主主義」を実現する基本的な手段と言える。企業別交渉という性格上このような目的をも顕著に有する。同時に，労使協議制も一般的に設置されており，団交との役割分担が多様な形態でなされている。もっとも，労使協議「権」は法定されていないので，協議をめぐるトラブルは団交権の問題として処理された。

２）国家関与のあり方

団交「権」保障のあり方，つまり団交促進に関する国家関与のパターンとしては多様なものがある。原則的には，労働条件は労使が話合いを通じて自主的に決定するのが好ましい。この自主交渉原則は，論理的には話合いの場の設定の自由，つまり団交（拒否）の自由をも含む。したがって，団交権の保障（団交拒否の禁止）は，自主交渉原則の一定の修正を意味する。では，自主交渉原則と団交権の保障はどう関連するか。国家関与の少ない順に，一応次の四つのパターンが考えられる。

その一は，団交権が独自の権利として保障されない場合である。諾否の自由をも含めて自主交渉原則がもっとも貫徹しているといえる。もっとも，まったく国家関与がなされない場合と，一定の関与がなされる場合を想定できる。後者の例としては，紛争「調整」の一環として団交紛争をもとりあげるケースが考えられる。

その二は，団交権が保障されているが，その効果が団交「応諾」義務に限定されている場合である。この応諾とは，着席することだけであり，交渉の仕方，内容についてまで特定の行為が義務づけられることはない。

その三は，実質的な「応諾」までが要請される。具体的には，誠実団交義務，即ち交渉態度，内容における誠実さが要求されるので実質的に交渉内容に一定程度の国家関与がなされる結果となる。他方，自主交渉という建前もあるので，その調整を余儀なくされる。わが国やアメリカにおける団交権保障はこのパターンである[50]。

---

50) 誠実交渉義務という発想の形成史については，拙稿「誠実団交義務法理の形成——ワグナー法制定までの経緯——」北大法学論集31巻3＝4号合併号（1981年）参照。

その四は，国家が交渉内容に直接関与する場合である。特定内容の協約の締結を命じる協約締結命令[51]や強制仲裁制度がその例である。こうなると自主交渉原則が相当程度否定される。

(2) 判例法理の特徴と問題点

団交権法理は，主に労組法7条2号の規定の解釈を通じて次のように論点が提起され，一定の判例法理が展開してきた。

1）団交の際の正当な行為（団体行動権的な側面）

昭和20年代から30年代にかけて，団交の際の組合員の行為がはたして刑事的に正当なものかという形で争われることが多かった。具体的な論点は次の二点といえる。その一は，団交の際の行為，とりわけ脅迫や暴行について「正当な行為」として刑事免責が認められるかである。その二は，労働組合以外のいわゆる「大衆団体」も団交権の主体となりうるかである。

2）団交権の司法救済

労組法7条2号違反に対し労働委員会が行政救済として団交応諾命令を出せることには異論がない。学説の主要な関心は，その点ではなく，いかに司法救済が適切か，可能かであった。裁判所における団交権をめぐる法理もそれを中心に展開されてきた。これが行政救済との関係における団交権法理，とりわけ紛争処理もしくは解決的な視点の形成を阻害したと思われる。

まず，昭和40年代から団交応諾仮処分の申請を認容する裁判例が増加し，その強制方法として間接強制をも認める例も現れた（日通商事事件・東京地決昭和47・5・9判例時報667号14頁）。ところが，新聞之新聞社事件・東京高裁決定（昭和50・9・25判例時報797号143頁）が，否定説を展開した後から否定説が主流になり，論争も終焉していった。

昭和60年代からは，司法救済につき新たな展開が見られるようになり，現行の判例法理が形成される。その一は，団交を求めうる法律上の地位にあることの確認請求の可否が争われ，最高裁は国鉄事件（最三小判平成3・4・

---

51) 拙稿「アメリカ法における団交拒否の救済」日本労働協会雑誌188号（1974年）参照。

23労働判例589号6頁）においてその請求を認めた。その二は，団交権侵害の不法行為を理由とする損害賠償であり，下級審段階では多くの事件において認められている（たとえば，佐川急便事件・大阪地判平成10・3・9労働判例742号86頁，神谷商事事件・東京高判平成15・10・29労働判例865号35頁，スカイマーク事件・東京地判平成19・3・16労働判例945号76頁）。もっとも，損害額については明確な基準はない。

以上の司法救済をめぐる論争は，活発だった割に必ずしも理論的に深まったものとはいえなかった。司法救済法理自体の未成熟，団交権の意義・目的についての本格的な論議が少なかったこと，想定している団交拒否紛争のパターンが必ずしも同じでなかったこと，労働委員会における団交事件の処理実態との関連に配慮をしていなかったこと等が，その理由といえる。今後は，労働委員会の処理実態と連動させて，つまり，団交拒否紛争の類型に応じて「司法救済」の在り方を考えるべきものと思われる。

3）団交応諾義務の具体的内容

団交応諾義務に関する判例法理は，昭和60年以降，主に7条2号をめぐる労働委員会命令の取消訴訟を通じて形成されてきた。とはいえ，最高裁が自らの見解を明らかにすることは少なく，必ずしも明確な判例法理は形成されてはいない。ここでは，その基本的特徴だけを指摘しておきたい。

第一に，交渉主体については，組合員数にかかわりなく，組合でありさえすれば平等な団交権が保障された。その結果，併存組合下で交渉関係が複線化し，労使の交渉方針の違いに由来する多くの複雑な組合（員）間差別事件が発生した[52]。

組合が，交渉相手たる使用者の「雇用する労働者の」代表か，つまり使用者概念が争われている例も少なくない。労働契約関係があれば当然使用者であるが，それが無くとも，実質的に労働条件につき一定の決定権があれば少なくともその部分につき「使用者」とみなされている（朝日放送事件・最三小判平成7・2・28労働判例668号11頁）。親会社や元請会社ばかりでなく，持

---

[52] 拙著『不当労働行為の行政救済法理』（1998年，信山社）145頁以下。

株会社や企業グループ自体に使用者性が認められるかは今後の重要な課題といえる53)。

　第二に，交渉方式については，工場単位，企業単位の交渉が多い。上部団体や併存組合がからんだ場合には複雑な問題が提起される。団交の場所，時間，出席者等の具体的な交渉条件やルールについても多くの紛争が発生している。当事者の話し合いによる解決が好ましいが，話し合いがつかなければ，使用者の「拒否理由が正当か」という形で問題となる。拒否のリスクは使用者が負うことになるわけである。

　第三に，義務的な交渉事項としては，労働条件と労使間ルールがあげられる。労働条件については，その基準だけでなく個別の人事も含まれる（日本鋼管鶴見造船所事件・最三小判昭和61・7・15労働判例484号21頁）。また，会社の管理・運営事項それ自体は交渉事項とされないが（自主的に交渉することには問題は無く，これらは団交ではなく労使協議制の対象となることが多い），それが労働条件に関連する程度において交渉事項とされる。

　経営上の決定が労働者の雇用に直接関連する場合が多いので，判例法理のように労働条件に関連した範囲だけの交渉義務という発想では不十分な側面がある。特に，工場閉鎖とそれに由来する解雇問題のようなケースにおいては，解雇問題だけをとりあげても実効性のあるタイムリーな交渉がなされえないからである。後述の誠実交渉義務の内容との関連で再検討すべき論点と思われる。

　第四に，使用者は団交の席に着席するだけではなく，団交に誠実に応ずるという誠実団交義務をも負う54)。もっとも，自主交渉原則から組合の要求自体に応ずる必要がないので，義務違反か否かの認定はデリケートな場合が多い。結局，説明・説得の程度が問題となり，会社提案につき具体的に説明をすること（大手前高松高等学校事件・最一小判平成2・10・24労働判例600号

---

53) 拙稿「企業組織再編と労使関係法」早稲田大学21世紀COE叢書『企業社会の変容と法創造6巻　労働と環境』（2008年，日本評論社）本書5章。団交義務の前提として労組法上の「労働者」概念さえも問題となっている。

54) 詳しくは，拙著『労使関係法における誠実と公正』（2006年，旬報社）78頁以下。

9頁)，関連する資料を提出すること（東北測量事件・最二小判平成6・6・13労働判例656号15頁)，合意に至ったならば協約を作成すること（文祥堂事件・最三小判平成7・1・24労働判例675号6頁）等がその内容となる。

(3) 団交紛争の処理

団交権保障について，実務上の最大の難問は，その権利の法的強制方法である。労働委員会は，団交拒否事案については，団交の応諾を，また，不誠実交渉事案については，（一定の基準を示した）誠実な交渉を命じている。しかし，これらの団交命令については根本的な欠陥がある。つまり，命令が出されるまでの期間が長期であるとともに，命令確定後に命令にしたがって使用者が団交に応じさえすれば命令は履行されたことになる。つまり，確定命令違反とはならず（労組法32条)，団交を拒否していたという使用者の行為は事実上免責されたことになる。団交応諾命令は，将来的もしくは確認的な意味しかもたないわけである。ここに過去の行為をそれ自体としてチェックしうる司法的救済のニーズがあったといえる。

そこで，労働委員会実務は，団交紛争を迅速かつ当事者の納得の行く形で解決するために，「和解的処理」を利用している。事件処理の遅滞や命令の実効性の無さを考えれば当然な傾向といえよう。また，不誠実交渉事件では，交渉の仕方だけではなく，交渉内容自体が問題になっている場合が多く，この場合にはその内容につき斡旋的処理をすることもある。実際には，そうならざるをえない。団交紛争について，不当労働行為事件だけではなく斡旋事件が利用されることが多い理由でもある。

全体としてみると，多様な団交紛争につき概ね実際に次のような処理パターンがある。

　司法救済　　（イ）不法行為を理由とする損害賠償
　　　　　　　（ロ）団交に応ずべき地位の確認請求
　行政救済　　（ハ）団交応諾命令
　　　　　　　（ニ）和解による団交の実現
　調整的処理　（ホ）労働委員会における斡旋による団交の促進

ごくおおまかにいえば，確信犯的な組合否認型のケースについては（イ）が，団交の仕方について紛争があり，その部分さえ解決できれば労使間で円滑な団交がなされうる場合は，（ロ）（ハ）が適切と思われる。他方，単純に組合と話し合うことがイヤなケースについては（ニ）（ホ）が効果的である。もっとも，（ニ）（ホ）の方法が機能するためには一定程度の組合の力量が必要である。また，使用者サイドが組合を承認する用意があることも重要である。

団交「権」保障の仕組みは以上のような実態を前提に考えることが必要になる。将来的な制度設計の際に特に留意すべき事項である。

(4) 見直しの視点

集団的労働条件の決定において，団交が重要な位置をしめる。にもかかわらず，団交の実際や法理の研究は不十分である。以下では，団交権法理を構築する際の基本視点や見直しの視座を考察したい。なお，従業員代表制度が立法化されたとしても，交渉過程やそれをめぐる権利・義務の検討は不可欠といえる。

1) 原理的考察

第一に，団交（権）概念の明確化が必要である。一般的にいえば，団交とは労働条件「基準」についての交渉といえる。協約の締結を目的とし，要求実現のために争議権の行使も許されている。ここで注目したのは，労使の実際において，団交以外にも労使コミュニケーションの手段として，労使協議制，苦情処理があり，また法定されたものとして過半数組合との協議（労基法36条等）や意見聴取（労基法90条等）等があることである[55]。これらのコミュニケーションの仕方等につき紛争が発生し，組合がこれを「団交」紛争として提起すると団交権の問題ともなる。「団交」権以外の各コミュニケーション手段に見合った独自の法理が形成されていないからである。ここに，団交概念の拡張，それにともなう団交法理の拡散現象が発生した。

---

55) たとえば，厚労省「労使コミュニケーション調査（2004年）」賃金実務983号（2005年）参照。

そこで，団交法理とは別に，またはその修正として労使コミュニケーション法理ともいうべきものの構築が必要と思われる。同時に，「交渉」のあり方とともに，「団体」性も問題になる。これは，コミュニティ・ユニオンに対する団交権保障の論点に他ならず，実際には苦情処理の一態様の場合が多いので当該交渉につき団交法理を直接適用すべきかが問題となる。

第二に，職場全体の労働条件の決定システムとしての団交権の見直しである。労働組合の従業員代表機能強化の観点からは以下の方策が考えられる。

その一は，職場全体の労働条件の決定を円滑かつ効果的に実現するという観点から，組合，とりわけ過半数組合に従業員代表機能を正面から認めることである。(少数組合に比しての) 優先的団体交渉権や協約の拡張適用制度の適用等が考えられる。立法的課題としては，アメリカ法的な排他的交渉代表制度もありうる選択と言える[56]。

その二は，「職場全体」という観点からは，組合員資格決定の自由も一定の制限を受けることになる。少なくとも同一使用者の下で働いている限り，職場の構成員であるにもかかわらず加入資格を認めないことはアンフェアとみなされるからである[57]。(併存) 組合を結成しうる余地があるので，組合員資格を認めなくともよいという議論は，実質的に交渉力を分散化するので，説得力を欠くものと思われる。また，組合は意見の一致ではなくあくまで利害の一致に基づく集団と言えるからである。

その三は，組合員を代表する在り方について「幅のある代表制」を認めることである。まず，既存の企業別組合に所属している組合員についても，地域，産業もしくは専門職レベルの組合への個人加入，つまり二重組合所属を正面から認めることが考えられる。利益状況の多様化に応じた代表システムの多様化といえる。もっとも，団交権限の配分等検討すべき論点も少なくない。また，代表性よりも代理的な側面が強くなり，もっぱら個人利益の擁護

---

[56] たとえば，公務員勤務関係を前提としたアイデアとして，拙著『労使関係法における誠実と公正』(2006年，旬報社) 208頁以下参照。また，拙稿「公務労働法における団交・協約法制」季刊労働法221号 (2008年) 78頁，本書第3部第7章参照。

[57] 本書21頁。

を主張するようになるという弊害も考えられる[58]）。

　第三に，集団性と個別組合員の意向との関連である。団交権は，個別交渉の禁止を意味するので，団交の最中に使用者は個々の組合員の意向を打診することは許されない。個々の組合員からの使用者への折衝も好ましくない。しかし，組合が代表権を適切に行使しえない場合にもこの個別折衝の禁止をストレートに貫けるのか。これは，「公正代表」義務の一側面の論点と思われる。今まで想定していた紛争を，いわば「濫用型」とすればこの種紛争は「懈怠型」ともいえる。今後，労務管理の個別化にともないこの種紛争が増加することが予想される。

2）個別的論点

　団交権の実効化のために以下の点が立法的もしくは解釈的課題と言える。

　第一は，使用者概念の拡張である。企業組織の再編によって，労働条件とりわけ雇用保障・継続につき実質的な決定権限をもっている主体と日常的な労務管理をしている主体が分離する傾向にある。親会社，持株会社，投資ファンド等の使用者性の問題である。この点については前掲・朝日放送事件・最判が重畳的使用者概念を提起したが，実際の指揮命令がなされない親会社等の事例については直接の適用は困難と解される[59]）。

　また，企業承継等の事案については，JR採用差別事件につき最判が鉄道改革法23条の解釈としてではあるがJR自体の使用者性を否定する見解を明

---

58) 代表か代理かの論点は，非組合員の労働条件が義務的交渉事項かが争われた根岸病院事件でも提起されたと思われる。もっとも，原審（東京地判平成18・12・18判例時報1968号168頁）も控訴審（東京高判平成19・7・31判例時報1990号169頁）も明示的には論じていない。この点については，拙「本事件評釈」判例評論594号（2008年）参照。

59) 拙稿「親会社の団交応諾義務」季刊労働法216号（2007年）173頁，拙稿「企業組織再編と労使関係法」早稲田大学21世紀COE叢書『企業社会の変容と法創造』（2008年，日本評論社）本書第3部第5章，アメリカ法上の関連する論議については，小宮文人「アメリカの使用者概念・責任」季刊労働法219号（2007年）118頁，奥野寿「米国労使関係法における『単一使用者』・『共同使用者』法理」立教法学73号（2007年）281頁以下，毛塚勝利・連合総合生活開発研究所『企業組織再編における労働者保護』（2010年，中央経済社）等参照。

らかにしている（JR 北海道事件・最一小判平成15・12・22判例時報1847号8頁）。もっとも，承継会社の使用者性を認める見解もある（青山会事件・東京高判平成13・4・12労働判例805号51頁）。

　「指揮命令」関係に着目する以上のような使用者概念は，最近の企業組織の再編に適切に対応できないと思われる。基本的な労働条件たる「雇用確保」に関しては，直接の使用者だけではなく，たとえ日常的な指揮命令関係がなくとも，その点につき実質的な影響力のある親会社等と交渉する必要がある。全グループ的な経営戦略の一環として子会社等の労働者の雇用維持・喪失に関する基本計画を決定していることが実際に多いからである。まさに，親会社等との交渉がなければらちがあかない事態といえる。古典的な親会社，元請会社に対応した素朴な法理だけでは不十分である。

　労組法7条2号の解釈によっての対応も考えられるが，使用者性基準の明確化のために，企業組織再編の実態に合致した立法的対応が是非必要と思われる。1940年代後半の労使関係法理は，21世紀の企業再編という事態に全く対応できないからである。まさに，「B29に竹槍」である。なお，関連して次の事項にも留意すべきである。

　その一は，組合サイドの対応のあり方である。たとえば子会社組合の実質的な発言力を増すためには，企業グループ労連等を強化するとともに，労連全体として子会社組合を支援する体制をとることが重要である[60]。最近の事案をみると組合がこのような努力をしていないために子会社の組合が孤立し，「使用者概念」の拡張法理が必要となっているという図式になっている。その二は，義務的交渉事項や誠実交渉義務のあり方の再検討もふまえた組合（交渉）機能の充実である。交渉を実質化させるためには経営上の決定段階からの一定の関与を保障することが不可避になっている。迅速・効果的な意思決定はビジネスだけでなく組合運営においても強く要請されている。

　第二は，義務的交渉事項の拡大である。現行法理は交渉事項につきかなり

---

[60]　企業グループレベルの労使協議システムの強化の必要性は強調されている。連合総合生活開発研「『労働者参加，労使コミュニケーションに関する調査』報告」ビジネスレイバートレンド2008年1月号34頁参照。

ルーズに把握し，当事者の同意があればどのような事項についても団交をなしし，また義務的交渉事項も個別の人事，福利厚生事項をも対象としている。管理運営事項についても労働条件と関連する範囲において，当該労働条件についてのみ義務的交渉事項としている。もっとも，管理運営事項自体は義務的交渉事項とされてはいない。

たしかに賃金や労働時間等の個別の労働条件については，管理運営事項との分離がそれなりに可能かもしれない。しかし，こと雇用確保の問題になると，会社や工場の廃止等の企業運営に関する基本的な決定とその結果たる解雇や出向の問題を明確に分離して，後者についてだけ義務的交渉事項にすることは，交渉の幅や意義を大きく制限することになる。既成事実を前提にした事後的条件闘争的な交渉にならざるをえないからである。対案を提示すること等により交渉を実質化するためには，計画段階からの一定の関与が不可欠と思われる。再就職の準備等の時間的余裕のためでもある[61]。もっとも，このような組合サイドのニーズに対し，迅速な経営上の決定の必要性や企業秘密の保持の観点からそれを容易に認めることは困難であるという側面も否定しがたい。両者を調整した新たな法理の構築が緊急の課題といえる。たとえば，団交権とは別に，広義の労使関係にある労働組合について親会社との「協議権」を認めることや親会社の責任者を子会社の必要的交渉要員とするという構想等が考えられる。後者は現行法上も十分に可能である。

交渉事項との関連では，仕事の仕方・手順や商品に関する事項も義務的交渉事項にすることが考えられる。仕事の仕方は，広い意味での労働「条件」とみなすことが可能であろう。自立的働き方からの要請ともいえる。また，労働の対象たる商品についても，その取扱い方如何では，食品偽装問題等でみられるように労働者の利害と直接関係することが少なくない。そこで働いていることによる労働者の社会的評価・信用を害するばかりでなく，極端な場合には職場が喪失するケースさえある（JT乳業事件・名古屋高裁金沢支部

61）　脈絡は異なるが三陸ハーネス事件・仙台地決平成17・12・15労働経済判例速報1924号14頁参照。

判平成17・5・18労働判例905号52頁参照)。コンプライアンスや公益通報者保護法の要請を労使関係法のなかに取り込むことが必要と思われる。労働組合の社会性・公益性確保の上でも有意義といえる。

　第三は，法定の協議・協定（労基法36条等)，意見聴取義務（労基法90条等）と団交権がどう関連するかの解明である。この点は，労働契約法制をめぐる立法過程において，就業規則の不利益変更の合理性判断につき労使委員会の決議を重視する構想等が示されたこと[62]からも実践的課題となっていた。過半数代表の関与は，意見聴取・協議・協定等多様な仕方があり，その態様に応じて法理の内容が相違する側面ある。ここでは網羅的・包括的な議論をする余裕がないので[63]，就業規則の不利益変更時の「過半数組合」との法定された「意見聴取」義務に着目して全体の問題状況を確認しておきたい。団交義務との関連が直接的に問題になり，労働契約法の成立により実務的にも重要な論点ともなっているからである。

　なお，「過半数代表」に関する論点（たとえば，代表者選出方法の適正さ等の重要な問題もある。トーコロ事件・最二小判平成13・6・22労働判例808号11頁等）は対象とせず，関与の仕方に応じたより本格的な検討は他日を期したい。また，判例法上確立している組合や関係労働者との協議「義務」（たとえば，整理解雇法理）や協約に由来する協議義務（たとえば，人事協議条項）の問題もここでは取り上げない。

　具体的には次のような論点があり，未解明の部分が多い。

　その一は，意見聴取義務自体の内容である。意見「聴取」という表現や，就業規則内容の届出の際に，意見を記した書面を添付することの義務づけから，意見を聞き置くことを意味するとされる。使用者は過半数代表から積極

---

[62]　このような構想の問題点につき，拙稿「労働契約法制と労働組合」労働法律旬報1630号（2006年）14頁以下（本書4章）参照。

[63]　商法改正法附則5条，労働契約承継法7条における事前協議手続については唐津博「会社分割と事前協議の法ルール──商法改正法附則・労働契約承継法上の事前協議手続の検討」南山法学25巻4号（2002年）1頁，また労働契約承継法上の協議義務については，本久洋一「IBM（HDD事業部門会社分割）事件評釈」労働法律旬報1657号（2007年）6頁等参照。

的に意見を聴取しなければならないが，就業規則（変更）内容の適切な説明や協議までを必要とするかは必ずしも明確ではない。他方，これが団交ということになると誠実交渉義務が課せられ適切な説明や資料の提出等も必要になる。義務内容が大きく異なるので，労使間の話し合いが「意見聴取」なのか「団交」なのかの明確な位置付けが必要となる。使用者のイニシアティブによるならば「意見聴取」で，組合からの要請ならば「団交」になるのであろうか。また，組合が団交を要求した場合に，それとは別個に意見聴取手続が必要か，許されるか等が問題になる。代表性の違いをどうみるかの論点でもある。

近時，周知義務のありかたも議論になっているが（たとえば，労働契約法10条），この周知の前提として意見聴取の仕方も問題になる。つまり，（変更された）就業規則規定の具体的意味等についての「実質的周知」が必要ということになれば（中部カラー事件・東京高判平成19・10・30労働判例964号72頁），その趣旨等を予め説明することが必要になることを想定しうるからである。

その二は，当該事項に関する少数組合の団交権のあり方である（徳島南海タクシー事件・徳島地判平成12・3・24労働判例784号30頁参照）。過半数組合の場合とは異なり法定の意見聴取は問題にならないので，就業規則の作成・変更問題が義務的交渉事項になるかが主要な争点といえる。就業規則の変更は労働条件の変更を意味するので，その範囲で使用者は団交義務を有し，適切な説明等が必要となろう。団交の拒否は許されないわけである。しかし，義務的交渉事項になるとしても，過半数代表たる組合と同じレベルの交渉義務か，または少数組合が労働条件レベルではなくあくまで「就業規則変更問題」として団交を要求した場合は問題が残る。過半数組合の権限を阻害するおそれがあるからである。

その三は，適切な意見聴取や団交をしなかった場合の効果である。団交拒否もしくは不誠実交渉レベルについては，通常の団交事案と同様なサンクションが考えられる。問題は，就業規則の不利益変更の合理性レベルの論点である。まず，過半数組合の意見を聴取しなかったケースについては手続上の瑕疵ゆえにその理由だけで不利益変更規定の合理性が否認されるかが争わ

れる。少なくとも団交拒否・不誠実交渉は，合理性判断の一ファクターとなろう（たとえば，函館信金事件・札幌高判平成9・9・4労働判例722号35頁等。もっとも同事件上告審・最二小判平成12・9・22労働判例788号17頁は合理性を認めている）。

　少数組合との団交についても，過半数組合の場合より影響度は少ないであろうが，団交拒否や不誠実交渉の事実は不利益変更の合理性判断の一ファクターとなろう（中谷倉庫事件・大阪地判平成19・4・19労働判例948号50頁参照）。もっとも，少数組合とはいえ，不利益変更の対象者が多い場合には説明義務との関連も問題になる。

　その四は，協約法理との関連である。就業規則と協約との関連については多くの法的問題があるが，必ずしも十分に検討されてはいない。それでも，近時，労基法92条の解釈として協約に違反する就業規則規定の効力が争われ，無効と解する裁判例（佐野第一交通事件・大阪地岸和田支決平成14・9・13労働判例837号19頁）も散見される。同条をそのように解釈できるかはやや疑問である。また，実務的にも，併存組合の場合には解決困難なケース（たとえば，異なった協約条項がある場合）が発生する。なお，この点については労働契約法によって一定の解決をみた（13条）。

　第四は，個別的労働条件決定へ関与すべきであるというニーズとの関連である。最近，成果主義人事制度や裁量労働制等労働条件が個別化する傾向にある。労働条件「基準」の設定を目的とする団交・協約システムは，制度化のレベルは別としてその個別的適用については適切には機能しえない。では個別の労働条件決定過程に労働組合が関与することはできないか。判例法理は，実質は苦情処理である個別人事に関する事項をも義務的交渉事項としている。しかし，これは団交権よりも個別労働者の意向を代理する代理権的な問題である。したがって，たとえば当該決定の場への同席・助言権としての構成が考えられ，今後より洗練された法理の構築が必要とされよう。

　同時に，組合サイドにつき交渉担当者としての専門性の強化を図ることも不可欠である。労務管理や賃金決定につき成果主義人事や裁量労働制が採用されるような新たな動向に対し，制度設計や運営につき会社スタッフと対等

に論議しうる専門性が組合側交渉担当者にも要請される。個々の企業別組合においてそのようなスタッフを備えることは不可能と思われるので，上部団体もしくは地区の組織でスタッフの養成等が必要とされよう。

　第五は，団交権実現に向けた効果的サンクションのあり方である。使用者に応諾義務を課す団交権は，権利内容としても独自であり，その実現についても多くの困難がともなう。実際には，本章（3）で検討したように団交紛争のパターンに応じた多様な「救済」がなされている。最も強力な裁判所による損害賠償の支払い命令は強い強制力を持ち，確信犯的な使用者の場合に有効である。しかし，意味のある団交の実現にプラスするかは疑問である。また，労働委員会命令については，「確定」命令違反についてだけ過料の制裁が可能なので（労組法32条）その強制力に決定的なデメリットがある。確定時点までに命令を履行してしまえば，その間の不履行の事実はチェックされないからである。結局，使用者がそれなりに納得し，自主的に交渉することが不可欠の権利といえよう。団交関係が継続的・長期的であることからもそういえる。

　そう考えると，こと団交「権」については，要件事実的な構成の「権利」実現という発想ではなく，一連の団交過程をサポートする仕組みの構築が適切と思われる。団交をしようとしない使用者に対し団交の意味を説得・啓発し，また要求の集約を適切にできず，円滑な交渉ができない組合に対しても一定の説得・啓発が必要となる。教育的機能といえる。また，併存組合状態を前提とした労働条件決定ルールの確立という難問もある。さらに，交渉ルールだけではなく，交渉内容の斡旋等も必要とされるケースも多い。労働委員会実務ではこのようなことは実際に頻繁になされているが，労使双方を対象としたより制度化された団交紛争処理の仕組みが必要であろう。行政救済，というより「救済」を超えた労働委員会の今後の主要な役割といえる。

Ⅳ節　プレッシャー行為

　団交の過程において組合は使用者に対し要求実現に向けた種々のプレッシャー行為を行う。労務不提供を中核とする争議行為とそれまでには至らな

いが使用者に対し一定のプレッシャーを与えるいわゆる組合活動に区別されている。もっとも，憲法28条は，「その他団体行動をする権利」と規定し，労組法も，労働組合の行為について，「団体交渉その他の行為」（刑事免責・1条2項），「正当な行為」（不当労働行為・7条1号），「同盟罷業その他の争議行為」（民事免責・8条）との区分を設けており，8条以外においては明確な使い分けはなされていない。

なお，労調法は，6条において労働争議の定義をするとともに，7条で争議行為を「同盟罷業，怠業，作業所閉鎖その他労働関係の当事者が，その主張を貫徹することを目的として行う行為及びこれに対抗する行為であって，業務の正常な運営を阻害するもの」と規定している。もっとも，これでも概念が整序されているわけではない。とりわけ，同法はあくまで争議調整を目的としているので，労組法全体との関連での明確な定義というわけでもない。さらに最近では，争議行為の件数が激減したこと（たとえば，厚労省2006年労働争議統計調査報告によると，労働争議の総件数662件，参加人数約63万人であり，そのうちストライキ等の争議行為をともなう争議は111件にすぎない。労働法令通信2132号（2007年）28頁）もあり，労使関係における争議行為の意義も低下している。そこで，争議行為と組合活動を明確に区分するよりは一連の労使交渉過程において行使される使用者へのプレッシャー行為（団体行動）という観点からの把握のほうが適切ではないかと考える。

本稿は，現行法や判例法理自体の考察よりは，それをふまえた今後の見直しが主要な課題である。ことプレッシャー行為に関しては，労使の実態をふまえると個別的見直しよりも将来構想を含めたより原理的な議論のほうが重要と思われるので，判例法理の検討はごく簡単に行いたい。なお，組合自体の存在や団交要求自体も使用者にとっては一定のプレッシャーになっていることも確認しておきたい。

(1) 判例法理の特徴と問題点

判例法理は，争議行為とそれまでに至らない組合活動を一応区分している（エッソ石油事件・最二小判平成6・1・31労働判例663号15頁，国産自動車交

通事件・最三小判平成6・6・7労働法律旬報1349号58頁等必ずしも区分していない例もある)。区分の意味は，後者については業務阻害の事実があれば正当性が否定され，前者については必ずしもそうとは解されていない。また，紛争類型としては，刑事事案や懲戒処分の事案が多かったが，近時は損害賠償事案が増加する傾向にある。その典型はピケをめぐる事案といえる。

　まず，争議行為については，その正当性が目的，手続，態様から判断されており，個別の紛争類型との関連において正当性につき若干の相違があることもある(たとえば，平和義務違反の争議行為。弘南バス事件・最三小判昭和43・12・24判例時報546号17頁)。裁判上は，争議行為の責任，とくに幹部責任論，賃金請求権との関連(いわゆる賃金カット論)，ロックアウトの正当性等が主に争われている[64]。理論的には，争議行為と組合活動との区分，争議行為が正当性を欠くことと特定の効果との関連，たとえば政治目的ゆえに争議が不当になったとしても組合役員に対する懲戒処分までが許されるか，等が問題とされている。また，争議態様(ノース・ウエスト航空事件・最二小判昭和62・7・17労働判例499号6頁等)や賃金の支払い方法(三菱重工長崎造船所事件・最二小判昭和56・9・18労働判例370号16頁)との関連における賃金請求権(カット)のあり方は古典的論点である。

　なお，争議行為について注目すべきは，公務員の争議行為禁止規定の違憲性をめぐる一連の判例法理の展開である。全面的合憲論に収斂した判例法理は，公務員法だけではなく民間労働法にも間接的ながら強い影響を及ぼしたといえる。特に，争議行為の業務阻害性や利用者の利益に反する側面を強調した結果，その正統性への疑義を生じさせたと思われる[65]。

　「組合活動」については，その抽象的な文言にもかかわらず使用者にプレッシャーを与える準もしくは前争議的な行為が問題になっている。具体的には，

---

[64]　最近の議論については，ジュリスト増刊『労働法の争点3版』(2004年)80頁以下の各論考参照。争議の実態については，花見忠『労働争議』(1982年，講談社学術文庫)参照。

[65]　公務員の労働基本権のあり方については，渡辺賢『公務員労働基本権の再構築』(2006年，北海道大学出版会)参照。

企業施設に対するビラの貼付や就業時間中のリボン闘争である。まさに,「闘争的」性質が特徴と言える。労働委員会実務は,当該労使関係の全般的状況,当該組合活動に関する労使慣行や処分の経緯・程度等諸般の事実からその正当性を問題にしている。他方,判例法理は,ビラ貼付(国鉄札幌運転区事件・最三小判昭和54・10・30労働判例329号19頁)については施設管理権との関連において,またリボン闘争(大成観光事件・最三小判昭和57・4・13労働判例383号19頁)については就労中の組合活動であるとして(組合活動の事案ではないが,目黒電報電話局事件・最三小判昭和52・12・13労働判例287号26頁参照)いずれも正当な組合活動に当たらないという判断を示している。このような労働委員会実務と判例法理の対立は,ずるずると現在まで続いている。しかし,この種紛争が事実上減少することによって「解決」の方向にむかっており,理論的にもあまり関心を引かないテーマとなっている。

　では,要求実現のための組合のプレッシャー行為につき検討すべき課題はないのか。この点は,こまかな解釈論よりもむしろ将来にむけた運動論のほうが重要な側面もある。こと争議行為や組合活動については実際の活動やそれをめぐる紛争を通じて法理が形成されてきたからである。一定の運動実績がない状況での法理形成は困難であり,ある種の混乱状況を許容する社会的な意識・雰囲気こそが権利や規範の基盤と言えるからである。この領域における集団法の停滞は,組合運動の沈滞のせいともいえる。なお,一定のプレッシャー行為をする権利は,従業員代表制に比しての労働組合のメリットといえるのでその点からも重要な課題である。

(2) 見直しの視点
1) 法理レベル
　まず,法理レベルとして二つの基本問題を取り上げたい。
　第一は,争議と組合活動の区分に関する。争議行為については業務阻害が発生しても必ずしも不当とはされず,他方,組合活動は業務阻害が生じると不当とされる。たしかに,労務不提供により業務阻害状態を形成する同盟罷業等の争議行為と企業施設内においてビラ等を貼付する組合活動とを区別す

ることは可能である。しかし，両者の区別はかなり流動的な側面もある。たとえば就労時間中のリボン「闘争」は，原則的に組合活動とされているが，服装に関する業務命令の一部を拒否する側面においては「怠業的」性質を有する。そうすると争議行為といえば正当とみなされ，そうでなければ不当な行為として処分の対象となる。当該組合の位置づけ如何という論点といえる[66]。また，組合バッジについては，それがはたして組合活動といえるかの基本的な問題もある[67]。

同時に，たとえ組合活動とみなしたとしても，実際の業務阻害は使用者の対応如何によって生じる側面がある。つまり，業務阻害は，リボンの着用自体によって発生するとともに取り外し「命令」の態様や執拗さによって不必要なトラブルが生じ，その結果による場合もある（たとえば，長時間にわたり取り外しを強要する）。結果的な業務阻害に着目して両者を明確に区分することは必ずしも適切ではないケースも少なくない。

活動の実際においても，争議行為は労働組合にとって，リーダーシップの行使や費用の点において負担の重いものになっている。また，組合規約上の制約もある（労組法5条2項8号）。そこで，使用者へのプレッシャーとしては，リスク回避や力量不足の観点から，争議の準備行為たる「組合活動」レベルのものが多くなっている。争議に準じた戦術とされているわけである。この点からも，両者を明確に区分して法理を構築するよりも，使用者へのプレッシャー「権」と構成するほうが適切と思われる[68]。

さらに，同盟罷業中心の争議行為概念は以下のような理由から現在使い勝手の良いものではなくなっている。その一は，生産システム等の大幅な改善によって，労務を提供しなかったとしてもそれによる業務阻害を回避するシステムが高度化している。他方，安全面や技術面等において労務不提供のリスクがあまりにも大きいケースもある。適切なプレッシャーにならないわけ

---

[66] 「争議」と見なされるためにはその旨の宣言が必要か否かも問題になる（日本テキサス・インスツルメント事件・浦和地判昭和49・12・6労民集25巻6号552頁参照）。
[67] 拙著『不当労働行為法理の基本構造』(2002年，北海道大学図書刊行会) 18頁以下。
[68] 菅野和夫『労働法　8版』(2008年，弘文堂) 25頁。

である。その二は，対人サービス産業等においては，労務不提供の効果が主に利用者の不便として現れるケースが多い。医療，教育，福祉関係がその好例と言える。こうなると仕事への責任感が重荷となり，また争議につき社会的サポートを得ることも困難である。使用者が適切に対応しなければしないほど，組合への批判が高まるというねじれた構造にさえなることがある。その三は，企業間競争が激化したため，争議行為は競争上きわめて不利になる。産業・職種レベルにおける労働者サイドの強固な連帯がなければその開始・継続は困難となり，場合によれば，経営が悪化し争議参加労働者の雇用へはねかえることさえある。19世紀的な同盟罷業中心の戦術論を破棄する時期かもしれない。

　第二は，プレッシャー行為の正当性の判断基準に関する。まさに実践的な法解釈的な課題である。正当性の具体的判断は，それに反した場合の効果，たとえば刑事罰，損害賠償，処分等との関連で検討されうる。ここでは，集団的労働条件決定ルールの確立の立場から，柔軟な処理視角を提示しうるので不当労働行為の行政救済法理に着目して議論を進めたい。民事的発想（所有権・契約上の「職務専念義務」）から一定程度自由な視点といえる。

　集団的な労働条件の決定過程において，労働組合は自分たちの要求を実現するために使用者に対し一定のプレッシャー行為をなしうる。労働条件決定における関与（要求実現）の一方法に他ならない。まず，目的・要求の表明がなされたことと組合の行為であることが前提になる。

　次に，その正当性については，目的とプレッシャー行為との関連性，プレッシャー行為の必要性，当該行為による業務上の弊害，使用者サイドの対応の仕方等の諸般の事情から判断される。理論的には，組合のプレッシャー行為に対し使用者に一定の「受忍」が義務付けられていると解することができる[69]。所有権や契約上の職務専念義務が一定程度制約されるわけである。もっともここでは，私法上の権利・義務を問題にしているわけではない。あくまで，行政救済法理との関連での説明である。

---

69) 拙著『不当労働行為の行政救済法理』（1998年，信山社）233頁。

2）新たなプレッシャー行為の構想

　従業員代表法制の立法化よりも，職場において労働組合がどうしたら要求を実現できるか，そのための仕組みを構想するほうが緊急の課題と思われる。組合運動退潮の原因の一は，要求を実現する新規のプレッシャー行為が構想されなかったことにもよる。では，21世紀においてどのようなプレッシャー行為を構想しうるか。また，それを支える法理はどうなるか。

　プレッシャー行為の類型は，実際の争議行為の経験をふまえて具体化されてきた。現場における労働者の思いや工夫が原点であり，おそらく現在においても種々のアイデアがあるのではないかと思われる。ここでは，主に法的な側面に留意して，プレッシャー行為を構想する際の視点を提示してみたい。もっとも，新構想の提示自体は，研究者というよりは本来ナショナルセンターを中心とする労働者サイドの課題であるが。

　第一は，個人単位のプレッシャー行為の構想である。これは，要求実現よりも使用者への抗議の側面が強い個人的抗議「スト」ともいえる。プレッシャー行為の典型は，仕事をしないこと（罷業），仕事の仕方につき一定のコントロールをすること（怠業）である。業務命令権に従わないことであり，通常は労働契約法上，債務不履行とされ，損害賠償の対象となる。懲戒処分や解雇がなされることもある。

　しかし，労働契約レベルにおいても，仕事が適切にできないケースでは例外的に仕事をしないことが許される。安全上の危機がある場合の退避権（労働安全衛生法25条参照）や社内イジメからの逃避「権」，業務命令によって違法行為を命じられた場合の拒否権（公益通報者保護法参照）等が考えられる。このような発想は，就労しえないことのリスク（賃金不払・損害賠償請求・懲戒・解雇）を回避するためのものである。

　では，その延長として「就労しえない」ことではなく，特定の状況下で「就労しない」ことも許されるか。自立した労働者個人として，「仕事の仕方」について就労の拒否という形で一定の発言力を行使することに他ならない。ホワイトカラー・イグゼンプションで強調された「自立した働き方」は，時間に縛られずに働くだけではなく，仕事の仕方に対するこのような形の「発

言力」をも有するものと考えるべきものであろう。さらに，退避権という消極的なものではなく，働き方という側面では就労請求権の一態様として構想することも可能である[70]。

既存の争議法理は，もっぱら集団法として形成され，個別・自主的なアクション（山猫スト等）はその延長でのみ正当化が認められてきた。しかし，以上において想定した個人の就労拒否行為は，必ずしも組合の行為であることを前提としていない。この点の理論化は，争議の原点たる就労拒否行為の法的性質を集団法と個別法との連続性の観点から解明するためには不可欠の作業といえる。また，働き方と直接関連する怠業や目的実現型争議（配転命令撤回を目的として配転命令拒否という争議行為を行う。たとえば，新興サービス事件・東京地判昭和62・5・26労働判例498号13頁参照）に関する法理を以上のような問題関心から解明することも重要と思われる。

また，個人に着目すると，プレッシャー行為の一態様として，ITを利用した多様な戦術も考えられる。個人的見解を企業内・外に発信するきわめて効果的な方法といえるからである。もっとも，プレッシャー行為が本来もつであろう集団的盛り上がり（祝祭的性質）には欠けるが。

第二は，自主管理的なプレッシャー行為である。同盟罷業中心の不作為型のプレッシャー行為は，前述したように使用者に対し強い圧力にはならない。もっとも，部分的不作為，つまり怠業については，職場において集団的になされる行為であること，使用者による賃金カットが困難であること，同盟罷業より作業秩序が混乱することがある，等の理由によってより効果的な戦術といえる。とくに，職場において自分たちの働き方自体を問題にし，一定の自主管理しうることが重要である。自主的・自由な働き方の要請からこの点に留意したアイデアも有用と思われる。前述の目的実現型争議もこのような類型といえる。もっとも，自力執行的怠業戦術をはっきりと違法とみなす立

---

70) 脈絡は異なるが，この問題について鎌田耕一「安全配慮義務の履行請求」水野勝先生古稀記念論集『労働保護法の再生』（2005年，信山社）も参照。

71) 小嶌典明「怠業」日本労働法学会編『現代労働法講座5巻 労働争議』（1980年，総合労働研究所）131頁。

場もある[71]。

　第三は，労使関係のステークホルダーを含んだもしくはそれらとの連携を考慮したプレッシャー行為の構想である。会社の存立目的をどうみるかについて，株主の利益を中心に考える見方と株主以外にも関連する従業員・取引先・消費者等のステークホルダーの諸利益を含めて考える見方がある。会社法の建前はともかく，社会的には後者の発想に基づく企業の社会的責任（CSR）とかコンプライアンスという考え方が一般化している。そこで，今後はそのような観点から労使関係やプレッシャー行為を構想することも重要と思われる。

　具体的には，その一として，株主権との関連が問題になる。企業の最終的決定が株主総会でなされるので，使用者だけではなく株主（総会）に対する一定のプレッシャー的行為を想定しうる。プレッシャーという表現がきつければ，説得活動ということもできる[72]。株主の利益に反する経営層の行為につき，会社法の規定に基づき一定の規制をなすことはすでに認められており，背景に労働問題が伏在するケースも少なくない[73]。

　その二は，顧客とか利用者と連携した社会的プレッシャー行為の発想である。たとえば，福祉や医療の領域においてサービス利用者と連帯して使用者へプレッシャー行為をすることが考えられる。労働条件の維持・改善，とりわけ人員の確保はサービス向上に不可欠なものなので，その点では利害は共通しているからである。また，医療や福祉のあり方は，労働者の働き方と直接関連している場合が多い。具体的には，利用者との共通要求として団交を行うこと（利用者の団交参加）や利用者の支援を確保したうえでのプレッシャー行為（たとえばリボン闘争）等が考えられる。さらに，その延長上には，市民運動と連動した街宣活動等のプレッシャー行為や製品・商品ボイコット

---

[72] 森岡孝二「CSR時代の株主運動と企業改革」池上惇＝二宮厚美編『人間発達と公共性の経済学』（2005年，桜井書店）113頁以下参照。

[73] 渡島信金事件・札幌高判平成16・9・29労働判例885号32頁，問題点については，拙稿「渡島信金会員代表訴訟事件と理事の善管注意義務・忠実義務」季刊企業と法創造2巻2・3合併号（2006年）31-47頁参照。また，前掲・JT乳業事件も参照。

も想定される。公務員法上の争議行為論もこのような発想が必要と思われる。

V節　労働協約

　労組法は，協約締結のために団交をすることが同法の目的の一つであること（1条）の他に，協約の成立（14条），期間（15条），規範的効力（16条），一般的拘束力（17条，18条）につき定めている。裁判上は，主に16条の規範的効力のあり方が問題になっている。さらに就業規則との関連についても関連規定がみられる（労基法92条，労働契約法13条）。もっとも，組合内部手続や団交との関連性については，ほとんど法定化されていない。同盟罷業等に関する組合規約規定事項（5条2項8号）の定めがあるくらいである。

(1) 判例法理の特徴と問題点

　協約をめぐる判例法理は，概ね以下のように展開されている。もっとも，協約において規定されている内容が多様であること，個別合意（労働契約）との関連につきそれほど詰めた議論がなされていないこと等から必ずしも一貫したものになっていないと思われる。

　第一は，協約の締結・成立に関するものである。書面化等がその成立要件とされ，それを欠く場合には協約としての規範的効力は付与されない（都南自動車教習所事件・最三小判平成13・3・13労働判例805号23頁）[74]。書面化していない労働条件に関する労使間「合意」について，16条の規範的効力は別としてそれ以外にどのような法的意味があるかは残された問題である。これは，直接雇用関係がない労使，たとえば親会社と子会社組合との「協定」の法的効力の問題でもある。また，労働条件以外の労使間ルール部分についての法的な性質の問題もある。

　第二は，規範的効力と労働契約との関連である。協約が労働契約内容にどのように影響を与えるかについて学説上，外部規律説と化体説との対立があ

---

[74]　本件の問題点については，拙評釈「都南自動車教習所事件最判」判例評論515号（2002年）参照。

る。とりわけ協約関係終了時のいわゆる「余後効」事案において具体的に問題になる。この点判例法理は必ずしもはっきりしてない。

労働条件の不利益変更事案については，不利益変更された協約の規範的効力が原則として認められている（朝日火災海上保険事件・最一小判平成9・3・27労働判例713号27頁）。17条の一般的拘束力との関連においてもほぼ同様である（朝日火災海上保険事件・最三小判平成8・3・26労働判例691号16頁。本件においては規範的効力がないと判示されている。最近の例として都市開発エキスパート事件・横浜地判平成19・9・27労働判例954号67頁がある）。もっとも，不利益変更内容が組合員にとって一律でない場合，たとえば，特定の年齢層の労働条件だけを下げるケースはどうか。下級審において協約締結手続や協約内容に応じて多様な見解が示されており[75]，判例法理といえるものは形成されていない。

第三は，労使間ルールと労働条件との関連である。たとえば，組合加入や組合員資格に関するルールと解雇の効力が関連するユニオン・ショップのケース，賃金から組合費を控除するチェック・オフ，さらに組合との協議を義務付ける人事協議条項等について問題になる。判例法理は，ユニオン・ショップに基づく組合未加入者，被除名者，脱退者に対する解雇の効力を認めている。ユニオン・ショップ協定の効力を正面から認めているわけである。もっとも，除名が無効の場合（日本食塩製造事件・最二小判昭和50・4・25民集29巻4号456頁）や別組合加入のために脱退した場合（三井倉庫港運事件・最一小判平成1・12・14労働判例552号6頁）には解雇は無効とされている。他方，チェック・オフについては，チェック・オフ協定だけでは賃金控除は許されず，組合員の使用者に対する個別委任が必要であるとされる（エッソ石油事

---

[75] 詳しくは，拙著『労使関係法における誠実と公正』（2006年，旬報社）253頁以下。最近の関連する裁判例として，日本郵便逓送事件・大阪地判平成17・9・21労働判例906号36頁，日本郵政公社事件・東京地判平成18・5・29労働判例924号82頁，AIGエジソン生命労働組合他事件・東京地判平成19・8・27労働判例954号78頁，中央建設国民健康保険組合事件・東京地判平成19・10・5労働判例950号19頁，同事件・東京高判平成20・4・23労働判例960号25頁等がある。

件・最一小判平成5・3・25労働判例650号6頁)。なお,個別組合員の委任の仕方や時期については多くの問題が残されている[76]。さらに,人事協議条項についても,当該条項違反を理由とする解雇・配転の効力が争われており,無効と解する見解が多い[77]。もっとも,人事協議の目的や意義が,個別組合員と組合との関連においてどのように位置づけられるのかについてはそれほど議論されてはいない。

　これら一連の事案では,協約で定められたルールが個別契約のあり方にどのような影響を与えるかが争われている。労働条件「基準」をめぐる規範的効力の問題ではないので,16条の解釈から直接結論がでる問題ではない。にもかかわらず,判例法理は本格的な論議をしてはいない。学界も同様である。

　第四は,集団的な労働条件の変更ルールに関する。労働条件の変更は,個別契約,就業規則,協約による場合がある。実際には就業規則によるケースが一般的であり,不利益変更につき判例法理が確立している。今後は労働契約法の解釈問題になるが未解明の論点は少なくない。就業規則は職場全体の労働条件を決定することやその作成や変更につき過半数代表(組合)の意見聴取が義務付けられている点では,集団的な側面がある。しかし,過半数代表をめぐる本格的な法理が構築されていないために,多くの未解明・未解決の論点がある。また,組合法との関係においても必ずしも十分な論議がされていない。これは,労働契約法の立法過程において示された種々の構想(たとえば,06年6月の素案で示された「特別多数労働組合」)が思いつきで[78]あったことからもそういえる。

　他方,組合法のレベルに関しては,協約の規範的効力論を巡って一定の判例法理が確立している。しかし,協約関係を継続するという観点からの「団交・協約ルール」というプロセス的なレベルでの議論はほとんどなされてい

---

[76] 最近の裁判例については,拙稿「チェックオフをめぐる集団法理と個人法理」労働法律旬報1658号(2007年)37頁参照。
[77] 古くなったが,拙稿「人事条項・同意条項を巡る判例法理の展開(1)(2)」労働判例447,448号(1985年)参照。
[78] 拙稿「労働契約法制と労働組合」労働法律旬報1630号(2006年)18頁(本書4章)参照。

ない。たとえば，協約関係の終了については，期間の満了や90日前の書面による通知に関する規定はあるが，終了の前提としての誠実団交義務の履行等の規定はなく，またそのような法理も形成されていない。せいぜい，協約終了について不当労働行為法理による制約[79]，契約との関連についてはいわゆる「余後効」による処理があるくらいである。また，関連して労使慣行の変更問題も残されている。

(2) 見直しの視点

協約法理の見直しは，労働条件基準を定めた協約の規範的効力のあり方をめぐる原理論レベルとそれ以外のいわば応用論レベルで考えることができる。

1) 原理論レベル

原理論レベルの見直しの第一は，労働条件の具体的な決定過程をふまえた協約法理の構築である。協約締結までの過程は，組合内における要求の集約，使用者との団交，使用者へのプレッシャー行為，協約の締結，協約の実施の過程をたどる。協約法理レベルになると締結された協約の効力が主要な論点となり，組合内部法理や団交法理とどう関連するかについての問題が不明確となる。この点に関する私見はすでに労働組合の「公正代表義務論」として展開しているのでそれを参照とされたい[80]。私見のポイントは，①協約法理は，組合の公正代表義務の観点から組合内部・団交法理と関連づけて形成されるべきこと，②協約の規範的効力は両面性が認められるべきであるが，その前提として組合規約に従った適正な手続による協約締結が必要なこと，③一部の組合員についてだけ労働条件が低下する協約については，原則として規範的効力が認められないが個別組合員との合意を形成するための「契約のひな形」的な役割があること，である。

以上は解釈論としてのアイデアにすぎない。組合サイドの実務的な対処としては，関連する組合規約，とりわけ特定グループの労働条件の不利益変更

---

[79] 関連裁判例については，拙著『不当労働行為の成立要件』(2007年，信山社)169頁参照。

[80] 拙著『労使関係法における誠実と公正』284頁以下，また法社会学的な観点からの検討として，拙稿「労働条件の不利益変更をめぐる紛争化・公共化の諸相」法社会学68号（2008年）160頁以下（本書6章）参照。

を念頭に置いた規約の整備が必要となる。また，立法的な課題としては，まず関連する組合規約の整備にむけた教育的指導（たとえば，労組法5条2項の規定のなかに協約締結過程における民主的手続の規定を入れる。同盟罷業の開始手続（同項8号）よりは重要といえる）が考えられる。また，協約規範の両面性を明確に認める判例法理を前提にすれば，それが認められるための協約締結ルールの一定の法定化も必要であろう。組合の自主性だけに委ねることは，組合離れ（脱退）や組合分裂を助長する結果となると思われる。もしくは，協約自治ではなく就業規則による労働条件決定を促進することになろう。労働契約法はそれを助長することが予想される。

第二は，職場全体の労働条件決定との関連である。協約の規範的効力は原則として組合員についてだけ及ぶ（労組法16条）。例外的に職場内の一般的拘束力制度（17条）があるが，制度目的，個別の要件等につき不明確な部分があまりにも多く（最近の例として，前掲・都市開発エキスパート事件），現時点においてはそれほど一般的に利用されてはいない。また，地域的一般的拘束力制度（18条）については，産業別協約がほとんどないこともあり全く利用されていない[81]。

むしろ職場全体との関連においては，①労基法等の規定に基づき過半数組合が締結した労使協定（24条，36条，39条等）の効力，②就業規則内容が協約に反してはならないことを定める労基法92条や労働契約法13条の趣旨等が論点となる。また，解釈論的には，協約内容に準じてなされた就業規則の作成・変更の効力（合理性論），協約上の労働条件と非組合員の労働条件に格差がある場合に，たとえば賃金格差について同一労働同一賃金原則に反しないか等が争われる。また，立法論としての排他的交渉代表制の構想も問題になろう。

組合法はまさに集団的な労働条件決定を目的としているが，協約法理においては職場レベルの集団性との関連について十分な議論がなされていない。

---

81) 古くなったが，拙稿「協約の地域的拡張適用制度の基本問題（上）（下）」判例タイムズ578, 579号（1986年）参照。

組合は基本的に組合員だけを代表するとみられているからである。就業規則の不利益変更事案が増加する理由の一と思われる。労働条件の不利益変更につき，規範的効力論はその深さの点においては一定の考察がなされたが，広がりの側面においてはまことに不十分であった。今後，職場の広がりの中で，規範的効力に準じた「協約」の効力論を構築する必要があると思われる。たとえば，後述のように就業規則の不利益変更をめぐり判例法理が提示した「事実たる慣習」のアイデアは，むしろ協約による労働条件決定に適用しうる。つまり，非組合員の労働契約内容についても労働協約の関連規定によると解するわけである。

2）個別的論点

第一に，企業組織再編との関連における緊急の課題は親会社等との合意に関する「協約」論の構築である。前提として団交法理において，親会社等がはたして子会社従業員の「使用者」といえるかが問題になる。この点は，不当労働行為法理上の使用者概念の拡張で対処しうるが，「労働契約」関係の認定までは通常は困難である。協約法理は，労働契約関係を前提としていると解されるので，親会社と子会社組合との合意にストレートに規範的効力を認めるのは難しい。

そこで，労働契約論と切断した独自の労使合意論の構築が必要となる。たとえば，合意をしたこと自体から労働契約に準じた特別の労使関係が生じたとして，当該合意に規範的効力に準じた効力を認めることが考えられる。使用者概念を企業グループまで拡張し，企業グループ自体を締結主体としてそれとの「労働協約」と構成することもできる。その他に，民法的には「第三者のための契約」や「代理」構成等が考えられる。なお，このような民法的な構成は，書面化等の要式を欠いた労使間合意の効力についても同様に問題となる。

第二に，労使間ルールを定める労働協約と労働契約との関連についてどのような法理構成が可能か。協約に定める労働条件部分については，まさに規範的効力の問題であり，これは原理的レベルのところで検討した。他方，労使間ルール，たとえばユニオン・ショップやチェック・オフ，人事協議条項

等については，それがどのような法的メカニズムによって個々人の労働条件に関連するかは必ずしも明確ではない。

たとえば，ユニオン・ショップについては，その内容にもよるが（例えば，尻抜けユニオンの場合は別である），同条項に基づく組合員資格の喪失等を理由とする解雇がなぜ認められるのかの理論構成は，協約法理との関連においては必ずしもはっきりせず，もっぱら解雇法理の問題として処理されている。人事協議条項についても，なぜそれに違反する解雇が無効になるかもはっきりしない。一方，チェック・オフについては，協約の存在を前提に，個別組合員と使用者との個別委任を要件としておりここでは独自の構成がとられている。このようなやや一貫性のないアプローチには次のような問題がある。

その一は，ユニオン・ショップ協定に基づく解雇の有効性や人事条項違反の解雇の無効性について理論的に詰めた議論がなされていない。たとえば，前者につき就業規則の解雇事由として独自に規定されなければならないか否かは必ずしも明らかでない。また，後者につき，十分な協議をしないことはなにゆえ解雇を無効とするかもはっきりしない。特に，協議の目的が，組合の関与自体による組合の団結を強化するためなのか，不当な解雇をされないという個々の組合員の雇用上の利益の擁護にあるのか，両者はどう関連するのか，の問題といえようか。

その二は，チェック・オフ法理に見られるように，当該協約だけではなく組合員と使用者間の個別委任も必要であるというアプローチは，組合費の納入「方法」という本来集団的なルールの実施を個別組合員の意向に絡ませることを意味する。このようなアプローチは，組合内部運営への使用者の介入行為を助長することになり，また，賃金からの組合費控除の要否自体については，個別組合員の意思を尊重する必要性は低い。もっとも，組合分裂過程におけるチェック・オフの方法をめぐる不当労働行為事件の処理に関しては，個別組合員の意思を重視するアプローチは適切な事件処理方法と言える。組合相互間の紛争につき，いずれが本来の承継組合かというデリケートな判断を示す必要がなくなるからである（ネスレ日本事件・最一小判平成7・2・23労働判例686号15頁参照）[82]。

その点で，チェック・オフ条項自体は，組合費の賃金からの控除とその金員の組合への引渡しという労使間ルール及び賃金からの組合費控除という労働条件に関するルールの複合的なものと捉えるべきものと考える。それに応じた複合的な「準」規範的ともいうべき効力を認めるべきものであろう[83]。ユニオン・ショップ条項や人事条項に関する協約規定についても同様に独自の複合的な効力を認めるべきものと思われる（制度的効力という発想も参照）。

もっとも，ユニオン・ショップ協定等は従業員（組合員）の利害に関係するので，その根拠・運営につき一定のチェックがなされるべきという側面はある。まず，ユニオン・ショップについては，労組法の規定（7条1号但書）どおり組織（組合員資格）対象労働者の過半数を代表する組合であることが締結の前提となる。したがって，組合員資格を認めていない労働者をユニオン・ショップ協定により強制加入させることは許されない。自主的加入を認めないでそれらの労働者を強制的に組合に加入させることは，代表性自体に疑念があり，またあまりにアンフェアだからである。次に，チェック・オフについては，組合費納入の仕方について賃金控除によるという組合規約規定もしくはその旨の組合員の個別合意が必要であろう。さらに，人事条項については，その実施につき組合が個別組合員の意向を適切に代表して協議するという「公正代表」的義務があると思われる。組合独自の意向を重視すると「代表的」といえるが，個別組合員の保護を重視するとむしろ「代理的」とみなされるので，その点からの理論構成も可能であろう[84]。

第三に，協約と個別契約との関連が問題になる。規範的効力論との関係においては学説上の外部規律説と化体説の対立と言えるが，協約による労働条

---

[82] 本件の問題点については拙稿「救済命令の限界」ジュリスト別冊『労働判例百選7版』（2002年）26頁参照。

[83] この点については拙稿「チェックオフをめぐる集団法理と個人法理」労働法律旬報1658号（2007年）37頁参照。

[84] 拙稿「人事協議・同意条項をめぐる判例法理の展開（二・完）」労働判例448号（1985年）29頁。最近の例として，マガジンハウス事件・東京地判平成20・3・10労働経済判例速報2000号26頁参照。

件の決定という広いパースペクティブで考えると以下のように解釈上多様な論点が提起される。

　その一は，協約の規範的効力と組合員の契約内容の特定という古典的な問題である。私見は，協約基準自体が最低基準ではなく（その旨の労使間合意があれば別である），実際の労働条件を定めていること，団交制度自体が個別交渉を原則的に排除していること，契約的に個別の労働条件を定める実態に乏しいこと，等から化体説が妥当と考えている。その時々の労働者の真意に合致した契約意思とみなされるからである。使用者サイドについても，そのような契約意思が存在するものと思われる。

　その二は，協約による労働条件の決定が，非組合員（場合によれば別組合員）の労働条件にいかなる影響を与えるかの問題である（非組合員の労働条件が義務的交渉事項になるかも論点である。根岸病院事件・東京高判平成19・7・31判例時報1990号169頁参照)[85]。実際上は，職場における労働条件の統一や「同一労働同一賃金」等のニーズから，使用者が協約内容と同じように就業規則規定を変更することが多いと思われる。こうなると就業規則上の基準として職場にあまねく適用され，協約法理については特段の解釈的な問題は生じない（就業規則の不利益変更の合理性の問題はある）。

　では，就業規則内容が変更されない場合はどうか。協約締結組合が職場においてどの程度の組織率を有しているかにより異なる側面があるので，ここでは一応過半数を組織しているケースを想定している（なお，過半数を組織していなくとも職場の労働者総体を代表して労働条件を決定している場合は同様に考えられる）。この場合においても，就業規則に関する規定を媒介にするケースと媒介にしないケースを想定しうる。

　媒介にするケースでは，労基法92条と労働契約法13条の規定が問題になる。労基法92条については，行政指導の根拠になる以上に私法的な規範かが論点となる。私法的な規範になり協約に違反する就業規則が無効になると（たとえば，第一交通産業他事件・大阪地堺支判平成18・3・8判例タイムズ1252号223

85）　本件の問題点については，拙評釈・判例評論594号（2008年）89頁参照

頁），多様な解釈上の論点が提起される。とりわけ非組合員への適用関係が問題となる。

　なお，この点については労働契約法13条によって，協約対象の組合員のみに適用がある旨の一定の立法的な解決がなされた。もっとも当該ルールは，労働契約というよりあくまで協約の規範的効力の問題であるという位置づけも可能であり，当然なことを規定したといえる。そうすると，労基法92条上の難問は依然残されたままである。

　就業規則規定を媒介にしないケースにおいても，労働契約内容確定・変更のレベルについて協約の存在をどう評価するかが問題になる。この点において，就業規則の不利益変更に関する判例法理のアイデアが案外示唆的である。つまり，秋北バス事件最判は，「この労働条件を定型的に定めた就業規則は，一種の社会的規範としての性質を有するだけなく，それが合理的な労働条件を定めているものであるかぎり，経営主体と労働者との間の労働条件は，その就業規則によるという事実たる慣習が成立しているものとして，その法的規範性が認められるに至っている（民法92条参照）ものということができる」と判示している。労使自治や労働条件対等決定原則（労基法2条）の立場からは，労働基準の設定は協約によるという事実たる慣習があるという構成も可能であろう。民法92条をめぐる法的なフィクションならば，就業規則についてより労働協約ほうが規範的に好ましいと思われる。また，労使双方の意思に合致するものといえよう。

VI節　不当労働行為制度

　労働委員会の命令を通じて不当労働行為からの救済を図る現行不当労働行為制度の発足以来60年近く経過し，労働委員会は，労働組合やその活動の保護について極めて重要な役割を果たしてきた。とはいえ，不当労働行為制度が多くの難問に直面しているのも事実である。申立件数が減少し，その内容も実質は集団的ではなく，個人的紛争が少なくない。また，事件処理が遅滞していることや実効性のある救済がなされないという古典的問題も残されている。さらに，実際に労働委員会命令が取消されるケースも少なくない。

このような事態の背景として，労働組合の組織率が低下するとともにその影響力も弱まったことがまずあげられる。また，労組法システム自体が組合の結成や自主運営を阻害した側面もある。同時に，労働委員会が適正に運営されているのかの問題もある。

本章では，不当労働行為制度・法理の現状と問題点を確認するとともに将来的な見直しの視点についても検討したい[86]。不当労働行為制度は労組法の中核ともいえるので，問題状況の的確な把握のためにその制度形成史にも着目しておきたい。また，法理的課題としては，司法救済法理との関係における行政救済法理の独自性の解明がもっとも重要と思われるので独立の項立てをした。同時に，2004年の労組法改正の背景・経緯についても，労働委員会制度の将来設計との関係で重要な改正がなされているのでやや詳しくふれておいた。

(1) 労組法の立法史からの考察

不当労働行為として禁止されている使用者の反組合的行為を列挙した労組法7条の各号や救済の仕組みを定める27条がどのようにして形成されてきたかを労組法の立法史から考察することによって，不当労働行為法理や労働委員会制度の基本的特徴を確認しておきたい[87]。

1) 旧労組法の成立（1945年）

大正中期から昭和初期にかけて労組法制定の動きがみられ，組合所属を理由とする解雇等の禁止規定の構想は，立法化されなかったが，戦後の旧労組

---

[86] より本格的には，拙著『不当労働行為の行政救済法理』(1998年，信山社)，拙著『不当労働行為法理の基本構造』(2002年，北大図書刊行会)，拙著『不当労働行為の成立要件』(2007年，信山社)，拙稿「集団的労使紛争処理システムからみた不当労働行為制度の見直し」季刊労働法205号（2004年）等参照。

[87] 詳しくは，拙著『不当労働行為の行政救済法理』10頁以下，拙著『不当労働行為法理の基本構造』182頁以下，遠藤公嗣『日本占領と労資関係政策の成立』(1989年，東京大学出版会)，東京大学労働法研究会『注釈労働組合法 上巻』(1980年，有斐閣) 9頁以下，外尾健一「わが国における不当労働行為制度の歴史的沿革」同編『不当労働行為の法理』(1985年，有斐閣) 等参照。

法案に結実していった。終戦直後，GHQから民主化政策の一環として労働運動の保護助長が打ち出され，それを受けて1945年10月1日に労組法制定の閣議了承がなされる。当時，労働問題の主務官庁であった厚生省の芦田大臣は，旧労組法のポイントについて以下の5点をあげていた[88]。①団結権の保障，②団交・争議の損害賠償からの解放，③組合結成，運営の自主性の確保，④協約の効力付与，⑤労働委員会制度の確立，である。組合内部規制，団結権・団交権・争議権の保障，協約の効力付与及び労働委員会制度とほぼ現行労組法の基礎が形作られたといえる。

では，旧労組法の立法過程において具体的にどのような議論がなされたのであろうか[89]。

第一は，組合のあり方に関する。旧労組法は，組合の定義として，労働者が主体となること，自主的に労働条件の維持改善，地位の向上を目的とすることをあげるとともに，使用者の利益代表者の参加を許すものや主たる経費の補助を使用者から受けるものを除外している。表現は別として現行法とほぼ同様な形態をとっている。しかし，組合規約・役員氏名，住所の官庁への届出（5条），規約の変更命令（8条），裁判所による組合の解散（15条）の定め等組合規制的色彩が濃厚であった。このように労使関係というよりもっぱら「労働組合」に着目する発想はわが国の「労使関係」法の変わらない特徴といえる[90]。

第二は，使用者の反組合的行為に対する規制に関する。戦前の論争をふまえたうえで，旧労組法は「使用者ハ労働者ガ労働組合ノ組合員タルノ故ヲ以テ之ヲ解雇シ其ノ他之ニ対シ不利益ナル取扱ヲ為スコトヲ得ズ使用者ハ労働

---

[88] 労働省編『労働行政史（戦後の労働行政）』（1969年，労働法令協会）218頁。

[89] 審議内容・経緯については，労働省編『資料労働運動史 昭和20-21年』（1951年，労務行政研究所）689頁以下，手塚和彰「戦前の労働組合法問題と旧労組合法の形成と展開（一）（二）」社会科学研究22巻2号，23巻2号（1970-71年），田村譲「1940年代後半期の労働運動と旧労働組合法形成過程」松山大学総合研究所所報18号（1995年）93頁以下等参照。

[90] 拙稿「労働組合政策の回顧と労使関係政策の課題」日本労働研究雑誌463号（1999年）参照。

者ガ組合ニ加入セザルコト又ハ組合ヨリ脱退スルコトヲ雇用条件ト為スコトヲ得ズ」として使用者の不利益取扱い及び黄犬契約を不公正労働行為として禁止する（11条）とともに，違反行為に対しては6月以下の禁錮又は500円以下の罰金に処すると定めた（33条）。同時に33条2項は，「前項ノ罪ハ労働委員会ノ請求ヲ待テ之ヲ論ズ」として，労働委員会に一定の関与を義務づけた。不当労働行為類型がきわめて制限されていることと直罰主義が特徴であった。

2）労働関係調整法の成立

1945年に成立し，1946年3月1日から施行された労組法は，1949年に大幅な改正がなされ，これが現行法となる。この間に，旧労組法成立時の附帯決議に基づき，次のような重要な立法が成立する。

第一は，1946年の憲法の成立である。憲法25条で生存権が，28条で団結権・団交権・団体行動権が規定された。もっとも，立法時には，団結権等のあり方につき，具体的な論議はあまりなされていない。当時の状況から公務員の団体行動権を公共の福祉の観点から制約しうるかが中心争点であった。

第二は，労働関係調整法の成立である（1946年）。労働組合運動の活発化に伴い，労使紛争というより争議が増加し，円滑な紛争調整の必要性がでてきた。そこで，政府は，「労働関係の公正な調整を図り，労働争議を予防し，又は解決して，産業の平和を維持し，もって経済の興隆に寄与することを目的」（1条）として，斡旋，調停，仲裁制度を定める労働関係調整法を制定した。その後1947年に労働基準法が成立した。

労調法において団結権保障システムにつき，次のような重要な改正もなされるに至った。その一は，「使用者は，この法律による労働争議の調整をなす場合において労働者がなした発言又は労働者が争議行為をなしたことを理由として，その労働者を解雇し，その他これに対し不利益な取扱いをすることはできない。但し，労働委員会の同意があったときは，この限りでない。」と定めた（旧40条）。その二は，附則において，旧労組法の11条1項は，次のように修正された。「使用者ハ労働者ガ労働組合ノ組合員ナルコト労働組合ヲ結成セントシ若ハ之ニ加入セントスルコト又ハ労働組合ノ正当ナル行為

ヲ為シタコトノ故ヲ以テ其ノ労働者ヲ解雇シ其ノ他之ニ対シ不利益ナル取扱ヲ為スコトヲ得ズ」。禁止される使用者の不公正労働行為は，組合員たること以外に，組合の結成・加入・正当な行為を理由とするものも付加されたわけである。

3）1949年の労組法改正以後

1948年12月にGHQにより経済安定9原則の一環として労組法，労調法改正が示唆され，1949年2月に，労働省作成の「労働組合法改訂試案」が公表された[91]。この内容は，団交権の保障とともに交渉単位制度の導入，労働委員会命令の裁判所の認可による実施等アメリカ不当労働行為制度の影響を直接にかつ色濃く受けたものであった。しかし，このアイデアはその後大幅に修正され，日本的ともいうべき不当労働行為制度が完成した。つまり，団交拒否事由の明文化を避けるとともに交渉単位制を採用しないことにされたわけである。

では，団結権保障システムの観点から，1949年改正によって実際にどのような変更がなされたか。

第一に，労働組合に関し，組合の結成，運営に対する直接的な行政規制を廃止し，資格審査制度を媒介とした間接的な規制へと転換した（5条1項）。届出主義から自由設立主義になったわけである。同時に，組合の自主性や民主性を確保するために，組合加入が認められない利益代表者の範囲（2条但書1号）や禁止されるべき経費援助の内容を詳細に定める（同2号）とともに組合規約において組合運営の民主性を担保する規定を定めるべきものとした（5条2項）。

第二に，不当労働行為につき，二点にわたり重要な改正がなされ，アメリカ不当労働行為制度から一定の影響を受けた現行制度が確立した。その一は，不当労働行為類型として，新たに，団交拒否（7条2号）と支配介入（同条3号）が付け加わった。前者は，交渉過程への国家関与に道をひらき，後者

---

[91] 具体的立法過程については，遠藤前掲書285頁以下を，また，労使の見解については，労働省編『資料労働運動史　昭和24年』（1951年，労務行政研究所）934頁以下を参照。

により，使用者の多様な反組合行為を規制対象とすることが可能となった。もっとも，交渉単位制度自体は導入されず，また，「労働組合の不当労働行為」という発想もなかった。同時に，1号但書きにおいてユニオン・ショップ制に関する規定が付け加わった。その二は，救済システムとして，直罰主義から現行の行政救済主義が採用された。刑事的規制が必ずしも実効性はなく，また不当労働行為の「被害者」を救済するためであったといわれる。もっとも，行政救済主義の採用理由や司法救済の許否については，それほど論議はなされていない。過料のサンクション（労組法32条）では直接救済にはならなかった点が，司法救済を促し，現代まで続く法理混迷の原因ともなった。

第三に，労働条件決定過程への直接的関与として，団交拒否が独自の不当労働行為類型とされた（7条2号）。これは不当労働行為類型が増えた以上の意味をもっている。旧労組法においても，労組法の目的として「団交権の保護助成」がうたわれ，刑事免責が定められていた（1条）。また，労働組合の代表者等の団交権限も規定されていた（10条）。しかし，団交権保障の具体的効果についてまでは規定されていなかったからである。労働条件決定過程の安定化，ルール化は，1949年改正の主要な課題であった。そのために，試案段階では交渉単位制度と団交拒否類型の具体化が図られたが，いずれも法案内容にはならなかった。立法化されたのは，正当理由のない団交拒否を不当労働行為とみなす包括的・抽象的な規定にすぎなかった。

1949年の改正によって，現行の不当労働行為制度はほぼ完成した。もっとも，1951年から翌年にかけても注目すべき動きがみられ，労働省労政局は，再度アメリカ不当労働行為制度をモデルとした「労働関係法（仮称）要綱試案」を作成した。その内容は，①民間，官公労を含んだ「労働関係法」を作り，事務機構も統合すること，②交渉単位制を一部導入するとともに労働組合にも団交義務を課すこと，③不当労働行為は全国労働関係委員会の専属管轄にし，地方に支局を設けること，さらに不当労働行為に関する民事訴訟は同委員会の決定を経た後でなければ提起できないこと，④判定的機能と調整的機能を完全に分離し，前者を全国労働関係委員会，後者を労働関係調整委員会が所管する，等であった。現時点からみても，交渉過程への法的規制及び団

結権保障システムの整備という点において注目すべき内容と評価できるが，時代を先取りしすぎていた。同試案は労使の猛反対にあい，1952年の改正においては，次のようなマイナーな改正しかなされなかった。それらは，労働争議の調整については組合の資格審査を不要としたこと（5条1項），不当労働行為類型として報復的不利益取扱い（7条4号）を付加したこと等であった。

4）立法史からわかること

立法過程の検討によっては，必ずしも明確な制度像や法理は発見できない。とはいえ，どのような点が議論され，または議論されなかったかを確認し，共通の認識を得ることは，今後の制度設計作業にとって不可欠である。

第一に，不当労働行為の類型については，1号から4号にかけて相互に関連付けた議論はほとんどなされていない。旧労組法（1945年），労調法（1946年），労組法改正（1949年，1952年）を通じて個別的に規定が付け加わったという形態をとっている。全体の構造はまったくはっきりしない。とりわけ，団交拒否の位置付けが不明といえる。その点はアメリカ法との顕著な違いである。

さらに，不当労働行為禁止のエンフォースメントの仕方が相違している（1945年法は刑事規制，1949年改正法は行政救済であり，さらに一貫して司法規範ともみなされていた）にもかかわらず，この点への配慮もまったくといっていいほどなされていない。1949年法改正時において，労働委員会による行政救済方式が採用された際にも，特段の議論はなされていない。

第二に，不当労働行為制度観・イメージとして2つの流れをみてとることができる。その一は，もっぱら団結「権」・争議「権」保障を念頭に置く流れであり，実際に立法化されたのはこのような考え方に基づく。まさに労働組合の権利をどう保障するかがポイントであった。その二は，労使交渉の円滑化を重視する流れである。団交権の保障とともに交渉単位制導入を図る1949年法の試案や1951年の要綱に具体化していたが，この流れは結局否定されるに至る。なお，労調法による争議調整システムの整備や公共企業体等労働関係法上の交渉単位制という形では具体化したが[92]，制度の基盤とまで

はみなされなかった。

　第三に，交渉の円滑化という発想が一般化しなかったために，不当労働行為の「不当（unfair）」とは，団結権保障と結びついてもっぱら反「組合的」とイメージされた。また，当時は組合運動の全盛期であったので，争議規制のあり方が主要な争点であり（特に，憲法と労調法），具体的には公務員の争議権や生産管理闘争等所有権秩序を侵害するような戦術の適否が争われていた。さらに憲法28条の存在もあり，「労働組合の不当労働行為」という構想はタブー視されるとともに，「不当」とはなにかを労使関係的にもしくは団交過程と関連付ける議論も有力ではなかった[93]）。

　第四に，労働組合の結成を前提に，団体交渉→（争議行為）→協約の締結，という図式とそれを支える法的メカニズムは一応形成されていた。団結権の主体たる「労働組合」の役割，組合員の範囲，その法的定義やあるべき「労使関係観，イメージ」について活発な論議がなされていた。しかし，論争は主にイデオロギー的，政治的であり，不当労働行為制度独自の議論は組合の「自主性」「民主性」に関するものであった。「法理」レベルのそれ，特に組合結成・運営法理等の団結権の原理論ともいうべきものが不十分であったと思われる。また，組合内部問題[94]）や併存組合状態を前提とした法的議論もほとんどなされていなかった。

(2) 判例法理の特徴

　1949年の労組法改正によって現行の法制度がほぼ確立した。その後の法理展開は労働委員会実務及び判例法理を通じたものであった。まず，法理形成

---

92) この交渉単位制は昭和31年に廃止されている。
93) アメリカ法上の不当労働行為法理の特徴については，拙著『不当労働行為法理の基本構造』193頁以下参照。
94) 労働組合の定義については労組法2条，5条2項参照。立法過程においては，「協調組合」「幹部組合」「アウトサイダー組合」等の種々の「労働組合」構想があった。遠藤公嗣「『アウトサイダー組合』構想（上）(下)」日本労働協会雑誌260，261号（1980年）参照。
95) 詳しくは，拙著『不当労働行為の成立要件』(2007, 信山社) 5頁以下参照。

の仕方の特徴や独自性を確認しておきたい[95]。

1）法理形成の独自性

法理形成の特徴の一として、労働委員会による行政救済と裁判所による司法救済の法理が未分化のまま形成されてきた。判例法理においてこの点が顕著である。労組法7条が私法規範でもあるという判例法理（医療法人新光会事件・最三小判昭和43・4・9判例時報515号29頁）が比較的早い段階で確立し、学説もおおむねこの見解を受け入れていたからである。この傾向は、不当労働行為たる「解雇」事案だけではなく、組合活動の「正当性」が直接の争点となった事例においてもみられる（たとえば、済生会中央病院事件・最二小判平成元・12・11労働判例552号10頁）。

その二として、不当労働行為「法理」は主に労働委員会命令とそれに対する裁判所による取消訴訟を通じて形成された。しかし、実際の不当労働行為事件は、命令まで行かず和解によって処理される事案が多かった。その点では、労働委員会制度や不当労働行為制度を、将来の制度構想のために全体として把握するには、裁判「法理」レベルの理解だけでは極めて不十分といえる。

このような問題関心は、労働委員会経験者ではもたれているが、学界全体としては希薄である。同時に、2004年の労組法改正においてもそれほど重視されていない。

2）判例法理の基本的特徴

労働委員会実務及び裁判例が形成・展開してきた不当労働行為法理の基本的特徴と問題点を救済システムのあり方をも含めてあらかじめ検討しておきたい。

基本的特徴の第一は、団結平等の考え方である。使用者サイドについていえば、併存組合下における「中立保持義務」といえる（日産自動車事件・最三小判昭和60・4・23労働判例450号23頁）。労働組合の設立要件に対する極めてルーズな規制（2条、5条）、とりわけ組合員数を問題にしていないこと、排他的交渉代表制の不採用、団結権に関する基本的人権的把握（憲法28条）、組合内部問題を処理する適切な法理の不存在（特に、組合分裂事案）さらに組合分裂によって利害対立を解消するという組合運動の体質がこのような法

理の形成を促したといえよう。もっとも，組合員数の多寡に応じて労働条件決定や労務管理上の影響力が違うので実際にはまったく平等に取扱うことも困難であった。とりわけ団交レベルについてそういえる。また，各組合は独自の団交権に基づきそれぞれ使用者と自主交渉を行うので組合の方針の相違によって労働条件等の差別状態が容易に形成される。ここにデリケートな組合(員)間差別事件が発生する原因があり，法理形成上の困難があったといえる[96]）。

第二に，労働委員会実務は，組合員に対する解雇や処分に相当な理由があったとしても解雇等の「決定的理由（動機）」が組合員たることや正当な組合活動を理由とした場合には不当労働行為とみなすといわれている。また，決定的理由（動機）という構成ではなく，当該解雇がことさら組合員であるかを問題にする「差別性」を重視するアプローチもとられている。実務はほぼこれらのアプローチを採用しているが，裁判例はやや批判的である。つまり，解雇や処分に正当事由があるかを主に問題にし，正当事由があれば原則として不当労働行為は成立しないとし，正当性がない，もしくははっきりしない場合であって，かつ使用者に組合嫌悪の意思があるケースについて不当労働行為が成立するという構成が多い。この不当労働行為意思理「論」は現在でも混迷を続けている[97]）。

第三に，査定差別事件について労働委員会実務は，いわゆる大量観察方法を採用していた。それによると同職種，同期，同学歴の者を組合相互間もしくは組合員と非組合員との間で全体として比較し，その集団間に顕著な格差があれば，その格差に相当な理由があることを使用者が反証しない限り不当労働行為とみなされる。判例法理（紅屋商事事件・最二小判昭和61・1・24労働判例467号6頁）も基本的にこのようなアプローチを支持している。もっとも，転職事例（放送映画製作所事件・東京地判平成6・10・27労働判例662号14頁）がみられることもあって，このようなアプローチに批判的な裁判例も増加し

---

96) 詳しくは，拙著『不当労働行為の行政救済法理』（1998年，信山社）145頁以下。
97) 詳しくは，拙著『不当労働行為法理の基本構造』(2002年，北大図書刊行会)22頁以下。

ており，中労委の見解も若干の修正がなされている[98]）。

　第四に，労働委員会実務は組合の諸活動について，労使関係における諸般の事情からその「正当性」を総合的に判断する傾向にある。活動内容以外に，その目的，なされた経緯，使用者の対抗措置の内容や程度，労使関係の状況や慣行等をも考慮している。また，ビラ貼りやリボン闘争等の使用者に一定の圧力を課す「組合活動」についても原則的に正当性を認める傾向にある。他方，判例法理は，争議行為と組合活動を峻別し，後者についてはビラ貼りにつき施設管理権を侵害するとして（国鉄札幌運転区事件・最三小判昭和54・10・30労働判例329号12頁），リボン闘争については就業時間中の組合活動であるとして（大成観光事件・最三小判昭和57・4・17労働判例383号19頁）原則として正当性に欠けるという判断を示している。以上の最判は，民事事件に関するものであるが，この法理は労働委員会命令の取消訴訟においても踏襲されている（たとえば，済生会中央病院事件・最二小判平元・12・11労働判例552号10頁）[99]）。

　第五に，7条2号の団交拒否の事案については，団交権概念の肥大化の傾向がみられる。つまり，労働組合でありさえすれば組合員数に関係なく独自の団交権が認められ，使用者概念も拡張されている。併存組合下では，団交を媒介とした複雑な組合（員）間差別事件が多発している。また，労働条件に関連する範囲では，管理運営事項や個別人事であっても義務的交渉事項とみなされている。さらに，労使協議，苦情処理についてもその諾否や内容につき紛争が生じた場合には，法的には「団交」紛争として処理されているわけである。いわゆる駆け込み訴え事件がその典型といえる。加えて，団交紛争としては，拒否事案と不誠実交渉事案があり，後者の法理は斡旋事件の処理に強い影響を与えている。

　第六に，救済利益や救済命令については一応「組合」重視，集団志向的な法理が形成されている。バックペイ命令について，中間収入の控除の要否と

---

[98] 中央労働委員会「労働委員会における『大量観察方法』の実務上の運用について」中央労働時報1055号16頁。

[99] 拙著『不当労働行為の成立要件』（2007年，信山社）174頁以下。

の関連であるが，労働委員会の裁量を重視すべきことと不当労働行為たる解雇が組合活動を抑制する側面が重視されている（第二鳩タクシー事件・最大判昭和52・2・23労働判例269号14頁）。また救済利益についても組合固有の利益を重視しており，個別組合員の意向との調整もそれをふまえて考慮するよう構想されている（旭ダイヤモンド工業事件・最三小判昭和61・6・10労働判例476号6頁）。もっとも，組合申立と個人申立を明確に区別する最判（JR東日本事件・最一小決平成14・9・20労働判例836号40頁）が出され，法理は混迷している（詳しくは，本書2章参照）。

(3) 行政救済法理の独自性

　労組法7条は，行政救済の基準であるとともに一般的に司法救済の基準とされている。この両法理の混在状態が行政救済法理の独自性を不明確にし，その結果労働委員会命令の取消事例が増加していると思われる。同時に説得力のある司法救済法理の形成を阻害している。そこで，ここでは，行政救済法理の独自性を解明するという観点から，両法理がなぜ，混在して形成されてきたのか，またどのように混在しているかを検討し，行政救済法理の観点から，不当労働行為の成否の判断視角を明らかにしたい。労働委員会制度の見直しの際に必要となる知見といえる。

　まず，混在の前提として，司法救済法理が導入された原因，背景を確認しておきたい。労組法の明文の規定では，7条は27条と連動しており，7条が行政救済の根拠規定であることには異論はない。ただ，労働委員会命令違反に対するサンクションは，刑事罰（28条）もしくは過料（32条）に他ならず，間接的に命令の履行を強制しているにすぎない。したがって，たとえばバックペイ命令につき，申立組合や被解雇労働者が使用者に対しバックペイ命令の履行を直接強制する方法に欠ける。直接的な強制のためには，「バックペイ命令」としてではなく，「賃金請求権」と構成して裁判所に民事訴訟を提起する必要があった。不当労働行為たる解雇が無効であることはその前提として必要な法理といえる。

　救済命令が申立組合や組合員に対する「直接の救済」にならないことから

司法救済が利用されるとともに，労働委員会レベルにおいても頻繁に和解による事件処理がなされるようになった。迅速であるとともに申立組合等に直接金銭の支払い等がなされうるからである。サンクションの側面では，労働委員会手続における和解と司法救済とは類似の機能があることを確認しておきたい。

1）両法理が混在して形成されてきた理由

我が国において両法理が明確に区分されることなく混在して形成されてきた主要な理由として以下をあげることができる[100]。

第一は，法思考の伝統である。使用者の反組合的行為を民事無効的に構成する発想は戦前からのほぼ一貫した伝統である。特に，旧労組法時代については，直罰主義が採用されていたので，このような構成のニーズが高かった。紛争事案として不当「解雇」事件が想定されたことがこのような傾向を助長したといえる。通常は，司法救済の不十分さを是正するために行政救済制度が構想されるが，行政救済の不十分さをカバーするために司法救済法理（たとえば違法構成事件）が展開している側面もある。

第二は，救済の視角，方法の類似性である。手続的には，両救済とも当事者主義的であり，保護法益は，「私益」たる組合活動の保護と解されている[101]。また，救済の仕方も原職復帰（地位保全），バックペイ（賃金）と類似した内容であった。さらに，資格審査制度の例外を定める労組法5条1項但書の規定は，個人救済，つまり司法救済的発想を助長する結果となった。

第三は，論争の仕方の特異性である。学界の主要関心は，使用者の反組合的行為の反規範性の強調であった。両法理の混在こそが課題であったといえる。さらに，7条の規定が包括的であったために，司法救済法理を構築する

---

100) 学説史については，山川隆一「文献研究　不当労働行為をめぐる行政訴訟と民事訴訟」季刊労働法167号（1993年）参照。現在でも7条は私法的強行規定であると一般的に解されている（たとえば，西谷敏『労働組合法2版』(2006年，有斐閣) 144頁）。
101) 私見は集団的労使関係ルールの確保ととらえている（前掲『不当労働行為の行政救済法理』58頁以下参照）。アメリカ法上の不当労働行為制度は，「公益」擁護の側面が強い（拙著『不当労働行為救済の法理論』(1988年，有斐閣) 2頁以下参照）。

ためにもしごく便利であり，実務的には明文の規定があったほうが裁判所の理解を得られやすかった。他方，憲法28条の団結権については，公務員の争議権，ユニオン・ショップ協定論が論争の中心であり，不当労働行為法理との関連については，十分な議論がなされなかった。また，憲法規範の私人間効力についても同様であった。医療法人新光会事件最判（最三小判昭和43・4・9判例時報515号29頁）がこのような傾向を決定的に助長し，現在に至っている。

2）行政救済からみた司法救済の特徴

7条が私法上の規範であることが判例・学説で一応確立しているが，行政救済と司法救済は，事案処理の目的やアプローチ，救済の仕方がかなり異なっている。ここでは行政救済の観点からみた司法救済の特徴を確認しておきたい。

第一は，「権利」主体に関する。行政救済においては，申立適格の問題であり，実際には，組合申立が圧倒的に多く[102]，基本的に組合自身の利益を守るという構造になっている。他方，司法救済については，違法構成の場合は，違法類型に応じて組合及び組合員が原告になり，それぞれ自分に対する加害行為に対し賠償の請求をする。無効構成では，契約上の権利の有無が直接争われるので，原告となるのは契約の締結主体である労働者本人だけであり，主体の面からいえば，組合の利益を守るという構造にはなっていない。

第二は，「義務」主体に関する。行政救済では，被申立人の問題であり，使用者の行為だけが規制される。元請会社や親会社についても事案によっては，その使用者性が認められているが，それでも限界がある。司法救済については，無効構成の場合は，被告となるのは契約締結主体たる使用者だけである。労働契約関係が前提になっているので，行政救済の場合よりも使用者の範囲はより限定されている。他方，違法構成の場合は，団結権を侵害する主体は，使用者に限らないので，権利侵害の態様に応じ多様な主体に対して

---

102) 組合申立については，拙稿「組合申立の法構造（一）（二）」北大法学論集38巻5＝6号，39巻1号（1988年）（本書2章）参照。

損害賠償の請求が可能である。たとえば，管理職個人，別組合（員），取引先・関連会社・取引銀行等である。違法構成のメリットといえる。もっとも，加害者が使用者以外の場合は，7条を根拠にすることはできない。7条に収斂されない憲法28条（民法90条）論が必要なゆえんである。

　第三は，審査の仕方や手続に関する。行政救済においては，審査手続は，労組法や労働委員会規則に定められた労働委員会手続による。規則においても実際上も，不当労働行為の「立証」や請求する救済内容につき基本的に当事者主義的手続が採用されている。若干職権主義的側面もある（労組法27条の7）。他方，司法救済においては，無効構成にせよ，違法構成にせよいずれも民訴手続が採用されるので，弁論主義による。したがって，反組合的行為の立証責任はもっぱら原告たる，組合もしくは組合員にあり，審査対象，救済内容ももっぱら原告の意向にしたがう。

　第四は，紛争処理基準に関する。行政救済については，まさに不当労働行為の成否だけが問題になる。就業規則違反の有無や権利濫用的側面は，もっぱら不当労働行為の成否との関連で考慮されるにすぎない。他方，司法救済については，不当労働行為以外の他の法理も当然に考慮される。たとえば，無効構成については，就業規則違反や権利濫用の有無等も問題になる。結局，契約上の地位（従業員たる地位や賃金支払を受ける地位）自体が保護法益とみなされる。違法構成についても，まず，従業員たる利益や適切な仕事をすること自体（人格権）が保護法益になり，不当労働行為の成否は，主に違法性の有無との関連で問題となる。同時に，団結権自体も独自の保護法益となるが，全体の構造は必ずしも明らかではない（この点は本書3章参照）。

　第五は，不当労働行為の成否の具体的な判定の仕方に関する。行政救済においては，使用者の反組合的行為が7条の各号に違反するかだけを問題にする。労働者の非違行為や労働組合の活動が就業規則に違反するか，また使用者の懲戒処分が濫用か等は，独自に問題にならず，不当労働行為の成否を判断する一ファクターになるにすぎない。不当労働行為の認定につき決定的動機説が形成されやすい原因でもある[103]。

　他方，司法救済においては，それぞれの法的構成に応じて若干の相違がみ

られる。違法構成においては,「不当労働行為」＝団結権侵害行為とみなしても,加害者の「故意・過失」や「損害額」において独自の判断を余儀なくされる。また,保護法益についても,人格権も問題とされている。一方,無効構成については,不当労働行為の判断と並立してもしくは独自に就業規則違反や処分の濫用を問題としうる。さらに,同じ「解雇」という概念であっても,行政救済では,必ずしも法律行為に限定されないので実質的な解雇,つまり退職強要的な行為も含まれる場合もある。他方,無効構成ならば,法律行為的な解雇だけが問題になる。

　第六は,救済の仕方に関する。行政救済は,裁判所ではなしえない個別事案に応じた柔軟な救済をなすことが期待されている。実際にも,原職復帰やバックペイ等の原状回復的命令,団交応諾や差別の是正等の労使関係秩序の確保命令,ポスト・ノーティス命令等の再発防止的措置が命じられている。たとえば,組合事務所の貸与差別に対する協議を経たうえでの貸与命令（日本郵政公社小石川郵便局等事件・東京高判平成19・9・26労働判例946号39頁）等は行政救済以外には考えられない。救済内容（救済利益の有無を含む）を決定する際に,過去になされた行為とともに,当該労使関係の将来のあり方も考慮している点は,行政救済の顕著な特徴である。また,救済は集団的労使関係ルールの確保を目的とするので,救済内容はある程度包括的なものでもかまわない（たとえば,バックペイ命令において,額を特定することなく「賃金相当額」の支払いを命ずる）。さらに,これらの命令の強制は,違反に対し過料に処すことにより確保される。このようなサンクションの方法によっては,必ずしも申立組合や組合員の利益,とりわけ賃金上のそれを直接実現することが困難であった。司法救済法理が利用された,もしくはされざるをえなかった最大の理由と思われる。

　一方,司法救済においては,過去になされた反組合的行為の有無が問題になり,判決内容も民訴法上の制約を受け一定のパターンが決まっている。無

---

103)　いわゆる不当労働行為意思については,拙著『不当労働行為法理の基本構造』(2002年,北大図書刊行会) 29頁以下参照。

効構成の場合は，従業員たる地位の確認や未払い賃金の請求が認められる。違法構成の場合は，損害金の支払いが命じられる。地位確認については，任意の履行が期待されるにすぎないが，金銭債権については，強制執行手続が規定されている。

3) 行政救済の独自性

行政救済法理の独自性はなにか[104]。ここでは，基本的特徴だけを指摘しておきたい。

その一は，資格審査制度との連動である（5条1項）。組合運営や組合員資格につき特定の要件を充たす組合だけが救済の対象となる。その側面においては，不当労働行為制度は，特定の組合観や「組合民主主義」原理（5条2項）を内在したものと評価しうる。もっとも，5条1項において個人申立をも認めているので，この原則は一定程度修正されている。また，労働争議調整との関連においても資格審査は必要とされていない。

その二は，申立の仕方や救済内容・利益について，組合の意向を重視することである。組合申立が基本であり，組合員個人に対する救済（たとえば，バックペイ）についても組合自体の利益が前提となる。もっとも，組合員個人の意向が重視される部分（復職）については一定の調整がなされる[105]。

その三は，反組合的行為の事実行為的把握である。不当労働行為の成否判断基準については，事実としての反組合的行為をどう認定するか。たとえば，解雇，処分が問題になった場合にも，当該処分の相当性・正当性よりも，それが組合活動や組合員であることに事実上どう影響を与えるかを考える（1号と同様に3号的視角）。具体的には，組合員に対する差別的措置か否か，組合の運営に対する実際のインパクトを問題にし，労使関係の背景や経緯をも重視するわけである。結局，組合員や組合活動がなかったらどのような取扱いがなされたかがポイントとなろう。同時に，使用者の行為を個別にではなく，当該労使関係の下で一連の行為として把握することが重視される。その

---

104) 判例法理との関連について，詳しくは拙著『不当労働行為の行政救済法理』(1998年，信山社) 28頁以下参照。
105) 旭ダイヤモンド工業事件・最三小判昭和61・6・10労働法律旬報1147号67頁参照。

点では，要件事実的な把握だけでは見えないものを見る力量が要請される。

　その四は，労使関係の将来的視点をも考慮した，事案に応じた柔軟な救済命令である。いわゆる原状回復的措置だけではなく，将来的な再発行為の禁止等も命じられている。一定の教育的措置も許されると思われる。また，組合員や組合にいきすぎがある場合等には，救済の仕方で一定の利害調整が可能（たとえば，査定差別事件につき，ポスト・ノーティスだけ，抽象的不作為命令，具体的差別是正措置等が考えられる）となる。その側面においては，不当労働行為の成否と救済命令のあり方を明確に分離し，要件裁量を認めないこと（寿建築研究所事件・最二小判昭和53・11・24判例時報911号160頁）は適切とはいえない。

　その五は，救済の実効性の観点からは，労働委員会の労（別組合，非組合員も含む）使双方に対する，集団的労使関係ルール確立に向けた教育的機能は極めて重要である。三者構成の成立基盤でもある。その点からは当事者の合意を必要とする「和解的」処理は効果的である。

　同時に，集団的労使関係が職場において適切に形成されるためには，組合に一定の力量・影響力があることが不可欠と思われる。組合基盤がほとんどないケースや確信犯的な使用者の場合には，行政救済は必ずしも的確に機能しえない。以上のように考えると，「救済」という発想の見直しも必要となろう。

　他方，司法救済法理をどう考えるか。将来的には，7条各号の規定につき整備するとともに7条と司法救済とを関連づける規定もしくは法的な仕組みが必要だと思う。そのような明確なルール化がなされない現段階においては，労組法7条は司法救済の基準にならないと考えたい。

　では，裁判所は，使用者の反組合的行為を規制しえないのか。これは，憲法28条の私人間効力（公序）的構成で可能であり，無効構成にも違法構成にも適応しうると思われる[106]。たとえば，三井倉庫港運事件最判（最一小判平成元・12・14労働判例552号6頁）は，ユニオン・ショップ協定に基づく特

---

106) 憲法学説上は，憲法28条につき私人間への直接適用を認めるのが通説的立場とされている（芦部信喜編『憲法Ⅲ　人権（2）』(1981年, 有斐閣) 464頁〔中村睦男執筆〕）。

定組合への加入強制は，個々の労働者の組合選択の自由や他の組合の団結権を侵害する場合には許されないとして，当該部分は民法90条に違反し無効と判示している。

(4) 2004年の労組法改正

労働関係紛争の急増に伴い，適切な紛争処理機関を拡充・整備する動きがみられる。個別労働関係解決促進法によるあっせん，各地労委による個別あっせん，さらに2004年には労働審判法が成立した。個別的労使紛争につき処理・解決システムの整備は急速に進んでいる。他方，集団法の領域においては，不当労働行為制度について，事件処理が遅滞し実効性のある救済がなされないこと，労働委員会命令の2～3割が取消訴訟において取消されていることから，2004年に労組法の改正がなされ2005年1月1日から施行された。この過程において労働委員会制度の見直しがなされたが，その視角は後述のとおり判定機能を重視したものである。ここでは，現行労働委員会制度の特徴と問題点を明らかにするためにこの2004年の改正について検討したい。

1) 労組法改正の全体的内容と特徴

労組法改正の主目的は，審査の長期化が著しいこと，命令に対する取消率が高いこと等の問題が生じているため，審査の迅速化，的確化を図る必要があることから，審査手続及び審査体制を整備することにあり[107]，基本的に次のような三つの施策がとられた。

第一の施策は，労働委員会における審査体制の整備である。具体的には，①地労委につき名称の変更や条例により委員定数の増員，公益委員の一部の常勤化さらに小委員会制の導入が可能となった。②中労委については，命令の発出は，公益委員全員（15人）の合議によらず，5人の公益委員で構成する小委員会の合議によることを原則とすることや各県労働委員会に対して研修，援助等を行うことができるものとされた。

---

[107] 労働委員会サイドにおける審査手続改善に関する提言は2004年9月に発表された「審査業務改善フォローアップ小委員会報告」（中央労働時報1023号20頁以下）参照。

第二の施策は，不当労働行為事件審査手続の迅速化・的確化であり，具体的には，①労働委員会は，審問開始前に，争点・証拠や審問回数，救済命令の交付予定時期等を記載した審査の計画を作成するとともに，審査期間の目標を定め，目標の達成状況その他の審査の実施状況を公表するとされた。②迅速・的確な事実認定の観点から，公益委員が証人の出頭，物件の提出等を命ずることができるものとし，提出を命ぜられても提出されなかった物件については，命令の取消訴訟段階における証拠提出を制限するものとされた。③審査の的確化の観点から，公益委員の除斥・忌避制度が導入されるとともに証人宣誓の定めが置かれた。

第三の施策は，和解手続の整備であり，①労働委員会は，当事者に和解を勧めることができるものとすること，②労働委員会が作成した和解調書は，強制執行に関して債務名義とみなす等，定められた。

では，改正法の基本的特徴と問題点はなにか。

その一は，不当労働行為審査期間の長期化に対する審査の迅速化，また，司法審査における取消率の高さに対する審査の的確化が主目的とされている。しかし，このような事態が生じているのは申立件数が多く事件処理の遅延が顕著である東京，大阪の労委及び中労委である。必ずしも全国の労働委員会の問題ではないことを指摘しておきたい。多くの地労委ではむしろ申立件数の減少が論議されているほどである。全国的に審査手続に関し同一ルールを適用する前提に欠くものと思われる。

その二は，和解についても一定の措置を提言（27条の14）しているが，基本的には命令が出され，さらに取消訴訟が提起される事件を念頭におき，それに的確に対応することが目的とされている。実際には，労働委員会の事件処理において8割近くは命令まで行かず，和解で解決する事件である[108]。不当労働行為制度や労働委員会のあり方を考える際に，判定機能を重視するか和解を重視するかによって実質的に2つの制度観，イメージがあり，両者

---

108) 和解の実態については，拙著『不当労働行為法理の基本構造』（2002年，北大図書刊行会）146頁以下参照。

は相補的な部分と対立する側面がある。今回の改正は，基本的に前者の側面を重視するものである。しかし，労働委員会制度の今後のあり方として，特に裁判所に比較しての優位性からみてそのような方向が妥当かは大いに疑問の残るところである。あくまで，中労委的観点からの改正と思われる。

その三は，審査の迅速化，適正化という観点から，審査の計画化や事実認定を的確にするとともに審問手続の裁判化が図られている。公益委員の除斥・忌避制度（27条の２ないし５），証人等出頭命令・物件提出命令（27条の７），証人等の宣誓（27条の８），取消訴訟における証拠の申出の制限（27条の21）等がその具体例である。これは，適正な事実認定を通じて取消率の低下をめざすという狙いがあり，その点では適切な改正といえよう。他方，不当労働行為制度が労使自治の基盤を形成するという側面はあまり重視してはいない。不当労働行為事件の処理とか解決とはなにかという根本的な問題関心もほとんどみられない。

２）個別規定の運用上の問題

2004年改正法に関する個別規定が運用上どのような問題に直面しているか，また今後直面するかを，労働委員会手続の各段階に即して指摘しておきたい[109]。

ア）申立・調査段階

改正法は，迅速な審査体制の実現のために審査計画の作成（27条の６）について定め，審問開始前に当事者の意見を聴いて，①調査を行う手続において整理された争点及び証拠，②審問を行う期間及び回数並びに尋問する証人の数，③命令の交付の予定時期，について定めた審査計画書の作成を義務付けている。

労働委員会実務の立場からは，運営上次のような問題を指摘しうる。その一は，和解との連動をどうするかである。計画化させることによって，迅速

---

[109] 2007年までの運用実態については，全国労働委員会連絡協議会『第62回　全国労働委員会連絡協議会資料』「全労委審査業務改善委員会報告書」中央労働時報2008年３月臨時増刊号を，組合サイドの評価については，田中誠「労働組合法の改正について（上）（下）」労委労協591，592号（2005年）等参照。

かつ効果的な和解を阻害し，事件を無理に不当労働行為「紛争」として作出することもありうる。その二は，審査計画書作成のために調査等に時間がかかり，事件処理の遅延を生じさせることである。その三は，審問中も不当労働行為が継続しているケースについては計画書作成は困難となる。その四は，証人・証言内容の予知の問題である。証人名が明らかになるので，当事者が相手側証人に対して不当なプレッシャーをかけることがないとはいえない。

イ）審問段階

改正法27条の7は審問において（物件提出は調査段階においても），次に掲げる方法により証拠調べができると定めている。「一　事実の認定に必要な限度において，当事者又は証人に出頭を命じて陳述させること。二　事件に関係のある帳簿書類その他の物件であつて，当該物件によらなければ当該物件により認定すべき事実を認定することが困難となるおそれがあると認めるもの（以下「物件」という。）の所持者に対し，当該物件の提出を命じ，又は提出された物件を留め置くこと」（1項）。同時に，物件提出命令の決定に当たっての個人の秘密及び事業者の事業上の秘密の保護についての配慮（2項），物件提出命令及び証人等出頭命令の際の参与委員の意見開示（4項），物件提出命令申立の際に明らかにすべき事項（物件の表示，物件の趣旨，物件の所持者，証明すべき事実，6項）等の定めがある。また，証人等出頭命令や物件提出命令に対する不服につき中労委に対する審査や異議の申立手続が定まっている（27条の10）。さらに，違反に対しては過料に処される（32条の2）とともに取消訴訟段階における証拠の提出制限が規定されている（27条の21）。

改正法以前は，労働委員会実務において証拠の提出強制や証人出頭の強制については労組法22条（強制権限）の解釈適用の問題とされていたが，実際にはほとんど利用されていなかった。普通は自主的に提出されていたからである。今改正は，正面から物件提出と証人等出頭につき強制手続を規定した点において一定の評価をすることができる。とはいえ，次のような基本的問題が残されている。

その一として，事実認定の的確化の要請は現行不当労働行為「法理」に強

いインパクトを与える。不当労働行為事件の多くは，人事権行使の形でなされるので，（たとえ強制権限が認められたとしても）事実関係の解明には多大な困難をともなう。そこで，労働委員会実務及び判例法理は大量観察方法や不当労働行為意思（推定）論等独自の法理を構築することによって妥当な解決をめざしてきた。たしかに，取消訴訟において労働委員会のこのような事件処理方法や不当労働行為法理につき批判的立場が示されていたが，この改正が，労使の実態に見合って形成されてきた不当労働行為法理自体の改変を迫るものならば多大な疑問がある。事実関係を明らかにしようとしない使用者の態度・立場にこそ労働組合に対する一定のスタンスが明瞭にみられるからである。不当労働行為事件は刑事事件ではないので，事実関係の解明自体はそれほど意味があるものとは思われない。また，法理的にも不当労働行為「意思」の実体化の傾向を助長するものといえる。

　その二として，同手続には次のような内在的な問題もみられる。①物件提出命令につき，前段階として対象物件はなにかを明らかにすることが困難な場合がある。②県労委の物件提出命令や証人等出頭命令に対してなぜ中労委の審査が及ぶのかは明らかでない[110]　③このような手続があるにもかかわらず当該手続をとらなければ不当労働行為の認定につきより厳しい司法審査がなされる可能性がある。不当労働行為の成否の判断が制約されるとともに，当該手続履行のために事件が大幅に遅延することも想定される。

　その三として，物件提出命令等の決定につき異議があれば，使用者は過料や不当労働行為の成否レベルで問題にしうるとともに，その決定自体を行政訴訟で独自に争いうるかが問題となる。当該決定自体が独自の行政処分とみなされるので，中労委による審査とは別にその取消を求めて訴訟を提起しう

---

110)　実際にも県労委段階の判断が中労委で否定されている（智香寺学園事件・中労委平成17・6・28，高橋運輸事件・中労委平成18・11・17）。詳しくは，西野喜一「文書提出命令と物件提出命令」法政理論39巻2号（2007年）234頁，盛誠吾「不当労働行為審査手続きと労働委員会の強制権限——証人出頭命令・物件提出命令をめぐって」労働法律旬報1671号（2008年）16頁等参照。また，中労委の立場は，中央労働委員会公益委員会議「物件提出命令の運用について」中央労働時報1066号（2006年）2頁。

ることになろう（行政事件訴訟法8条）。こうなると当該訴訟の帰趨が決定するまでは円滑な審問がなされず，審問が大きく遅延する事態も考えられる。

その四として，使用者が当該物件の提出を正当な理由なく拒否した場合には，取消訴訟において当該証拠の提出が制限されるので，それなりに意味があるとも解しうる。しかし，当該物件がなければ労働委員会段階において不当労働行為の認定自体が決定的に困難になる。それだけ重要な物件でなければこの手続を利用しえないからである。この点につき，民訴法224条1項に規定する裁判所が「当該文書の記載に関する相手方の主張を真実と認めることができる」旨の定めが必要になろう。

ウ）和解段階

改正法27条の14は，和解につき次のことを定めている。①労働委員会は，審査の途中において，いつでも，当事者に和解を勧めることができること（1項），②救済命令等が確定するまでの間に当事者間で和解が成立し，当事者双方の申立てがあった場合において，労働委員会が当該和解の内容が当事者間の労働関係の正常な秩序を維持させ，又は確立させるため適当と認めるときは，審査の手続は終了し（2項），和解に係る事件について既に発せられている救済命令等は，その効力を失うこと（3項），③労働委員会は，和解に金銭の一定額の支払又はその他の代替物若しくは有価証券の一定の数量の給付を内容とする合意が含まれる場合は，当事者双方の申立てにより，民事執行法22条5号に掲げる債務名義となる和解調書を作成すること（4項，5項）。

和解はその内容如何にもよるが，基本的に迅速かつ労使双方にとって納得のいく解決という側面において不当労働行為制度上好ましいものといえる。その点，労組法自体にその法的根拠が定められ，合意内容に一定の法的効力が認められたこと，さらに一連の手続において当事者のイニシアティヴが重視されていることは評価しうる。ただ改正法全体として，審査促進の要請と和解の実現がどう関連づけているかは明確ではない。運営上工夫せよということかもしれない。

エ）取消訴訟段階

取消訴訟段階[111]における証拠の提出制限に関し，上述の物件提出命令等の規定をうけて，改正法27条の21は，「労働委員会が物件提出命令をしたにもかかわらず物件を提出しなかつた者（審査の手続において当事者でなかつた者を除く。）は，裁判所に対し，当該物件提出命令に係る物件により認定すべき事実を証明するためには，当該物件に係る証拠の申出をすることができない。ただし，物件を提出しなかつたことについて正当な理由があると認められる場合は，この限りでない。」と定めている。

労委命令の司法審査のあり方につき，判例法理は，不当労働行為の成否についてほぼ完全な司法審査を認め（寿建築研究所事件・最二小判昭和53・11・24判例時報911号160頁），新証拠，新主張の提出を制限していない（たとえば，米調達部東京支部事件・東京高判昭和36・1・30労民集11巻1号37頁，JR東日本事件・東京地判平成10・5・28労働判例739号40頁，朝日火災海上事件・東京高判平成15・9・30労働判例852号41頁）。もっとも，近時このような判例法理を実質的に修正する動きもみられる（近畿システム管理事件・大阪高裁平成6・8・31労働判例694号23頁，上告は棄却されている［最三小判平成7・11・21労働判例694号22頁］，JR東日本事件・東京高判平成9・9・9労働判例734号72頁）。

2004年改正法は，審問時において提出を拒否した物件について，取消訴訟段階において証拠の申出を制限しうると定めており，労働委員会手続の重視という観点からは評価できる。ただ，前述のように審問時の物件提出等手続自体に決定的な使い勝手の悪さがあること，審問でも明らかにならなかった真の隠し玉的な証拠については対処できないこと，類似の物件を新規に作成する余地があるので対象物件の同一性についての争いが生じうること等の問題は残されている。

3）2004年改正の評価

今次改正は，法的な整備との関連においては基本的に取消訴訟対策を目的としている。そのために事実認定の的確化，厳格化を図る仕組みが構想され

---

[111] 取消訴訟の直面する問題については，拙著『不当労働行為の行政救済法理』（1998年，信山社）224頁以下，拙稿「救済命令の司法審査法理」季刊労働法188号（1999年）14頁以下参照。

ており，中労委段階の事案や県労委段階においても理論的・事実関係の複雑な事件については適切な処理手続といえる[112]。他面，このように司法手続化が進むと労働委員会制度のうまみ，つまり柔軟・迅速かつ将来的な解決という側面がどうしても希薄になりがちである。職場において集団的な労使関係ルールを確立する視点も曖昧になる。あくまで過去の特定の事実の解明が重視されるからである。紛争発生直後に，迅速・適切かつ将来をみすえた解決を目指し努力している各県労委の立場からはやや釈然としない印象が残る[113]。この点の私見は後述する。

現在，不当労働行為制度の活性化のために強く要求されているのは，制度改正の細々した工夫や事実関係の解明の仕組みではない。制度の真の担い手ともいうべき労働組合自身の見識・力量の強化に他ならず，それを支える法理や手続である。その点では，裁判所と事件処理のスタンスは異なるものといえる。

(5) 不当労働行為制度の直面する課題

不当労働行為制度の直面する課題は，大別して次の三つのレベルで考えることができる。制度を支える法理レベル，現行制度の機構・権限レベル，運営上のレベルである[114]。三者は密接に関連しているが以下では一応区別して論じたい。また，最近の一連の動きがどの課題に関連しているかも指摘しておきたい。

1) 制度を支える法理レベルの課題

不当労働行為制度を支える法理として学説上は，主に憲法28条や司法救済との関連において次の三つの見解が示されていた。団結権保障説，団結権保

---

[112] 対談・菅野和夫＝藤田耕三「改正労組法の成果と課題」，渡辺章「不当労働行為審査制度と労組法の改正」いずれもジュリスト1355号（2008年）参照。
[113] 教育をする場合でも，その学生をどう伸ばすかを中心に考えるか，成績判定を中心にすえるかかで教師のスタンスは大きく異なる。使用者の行為が「不当労働行為」か，よりも将来的にどうしたら円滑な労使関係を形成しうるか，そのためにどのような支援ができるかを中心に考えることが肝要である。
[114] 詳しくは，拙著『不当労働行為の行政救済法理』（1998年，信山社）1頁以下参照。

障秩序維持説，団交重視説であるが現在論争らしい論争はなされていない。現時点ではだれがどのような見解をとっているのかさえはっきりしない。

　法理の(再)構築のためには，まず憲法28条論の本格的な検討が必要と思われる。最近は，集団法についても憲法13条を重視する見解が有力であるが[115]，28条については必ずしも本格的な研究や理論が構築されているわけではない。憲法学においても同様である。憲法規範の私人間効力論と結びつけた新たな立論が緊急の課題といえる。

　もう一つの着眼点は，行政救済法理の独自性の解明である。私は，行政救済法理として「集団的労使関係ルール」の実現という立場をとっている[116]。しかし，組合申立（JR東日本等事件・最一小決平成14・9・26労働判例836号40頁）[117]や使用者概念（JR北海道等事件・最一小判平成15・12・22判例時報1847号8頁）[118]等について行政救済法理の立場から疑問と思われる最判が最近相次いでいる。審査制度の検討とともに行政救済法理のあり方も緊急に論議すべき問題といえる。この点についての共通の了解がないことが不当労働行為法理の独自性を不鮮明にしており，命令の取消訴訟の増加をもたらしているからである。そこで，（4）において独立の項目として，両法理の異同について検討しておいた。

　また，司法救済法理に関しても，検討課題は多い。組合員の脱退につき使用者だけではなく組合内部のリーダーに対しても損害賠償の支払いを認めた事例のように注目すべきケース（日産プリンス千葉販売事件・東京地判平成19・2・22労働判例944号72頁）も散見されるようになった（本書3章参照）。

2）機構・権限上の課題

　現行不当労働行為制度の機構・権限上の課題として多様なレベルのものが

---

[115]　西谷敏『労働組合法（2版）』（2006年，有斐閣）38頁。
[116]　集団的労使関係ルールについて詳しくは，拙著『不当労働行為法理の基本構造』（2002年，北大図書刊行会）221頁以下参照。
[117]　問題点については，拙稿「組合申立による個人利益の救済」労働法律旬報1563号（2003年）4頁以下参照。
[118]　問題点については，拙稿「法律時評　JR採用差別事件最高裁判決――行政救済法理の危機」法律時報76巻3号（2004年）1頁以下参照。

考えられる。以下では，現行制度の基本的特徴を確認し，関連した課題を明らかにしたい。

第一は，不当労働行為の救済機構として労働委員会という行政委員会制度を採用したことである。この行政救済の目的としては，一般的に迅速，低廉，効果的な救済のためといわれている。たしかに，このような側面は否定できないが，より原理的に，なぜ「行政」機関が「公的に」関与するかの理論的追求は不十分である。これは法理レベルの課題でもある。また，実際に迅速，実効性のある救済がなされているかは，運営上の問題である。

この労働委員会制度に関しては，各都道府県の労働委員会と中労委との二審制の是非も問題になる。これが事件処理の遅延の原因になるとか裁判所による取消訴訟と中労委による再審査という二重のチェック体制が必要か，等の論議がある。さらに，最近2004年法の改正によって物件提出命令や証人出頭命令につき中労委に対する不服申立規定を定めたため（27条の10），この点についても両者の関係が争われている。

第二は，「使用者の不当労働行為」のみを禁止の対象としている。不当労働行為制度をもっぱら憲法28条の趣旨を実現するための制度と把握するならば，「労働組合の不当労働行為」を構想することは困難となる。しかし，労働条件の集団的決定システムという労使関係的な立場からは異なった制度設計も立法的には可能と思われる。これは労使関係における「不当 (unfair)」概念を「反組合的」から「労使関係ルールに反する」へ転換することを意味する。

また，現行制度は使用者と組合の関係を規制するという二極構造となっており，個々の組合員と組合との関係については直接規制する構造，つまり三極構造にはなっていない。組合内部問題は，不当労働行為事件としてはもっぱら資格審査（2条，5条）のレベルにおいて処理されている。この資格審査については，近時「管理職組合」について論議されているが，個々の組合員ではなく使用者がその点につきクレームをつけることができるという奇妙なシステムになっている[119]。総じて，組合内部紛争を適切に処理するという発想は希薄である。これは，内部問題だけではなく，組合併存状態につい

ても同様である。また，労働委員会における労働紛争解決システムもこの種紛争を対象としていない。個別労働関係紛争解決促進法（1条）や労働審判法（1条）も対象とはしていない。

　第三は，労働委員会が不当労働行為の救済とともに集団的労使紛争の調整権限をも有している（労働関係調整法）ことである（労組法20条）。集団的労使紛争の処理・解決の観点からは，この両者は密接に関連し，また，不当労働行為事件の処理においてもあっせん的な和解がなされやすい原因でもある。不当労働行為の行政「救済法理」の立場からは，機能の区分は必要であり，2004年改正は判定機能の強化という目的を持っていた。しかし，不当労働行為事件の迅速，円滑な処理・解決の観点からは，この両権限の併有は，その運営の仕方にもよるが大きなメリットと考えている。今後の制度設計の際には両者の権限配分・調整はもっとも重要な問題である。

　第四は，命令の実施システムとして，確定命令違反に対する過料の制裁（労組法32条）及び確定判決違反に対する刑事罰が規定されている（同法28条）。また，命令に対する取消訴訟が提起されると命令の確定が阻害されるので，受訴裁判所による緊急命令制度が設けられており，緊急命令違反に対しては確定命令違反と同様の制裁が課せられる（32条）。命令の実施システムとしてその実効性に多くの問題がある。そこで，今改正法によって，過料額の（形だけの）引き上げと和解の法的効力の明確化が図られた。

　第五は，命令の審査システムとして，初審命令に対して不服の当事者は，中労委に再審査の申立もしくは直接地裁に対し取消訴訟を提起しうる。実際には，前者のほうが多い。中労委命令に対しても取消訴訟が可能である。このような二重審査システムや取消訴訟制度には多くの問題があり（最近の好例として全日本建交労千葉県本部千葉合同支部事件・東京高判平成15・4・23判例時報1830号146頁がある），実際に取り消される例も少なくない。各県労委と中労委の役割分担の議論は避けてとおることができない課題といえる。最

---

119) これは労働委員会の運営当初から指摘されていた。大河内一男編『労働組合の生成と組織』（1956年，東京大学出版会）102頁。

近は，県労働委員会が発した物件提出命令等を中労委が取り消したこと（智香寺学園事件・中労委平成17・9・21等）が新たな問題となっている。

また，司法審査のあり方として，不当労働行為の成否に関する労働委員会の要件裁量は認められないが，救済命令に関する効果裁量は認められている。しかし，不当労働行為の成否と救済のあり方は密接に連動している場合が多いので（たとえば，査定差別事案），両者を明確に区別しうるかは疑問である。また，不当労働行為の成立に関しても要件事実的な処理に適さない場合が多いので，専門的な機関として期待されている労働委員会について一定の要件裁量が認められるべきものであろう。それだけ労働委員会に事件処理の力量が必要であるが。

3）運営上の課題

運営上の主要課題は以下のとおりである。いずれも古くて新しい問題であり，審問の迅速化・的確化は2004年改正の主要目的といえる[120]。

第一は，申立件数の減少とばらつきである[121]。件数の減少は労働委員会の役割低下を意味する。また，中労委や東京都労働委員会のように多くの事件を処理している労働委員会とほとんど事件がない労働委員会との事件数のばらつきは，労働委員会制度のあり方を議論する際に課題（たとえば，事件処理の遅滞）の共通性を欠く結果となる。

第二は，事件処理の遅滞である。2004年改正で導入された審査計画（27条の6）は，遅延対策を目的とする。もっとも，大都市圏の労働委員会を除いて，申立件数の減少こそが問題であり，遅滞は必ずしも一般的な課題といえない。アメリカ法上のNLRBとは異なり労働委員会は当事者主義的な手続，運営になっているので，委員会主導的な対策は困難である[122]。自主的な解

---

120) 運営実態については，石川吉右衛門＝萩澤清彦『不当労働行為制度の実際』(1980年，日本労働協会)，直井春夫＝成川美惠子『労委制度ノート』(1998年，総合労働研究所) 等参照。
121) 全般的傾向については，全国労働委員会連絡協議会『労働委員会60年の歩み』(2006年，労委協会) 61頁以下。
122) 拙著『不当労働行為救済の法理論』(1988年，有斐閣) 93頁以下参照。

決のためには一定の時間がかかることはやむをえないという側面もある。問題は時間のかけかたである。

　第三は，和解的処理の是非である。この点は，まさに和解内容如何であり，一般的にいえば迅速円滑な事件処理のためには好ましいと思われる。ただ，実効性のある和解がなされるためには効果的な救済命令及びそれを実現するシステムの存在が必要である。とりわけ，組合にそれだけの力量がない場合には，法的な強制力こそが和解をバックアップする主要な動因になるからである[123]。

　第四は，救済命令の実効性である。個別事案に応じた柔軟な救済は，労働委員会制度の目的の一であり，最高裁（第二鳩タクシー事件・最大判昭和52・2・23判例時報840号28頁）も重視しているが，実際にはややワンパターン化した命令が発せられる傾向にある。また，私法上の規範によりその内容がかなり制約されている（たとえば，ネスレ日本事件・最一小判平成7・2・23労働判例686号15頁）こともその実効性を阻害している。多様な支配介入事件や団交拒否事件について，効果的な救済が要請されているが，労働委員会は必ずしも適切に対応しているとは思われない[124]。アイデア不足であり，申立サイドも働きかけが弱い。この側面の不十分さが司法救済のニーズを生んでいることは否定できない。

(6) 集団的労使紛争処理システムとしての見直し

　以上の論議を踏まえて今後の不当労働行為制度を，集団的労使関係ルール（詳しくは，拙著・基本構造221頁以下）を確立するために集団的労使紛争処理システム[125]をどう構築すべきかという観点から考察する。まず，紛争処理

---

[123]　事件処理についての私の実感的印象については，前掲・『不当労働行為法理の基本構造』127頁以下参照。

[124]　拙稿「確認的救済命令の適否」中央労働時報1094号（2008年）参照。

[125]　形式的には個別的紛争であるが，実質的には集団的なケースは少なくない（たとえば，就業規則の不利益変更，労働時間・賃金等の労働条件についての個別あっせん）。見えにくい集団性をどう考えるかは重要な問題である。

の前提となる集団的労使関係(法)の捉え方につき，基本的に2つの見解がみられることを確認しておきたい。労使関係における「不当（unfair）」の位置づけも異なる。もっとも，論争状態になったり，明確に意識されているとは限らないが。

　その一は，労使自治的な見方である。円滑な労使交渉システムの実現により労働条件の維持改善が図ることが目的とされる。交渉システムの中核となる団交権が重視され，unfair は，円滑な交渉を阻害する（労使の）行為の評価に他ならない。その二は，団結権的な見方である。労働組合の権利を守るために使用者の反組合的（unfair）行為の規制を主目的とする。司法救済的発想に連なる見解といえよう。ここでは，要求貫徹のための組合の団結権及び争議権が重視される。現行労組法はこの二つの労使関係観が複合しており，立法当初は後者の見解が有力であったが，近時は前者の立場を支持する者が多いと思われる[126]。本稿では主に前者の立場から集団的労使紛争処理システム及び不当労働行為制度のあり方を検討していきたい。

1）集団的労使紛争処理システムのあり方からみた労組法の課題

　労使自治に基づく円滑な交渉の実現という観点からは，労使紛争は基本的に自主的に解決するのが筋である。しかし，解決が適切にできない場合に，紛争処理システムが必要となる。そこで，円滑な交渉関係の実現という観点から次の3つの紛争パターンを想定して現行システムの問題点を指摘したい[127]。

ア）組合の結成・運営

　第一は，交渉関係形成の基盤となる労働者サイドの組織の結成・運営をめぐる紛争である。ここでは，労働組合を結成し，運営することを支えるルールの実現を目的とした紛争処理システムが考えられる。現行法上は，団結権

126）　もっとも，そう単純でない場合もある。たとえば，団交権の位置づけについて，昭和20年代は団体行動権的に把握され，その後は交渉権として，さらに最近は組合の存在自体の承認を意味する団結権的にとらえられている。

127）　アメリカ法上の不当労働行為制度は，この点からは整備されたものと評価しうる。拙著『不当労働行為救済の法理論』（1988年，有斐閣）297頁以下参照。

保障システムとして労働委員会と裁判所がある。不当労働行為制度は基本的にこの過程を問題にしている。では，このレベルの紛争処理システムにつきどのような基本問題があるか。本稿の各章において論じたことと重複する部分はあるが，ここで紛争処理という側面からまとめて検討しておきたい。

その一は，組合内部問題の紛争について独自に処理する機関がないことである（新たな形態の紛争も発生している。たとえば，Ｙタクシー会社事件・京都地決平成19・10・30労働判例955号47頁，NTT労働組合事件・仙台地判平成19・12・11労働判例954号17頁）。不当労働行為制度もこのような紛争を想定しておらず，労働審判（労働審判法１条），労働局（個別労働関係解決促進法１条）や各地労委の個別あっせん制度もその対象とはしていない。裁判所だけが「法律上の争訟」（裁判所法３条）として裁判権を行使してはいるが，必ずしも適切な判定機関と評価されてはいない。

そこで，組合内部対立が激化すると，内部調整よりも組合分裂・併存化という形で事実上の「解決」が図られることが多い。理論的には，団結権等を基本的人権ととらえる憲法28条がこのような傾向を助長したといえる。その点では，結社権的発想といえようか。他方，併存組合状態における法的ルールについては，使用者の中立保持義務が判例法（日産自動車事件・最三小判昭和61・４・23労働判例450号23頁）として確立しているが，併存組合相互間の紛争をそれ自体として処理するという発想は驚くほど希薄である。実際には，組合内部，相互間をめぐる紛争の多くは，それに使用者が関与することによって不当労働行為事件として発生し，労働委員会によって処理されている。組合併存状態は，個々の労働者の組合選択の自由という自己決定の側面では好ましいが，労働者集団の交渉力が分散化し，実効性のある労働条件決定ができないという側面においては問題がある。また，組合内部紛争も，組合の運営を阻害するおそれがあるので，適切な独自の処理システムが必要と思われる。

その二は，組合の諸活動に見合ったルールが不明確なことである。労組法７条の１号から４号までの規定は，その時々の立法的課題として具体化されたものである。とはいえ，その立法過程を具体的にフォローしても７条の全

体構造ははっきりしない。まず，組合の諸活動に対応したルールの明確化が不可避であり，一定の立法的整備が必要とされよう[128]。これは，憲法28条の構造解明の作業に他ならない。

その三は，行政救済と司法救済との混在の問題である。私は，行政救済の独自性を確立するために両者を明確に区分すべきものと考えている。とはいえ，行政救済の強制方法につき決定的なデメリットがあることも否定できない。救済命令の実現につき実効性に欠け，申立人に対する直接の救済とならないからである。2004年改正による過料額の高額化は，間接強制的機能を若干強化するにすぎない。そこで，申立人としては，和解による自主解決か，それが難しい場合には司法救済に頼らざるをえない。その点，和解の制度化，和解内容の強制力付与という改正点は評価しうる。しかし，より本格的に，過料額の真の意味での高額化，命令の強制方法に対する新たな工夫（たとえば，独禁法24条・25条等参照）や司法救済法理との連動に関する規定が必要かもしれない。また，労働委員会の救済命令の型として「損害賠償的」命令を正面から認めることも考えられる。

イ）交渉過程

第二は，交渉過程をめぐる紛争である。労使自治を貫徹するという観点からは，この過程に国家が関与をしないのが原則といえる[129]。しかし，労組法は労働組合に団交権を保障し，使用者に誠実交渉義務を課すことによって次の2つのレベルにおいて紛争を想定し，それに見合った処理システムを整備している。以下では，紛争処理システムのあり方に焦点を当てて考察する。

その一は，交渉ルールをめぐる紛争であり，交渉主体，交渉担当者，交渉事項，交渉ルール等が争点となる。救済方法としては，労働委員会については，応諾命令が，裁判所については，団交に応ずべき地位確認（国鉄事件・最三小判平成3・4・23労働判例589号6頁）や損害賠償の請求（佐川急便事件・大阪地判平成10・3・9労働判例742号86頁，スカイマーク事件・東京地判平成19・

---

128) 詳しくは，拙著『不当労働行為の行政救済法理』(1998年，信山社) 90頁以下参照。
129) 団交権の基本的特徴については，拙著『労使関係法における誠実と公正』(2006年，旬報社) 17頁以下参照。

3・16判例時報1963号147頁等）が認められている。団交権をめぐる権利紛争と評価できよう。

　その二は，賃金引き上げ等の交渉内容をめぐる紛争，つまり利益紛争である。この場合は，労調法上のあっせん，調停，仲裁の調整システムが利用される。不誠実交渉事件として，権利紛争として提起される場合もあり，労働条件の「不利益」変更の事案は容易に権利紛争化し，裁判所も関与することとなる（就業規則の不利益変更事案等）。

　では，基本的問題点はなにか。その一は，組合の内部的意思決定と団交，さらに協約締結の各過程との関連につき明確な制度・ルールがないことである。団交過程が，アメリカ法上の排他的交渉代表制のように制度化されていないので，組合は当該組合員だけを代表して団交をし，組合併存状態のケースでは各組合は独自に団交権を行使することになる。職場全体の労働条件を適切，円滑に決定するという視点はあまりなく，交渉過程における紛争はもっぱら「団交拒否」紛争として現象する。さらに，組合内部問題と団交過程が連動していないので，労働条件の不利益変更事案では，組合内部問題としてではなく協約の適用として使用者と個別組合員との間の紛争として現象する[130]。判例法上は協約の規範的効力の前提としての公正代表義務として論じられているものである[131]。

　その二は，交渉ルールと交渉内容が複合的に争われる紛争が少なくないことである。誠実団交義務をめぐる紛争の多くはそうであり，また，交渉拒否事件であっても実質的には交渉内容が問題になる紛争は少なくない。労働委員会による柔軟な事案処理が要請されるゆえんである。判定と調整の両機能を明確に区別することなく，交渉過程全般を対象とする独自の紛争処理システムも検討に値する。同時に，団交の仕方に関する労使双方に対する教育的機能も重要といえる。この点からいえば，団交拒否事件に対する現行の審査システムの見直しは不可避である。たとえば，団交促進・支援システムの前

---

130)　法社会学的な検討として拙稿「労働条件の不利益変更をめぐる紛争化・公共化の諸相」法社会学68号（2008年）本書6章参照。

131)　詳しくは,拙著『労使関係法における誠実と公正』(2006年,旬報社)219頁以下参照。

置である。同時に，組合民主主義の実現に向けた何らかの支援システムも必要と思われる。

その三は，団交以外の苦情処理，労使協議，個別の労働条件決定等に関する処理システムを整備することである。現行法は，それが法的な紛争として生じている限り「団交」紛争として処理している。というより処理せざるをえない。しかし，これらの協議等は集団的に労働条件「基準」を設定する団交とはその目的も機能も大きく異なる。そこで，これらの協議や苦情処理に対応する法理や処理システムを構築する必要がある。とりわけ，立法によって組合との協議が義務づけられるケースが増加する傾向（労働契約承継法施行規則4条）もあり，実際にも紛争が生じている（たとえば，日本IBM事件・横浜地判平成19・5・29労働判例942号5頁，同事件・東京高判平成20・6・26労働判例963号16頁）。また，個別の労働条件決定に対するサポート（年俸額の決定）等の多彩なチャンネルに見合った処理システムや法理も必要とされよう。さらに，従業員代表制度の本格的立法化という大問題もある（この点は「はじめに」参照）。

その四は，就業規則変更紛争との関連である。労働組合がある場合にも，労働条件の不利益変更を就業規則によって行うことはかなり一般的であり，就業規則に関する「交渉」につき次のような紛争が生じる。①就業規則の変更は労働条件の変更に他ならないので，その点についての「団交拒否」。当該組合が過半数代表の場合と少数組合の場合がある。②過半数代表たる組合についての「意見聴取」（労基法90条）の有無・あり方に関する紛争。

過半数組合につき，①と②がどう関連するのか，少数組合につき，①が義務的団交事項になるか，が理論的・実務的に主要な争点となる。労働契約法によって就業規則法制が具体化されたためにこの点の解明はより緊急の課題となっている。

ウ）交渉結果

第三は，交渉結果をめぐる紛争である。交渉が妥結すると通常は協約の締結に至り紛争状態は一応解消する。もっとも，その後協約の解釈をめぐる紛争が生じる可能性があり，労使の話し合いがつかなければ，労働委員会のあっ

せん制度や裁判所が利用される。労使自治に基づく企業内部における独自の苦情処理機関は必ずしも一般的ではなく，また，アメリカ的な任意仲裁制度もほとんど設置されていない。

他方，協約交渉自体が妥結しなければ紛争状態は継続し，労働委員会のあっせんが利用されることもある。このケースは，交渉結果というより実質的に交渉過程の問題に他ならない。

このレベルの紛争処理については，自主的な解決システム（苦情処理，仲裁）や個別的な苦情に対するサポート体制が不十分な割にはあまり問題として意識されていない。また，協約内容の実現に向けて労働組合がどのような形で訴訟を提起もしくは個別事案の裁判に関与しうるかもあまり問題とされていない。

2）不当労働行為制度全体の見直し

不当労働行為の制度全体の見直しは，実体的ルールと処理システムの双方の観点からなされる。前者については，組合活動の各段階に応じて具体的に検討した（拙著『不当労働行為法理の基本構造』227頁以下）。ここではまず法理構築の際に基本的に留意すべき事項を確認しておきたい。

その一として，行政救済法理の解明のために，7条の全体構造，法理の構築が不可欠である。私見は，職場における「集団的労使関係ルールの実現」と把握し，一定の類型化を試みているが，未解明の論点，とりわけ①団交拒否，②併存組合問題，③便宜供与，④個人申立等の位置づけが難問である。また，行政救済の特質を生かすための前提，とりわけ労使間の力関係の強弱等も検討する必要がある。たとえば，対象とすべき紛争類型としては，組合が一定程度の力量を有していること，つまり，「集団紛争」の実体が必要ではないかと考えている。和解や救済命令が将来的な職場ルール設定的機能を果たすための前提でもある。また，組合の存在自体を認めない確信犯的な使用者のケースでは，労働委員会による適切な事件処理は困難と思われる。

その二は，逆に労組法7条から解放された「司法救済」法理の構築である。具体的には，憲法28条論，とくに私人間効力論や公序論である。違法構成との関連では，誰の，どのような権利・利益が侵害されているのか，また，使

用者以外の行為をどう規制するかも重要な論点といえる。
　次に，現行不当労働行為制度につき，2004年改正をふまえて紛争処理システムのあり方からの手直し（ア）と，より抜本的な制度変更をも含めた見直し（イ）を検討したい。
　ア）現行不当労働行為制度の手直し
　2004年改正は，法的な整備との関連においては基本的に取消訴訟対策を目的としている。そのために事実認定の的確化，厳格化を図る仕組みが構想されており，中労委段階の事案や理論的・事実関係の複雑な事件については適切な処理手続といえる。他面，このように司法手続化が進むと労働委員会制度のうまみ，つまり柔軟・迅速かつ将来的な解決という側面がどうしても希薄になりがちである。あくまで過去の事実の解明が重視されるからである。最後にこのような観点から，今次改正の評価と労働委員会手続の見直しの視点をまとめておきたい。
　労働委員会による紛争処理をどうみるかについて基本的に2つの見解がみられる。和解による調整的処理を重視する立場と命令による判定的処理を重視する立場である。法学的もしくは中労委レベルになるとその考察対象が救済命令事案が中心となるのでどうしても後者の立場がとられやすい。学界における議論もそうである。
　しかし，基本的には不当労働行為制度は「労使」自治を支えるルールを職場において確立する目的を持つ[132]。具体的には労働組合の自主的な結成・運営をサポートし，交渉関係の形成をめざすわけである。それが適切になされるためには，①労使自治の担い手となりうる労働組合に一定の力量があること，②使用者も組合の存在自体を一定程度肯定していること，が不可欠と

---

132) 不当労働行為法理の特徴については，拙著『不当労働行為法理の基本構造』（2002年，北大図書刊行会）215頁以下参照。
133) 紛争解決の主体はあくまで当事者であることや紛争の全面的解決の重要性は法社会学においても強調されている。たとえば，和田仁孝『民事紛争処理論』（1994年，信山社）57，58頁。同時に，交渉の多層的構造も指摘されている。和田仁孝＝太田勝造＝阿部昌樹『交渉と紛争処理』（2002年，日本評論社）14頁（和田執筆）。

思われる[133]。司法救済との大きな相違はそこにある。将来的に健全な労使関係を「形成する」前提でもある。以上の前提を欠く場合，たとえば確信犯的な使用者のケースや実質的に個人紛争であるケースについては，より強制力のある司法救済のほうが適切な処理ができる場合が多いと考える。

　このような基本的な立場から構想すると，労使自治の観点から労使当事者の意向に沿った紛争の「解決」と公労使委員による教育的指導・支援が重要視される[134]。いかに労使の納得を得るかという調整的・教育的機能を重視する解決システムこそが必要になる[135]。他方，自主的に解決できないケースについては「救済命令」を発することになる。しかし，県労委段階においては必ずしも厳格な事実認定は必要とは思われない。紛争解決に向けた労働委員会の一定程度の事実認識，法的評価を前提とした救済措置の提示で十分であろう。迅速・柔軟かつ自主的な事案「解決」促進のためであり，あくまで将来的な労使自治の実現をみすえることが必要である。同時に，当該労使だけではなく，職場において集団的労使関係ルールを確立することをも目的とすべきであろう。

　救済命令に異議のある者は中労委に再審査を申し立て，中労委段階において，厳格な事実認定に基づく判定的な処理がなされ，この中労委命令に対してだけ司法審査が許されるという制度設計が適切と思われる。このように県労働委員会と中労委の役割・機能を明確に分担して制度構想をしたほうが全体として迅速・適切・柔軟な解決が得られると思われる。したがって，2004年改正で提起された審問手続の司法化は原則的に中労委段階以降の問題と考えるべきであろう。県労委段階における過度の司法化は，和解で解決しうるであろう事案についても，無用に不当労働行為の「事件化」を促し，迅速・

---

134) この点については，拙稿「権利主張の基盤整備法理――労働法学のもう一つの視点」季刊労働法207号（2004年）128頁以下，拙稿「労働法教育の課題」日本労働法学会誌107号（2006年）153頁以下参照。

135) ヴェレド・ベンサデ「労働委員会における判定権限と調整権限の併存　ADRの基本的論点のケース・スタディとして」本郷法政紀要10号（2001年）446頁は，「使用者による不当労働行為の救済に関する命令権限が付加された調整権限」と評価している。

柔軟かつ将来をみすえた解決を阻害するおそれがあるからである。

　もっとも，効果的な和解のためには実効性のある多様な救済命令の存在も不可欠である。労働委員会制度の目的の一は，救済の柔軟性にあるが，現実の救済命令はややワンパターン化している。裁判所も私法規範との関連においてかなりの制約を課しており（たとえば，ネスレ日本事件・最一小判平成7・2・23労働判例686号15頁），労働委員会手続自体も司法化しているので事案に応じた斬新な救済命令が出されにくい状況にある。しかし，労働委員会は，申立組合・申立人の利益だけを擁護するのではなく，職場における集団的労使関係ルールを構築する目的をも持つ。したがって，非組合員をも含めた全従業員を念頭においた，その意味で広がりのある教育的な救済をも構想すべきであろう[136]。

　また，効果裁量とはいえそれにも限界があるので，より実効性のある救済措置を「法定化」することも考えられる。損害賠償的救済，悪質な使用者に対するダブルバックペイや使用者概念を拡張したうえでの関連会社に対する救済措置等である。効果的な救済の存在は，自主的な和解を促進するのでその点からも重要である。

　イ）より抜本的な見直し

　現行不当労働行為制度に対するより抜本的な見直しは，労使関係法のあり方に着目する方向と，労働委員会命令の強制方法に着目する方向がある。

　労使関係法のあり方に着目する見直しの一は，不当労働行為制度の保護対象を労働組合や労働組合員に限定しない見解である。集団的労働条件決定システム概念を拡張することにより，非組合員の集団志向的行為（たとえば，労働条件に対する苦情の提出）や従業員代表の行為等をも保護対象に含む構想である[137]。アメリカ法上の近時の論議[138]も参考になる。もっとも，個人の集団志向的行為をどう位置づけるか，とりわけ志向されている「集団」とはなにか，どう集団法として構想するのかという難問は残されている。

136）　たとえば，ポスト・ノーティス命令のあり方について，拙著『不当労働行為の行政救済法理』（1998年，信山社）136頁以下参照。
137）　小嶌典明「労使自治とその法理」日本労働協会雑誌333号（1987年）13頁以下。

その二は，労働組合の職場代表機能の重視である。アメリカ法上の排他的交渉代表制と労働組合の公正代表義務のセットという構想が考えられる。「排他的」といっても，労働組合が存在する場合には，過半数より要件を緩やかにした職場代表機能の付与，たとえば一定割合以上（たとえば，3割）の従業員を組織化している労働組合に全従業員を代表する機能を付与するアイデア等もありうる。従業員代表制の法制化よりも労働組合の存在に着目してその権限を拡大する構想のほうが適切と思われる。もっとも，その前提として，組合民主主義や公正代表義務法理の確立も不可欠である。

その三は，不当労働行為事件の中には，実質的には組合内部もしくは組合間紛争がその原因であるケースが少なくないので，そのレベルにおける独自の事件処理が必要とされる。そこで，労働委員会内部に組合内部（もしくは組合対従業員個人）・組合相互間紛争処理システムを導入することが考えられる。たとえば，管理職組合問題等[139]は，使用者が資格審査との関連において発言すべき事項ではなく，本来は組合内部で自主的に解決すべきテーマであり，それに見合った紛争処理システムが必要であるからである。

労働委員会の命令の効果的実現については，2004年改正によって過料額の若干の高額化が図られたが，現在でも多くの課題がある。斬新な救済命令権限についての法定化とともに，なんらかの形で司法救済との連動も試みる価値もある。たとえば，労働委員会命令内容を債務名義として司法救済を図ること（独禁法25条等参照）である。司法レベルもふまえた独自の総合的救済システムの構築が必要な時期といえる。

---

138) 木南直之「米国における未組織被用者の団体行動とその限界」日本労働法学会誌110号（2007年）177頁以下。なお，その前提として，アメリカ法上の団結権が個人の権利と構成されていることがあげられる（前掲・拙著『不当労働行為法理の基本構造』205頁参照）。最近の集団法の見直しに関するアメリカ労働法上の議論については，水町勇一郎『集団の再生——アメリカ労働法制の歴史と理論』（2005年，有斐閣）参照。

139) 管理職組合を巡る問題については，前掲・拙著『不当労働行為の行政救済法理』（1998年，信山社）178頁以下参照。

結語　法理を支える構想力

　労働組合法はどうなるか。これまで，集団的な労働条件決定過程をふまえた労働組合法の見直しの視点を提示してきた。最後に，それらをふまえて，職場における集団化・連帯のあり方についてやや原理的に考察したい。現在強く要請されているのは法理を支える，もしくはそれを超えた構想力に他ならないからである[140]。この点は労働組合運動の活性化や衰退をめぐる問題と関連し，研究の蓄積もあるが，ここではあくまで法理の再構築のための基本的視座の提示を目的としている。

(1) なぜ団結したか

　団結権をはじめとする労働法理論[141]が形成されたのは第二次大戦後であり，昭和20年代前半の組合活動の盛り上がりがその基盤といえる。では，なぜ組合が急激に組織化されたのか[142]。

　その原因の一は，当時の労働者の生活状態である。戦後の混乱期の飢えや貧困さらに失業の危険は，生存権理念を強力にアピールし，生活というより生存のために団結した[143]。よりリアルにいえば団結せざるをえない状況であった。管理職層を含めて同様な状態であり，まさに「労働者階級」として共通の要求が成立しえたといえる[144]。

　その二は，政治・社会的イデオロギーとしての共産主義の影響である。当

---

[140] 結社の歴史については，福田アジオ編『結社の世界史1巻　結衆・結社の日本史』(2006年，山川出版社) 等参照。
[141] 沼田稲次郎『労働法論序説』(1950年，勁草書房)，野村平爾『日本労働法の形成過程と理論』(1957年，岩波書店)，片岡曻『現代労働法の理論』(1967年，日本評論社) 等。
[142] 東京大学社会科学研究所編『戦後改革5巻　労働改革』(1974年，東京大学出版会) 参照。
[143] 末弘厳太郎『日本労働組合運動史』(1950年，日本労働組合運動史刊行会) 181頁は「急速に且つ半ば本能的に団結した」と指摘する。
[144] 大勢順応的に組合が形成されたとも指摘されている (大河内一男『労働組合の生成と組織』(1956年，東京大学出版会) 42頁)。

時共産主義思想は強い影響力があり、労働運動は階級闘争や工場ソビエト運動と容易に結びつき、企業を超えた産別運動の基盤となった。GHQ の労働政策はこの潮流をどうコントロールするかが主要な課題となった。

その三は、政治状況としての GHQ の支援である[145]。GHQ は、民主化政策の一環として労働組合運動の促進を重視していた。とはいえ、この「民主化」が共産主義と結びつくことは、グローバルな観点から、占領政策として大きな危機であった。これが公務員労働法制、とりわけ争議権を制約する政策への転換の主原因となった。

その四は、企業サイドの生産・労務管理体制が未成熟であったことである。とりわけ、生産体制の不備は、いわゆる生産サボを招来し、労働組合の生産管理闘争を促す結果となった。また、労務管理機構の不備と貧困状態は、管理職層の労働組合員化を促進した。ここに使用者との関係における組合の「自主性」確保が政策課題となった。これは、組合との関係における使用者の自主性確保の問題に他ならなかった。

全体として、生存と団結の必然性が全労働者に強くアピールする時代であった。憲法上の生存権（25条）と団結権（28条）がまさにその規範とされ、組合にとってあまりに有利なスタートといえた。ここで注目すべきは、労働組合運動独自の理論がほとんど追求されなかったことである。生存の危機的状況と理論としてのマルクス主義の強い影響がそれを阻害していた。これは、労働法理論においても基本的に同様であったと思われる。

(2) なぜ団結が困難となったか

先進資本主義国において、労働組合運動は、全般的に退潮の傾向にあるといわれる。わが国においても組合組織率は低下傾向にあり、1985年において28.9％であったものが2004年には20％を切っている。同時に、たとえ組合が組織化されていても、労働条件決定に占めるその影響力は次第に弱まり、労働組合運動が全般的に退潮していることは否定しえない。その原因として、

---

145) 全般的には、竹前栄治『戦後労働改革』(1982年、東京大学出版会) 参照。

次の三つの観点からとらえることができると思われる。なお，以上の他に，わが国の団結権把握や労組法自身が組合活動の弱体化を促した側面があることは前述したとおりである[146]。

　第一に，もっとも主要な原因として，以下の四点にわたる社会，経済的原因をあげることができる。①産業構造の急激な変化である。第三次産業，その中でもとりわけサービス産業従事者の増加は，組合の組織化に決定的なインパクトを与えている。一般的にいって，サービス産業では，就労場所や労働時間が分散化するとともに，労働移動も頻繁なので，組合の組織化が困難となるからである。②就業構造の変化である。サービス産業化や経営の減量化のために，基幹男子労働者の割合が低下し，パート，派遣，下請負労働者等の縁辺（非正規）労働力が増加している。同時に，女子労働者も増加しているので，男子の基幹労働者を主体とする組合の組織基盤が掘りくずされている。③個人中心意識の蔓延である。生活の安定化にともない，労働者，とりわけ若年労働者意識の個人主義化・保守化が顕著である。ホワイトカラー層の増加や労働者の高学歴化，さらに労働者相互間の競争の激化もかような傾向に拍車をかけている。また，最近の労働ビッグバン構想は，このような動きを強力に推し進めた。④官公労働組合の急速な退潮である。行政改革，独立行政法人化，民営化等により，官公労働運動の影響力の低下は明瞭である。

　第二は，企業の労務管理上の諸施策を原因とするものである。次のような労務管理施策により，労働者相互間の競争が激化し，個々の労働者の企業への統合が図られた。①わが国の企業に広汎に定着したQC・ZD等の小集団活動である。現場労働者の苦情や不満を会社が直接吸い上げ処理することによって，職場における労働組合の苦情処理機能は大幅に低下した。②いわゆる「能力主義」に基づく従業員間の競争の激化である。人事考課制度は，ホワイトカラー層に強い衝撃を与え，従業員間の連帯よりも無定量の「忠勤競争」を促す結果となる場合もあった。③さらに，成果主義や年俸制さらに裁

---

146)　憲法規範との関連については，拙稿「労働をめぐる憲法状態」北海道自治研究471号（2008年）3頁参照。

量制の導入により労務管理の個別化が図られ，組合の集団的な労働条件規制力が大幅に低下した。④労使協議制の導入により，団交制度が次第に形骸化していった。労使協議制は，企業と従業員間の意思の疎通を図る上で極めて有効な手段であったが，主体とテーマが団交と重複していたのでそれが有効な分だけ団交を形骸化する役割を果たした。

　第三は，組合運営上の原因である。労働組合運動が全体として退潮した原因は，主に，第一，第二の点にあると思われるが，以下のように組合内部に由来する側面も見逃すことはできない。

　①　多くの労働者の意識やニーズにアピールする的確な組合運動論自体が確立していないことがあげられる。「階級」や「生存権」等のシンボルはやや色褪せ，また，高度成長期・バブル期のような「大幅賃上げ」による生活向上も不可能になった。同時に，企業間競争の激化や労働者内部における階層分化，さらに，労働者の高学歴化，個人主義化により，労働者の連帯を支える結集軸の確立はますます困難になってきている。組合は，事実上，既得利益擁護のための圧力集団化しているといっても過言ではない。同時に，労働者内部における階層分化が急激に進行している。にもかかわらず危機意識はおそろしく希薄である。2007年に成立した「労働契約法」に対して適切に対応しえなかった原因でもある。

　②　組合内部において，組合員相互の利害調整メカニズムが十分に確立されていないことがあげられる。今までは，組合員である限り，その利害は本来完全に一致しているという素朴な前提に立っていたので，対立が激化した時の対応のノウハウに欠けていた。内部調整の努力をするよりも分裂と，それに伴う組合併存状態というパターンがとられることが多かった。このように，組合員相互間に利害対立がある点を十分にみすえないことが組合民主主義の形骸化を生み，労働者の組合離れを助長した側面があることは否定しえない。

　③　前述したような社会経済的動向や労使関係の変化に組合自身が適切に対応できなかったことも決定的といえる。企業別組合が中心であり，産業別組織やナショナルセンター，さらに地域組織も弱体化しており，企業を超え

た形での組織化がきわめて不十分であった。企業内でも非正規従業員の雇用や労働条件に対してはあまり関心を示さずその組織化に熱心ではなかった。さらに，職場内でも職場を超えた形でも，既得権が重視され労働者総体としての処遇の公正さを追求する熱意に欠けている。社会性・想像力の欠如といえようか。

(3) 団結の行くえ

　労働組合の組織率の低下，それに伴う影響力の急激な減少に対する歯止めは可能か。労働組合法は労働組合の存在を前提とし，活発な組合活動がなされる条件の整備を目的とする。その点では，組合運動の停滞した現在の状況はまさに危機的なものである。従業員代表法制化への密やかな流れが決定的な打撃となるかもしれない。そこで，最後に労働組合法の基盤となる職場における連帯について検討しておきたい。それをどのような形で具体化するかはあくまでも組合サイドの役割である。

1）現在の基本的問題状況

　社会が混乱し，既成の発想やルールが適用されなくなった時には新規の統合的な概念によって混乱を収縮することが多い。21世紀のそれは，新たな「国家観」と「個人観」である。中間的な「社会」に着目したうざったい発想はどうしても敬遠されがちである。

　個人への着目は，それ以外の主体はいないという近代社会の宿命のようなもので，あらゆる社会理論のキーワードとなる。とりわけ，論理を純化するほど個人をとりまくいろいろな仕組みや組織が解消され，個人のみがたしかな存在になる。同時に，個人の資質や行為規範につき社会的な制約が捨象されていく。残るのは個人の純粋なエゴ，抽象的な利己心ということになる。どうもこれは確からしい。

　この個人の利己心に基づきそれを強める仕組みが会社組織であり，それが肥大化する。同時に，会社の行動を制約する一切のものが排除される傾向にある。それを支える社会的原理として市場競争が，個人レベルでは能力主義が強調される。内面的には，個人の自分らしさ，自分探しが奨励され

る[147]）。まさに利己的な個人のパラダイスであり，これが構造改革，労働ビッグバンの構想に他ならない[148]）。ここでは，自分を自分たらしめているものはなにか，「社会における自己とはなにか」というまっとうな疑問はタブー視される。家族や地域社会の一員であるというアイデンティティーよりも，依存関係が忘失され[149]），つかみ所のない抽象的・利己的な個人が重視される[150]）。とりわけ消費レベルでの豊かさ，つまり経済力を求め個々人が邁進することが要請されるわけである。同時に選択の自由とそれに由来する責任の連鎖が個人を包み込むことになる[151]）。

　かといって，個人主義の重視は勤労意欲の向上に結びつくとは限らず，体制秩序を「無力化し空洞化する独特の危険性」をも帯びている[152]）。同時に，教育空間では，この「強い個人」形成の基盤自体が揺らいでおり[153]），過度な自己責任は，自分からの排除の事態になる可能性さえある[154]）。

2）連帯の原理

147）　ゼミで望ましい働き方について質問したところ，答えの多くは「自分らしい働きかた」であった。自分も相手も安心できてそれ以上の質問を回避する最適の回答といえようか。この点については，都筑学編『働くことの心理学――若者の自分さがしといらだち』（2008年，ミネルヴァ書房），岩間夏樹『若者の働く意識はなぜ変わったのか』（2010年，ミネルヴァ書房），宇野重規『〈私〉時代のデモクラシー』（2010年，岩波新書）参照。

148）　中野麻美『労働ダンピング』（2006年，岩波新書），森岡孝二『格差社会の構造』（2007年，桜井書店），二宮厚美『格差社会の克服』（2007年，山吹書店），五十嵐仁『労働再規制』（2008年，ちくま新書）等参照。

149）　大庭健『いま，働くということ』（2008年，ちくま新書）148頁。同時に，「空気を読む」ことが強制される。ソフトな形での統合原理と言える（土井隆義『友だち地獄――「空気を読む」世代のサバイバル』（2008年，ちくま新書）7頁以下）。

150）　『2008年版　労働経済白書』でさえ「多くの人の見えない手助け」を考えようともしないと表現している（261頁）。

151）　安富歩『生きるための経済学　〈選択の自由〉からの脱却』（2008年，NHKブックス）55頁以下。

152）　中西新太郎『若者たちに何が起こっているのか』（2004年，花伝社）245頁。

153）　苅谷剛彦『階層化日本と教育危機』（2001年，有信堂）186頁。

154）　湯浅誠『反貧困』（2008年，岩波新書）61頁。

第1章　労働組合法の直面する諸問題

　労働組合は，労働条件の維持向上を目的とし，その点では，個人の利己心を充たす側面はある。しかし，そのための連帯となると，職場における労働者の利害の共通性が基盤となる。自分だけの利益というわけにはいかない。戦後の労働運動は，飢餓的賃金，生存の危機からスタートしたので，食えない，生活ができないという利害の共通性はたしかなものであった。まさに，団結必然といえた。その意味では組合活動としては「幸運」なスタートであった。

　この連帯の基盤がその後産業構造・就業構造等の変化により解消していき，現在組合の組織率は18％であり，実質的な影響力も低下している。では，今後，組合運動の基盤となる職場の連帯はどうなるか。また，どう構築すべきか。現在組合活動が盛り上がるのは，リストラに基づく解雇や非人間的な労務管理等がなされるケースが多い。不適切な労務管理によって危機的な状況になる場合である。一方，日常的なソフトな抑圧や労働者間の「身分」格差を利用した労務管理には対応しにくい。こうなると職場及び職場を超えた連帯の原理論が必要になる。労組法の法理を超えた，というよりそれを支える構想力といえようか。

　では，連帯を考える際の留意点はなにか。基本的に，二つの観点，つまり労働論と連帯論からの立論が可能である[155]。同時に，消費者レベルにおいても他人の労働へ「依存」していることの想像力も重要といえる[156]。

A）労　働　論

　第一は，労働者サイドから労働をどうとらえるかという労働論である。人としての尊厳を保つ労働（ディーセントワーク）の前提はなにかの問題ともいえる。これは次の五つの側面から考えることができる。これらの利益は，対使用者との関係において連帯する際の具体的結節点ともなる[157]。

---

155)　政治・社会レベルの連帯論については，佐藤慶幸『アソシエーティブ・デモクラシー』（2007年，有斐閣），近藤康史『個人の連帯』（2008年，勁草書房）等も参照。
156)　バーバラ・エーレンハイム『ニッケル・アンド・ダイムド』（2006年，東洋経済社）290頁，八木雄二『「ただ一人」生きる思想』（2004年，ちくま新書）182頁。
157)　以上の各視点につき，最近の労働契約論の展開も示唆的である。もっとも，労働契約法の内容はあまりに抽象的である。「労働社会」を形成する諸ファクターについては，熊沢誠『ノンエリートの自立』（1981年，有斐閣）57頁参照。

① **雇用保障**　雇用され，それが継続されることは安定した労働・仕事の前提といえる。まず，雇用されるための職業・キャリア教育が重要である。雇用された以降は，恣意的な解雇や退職強要からの保護がポイントといえる。

② **労働条件の確保**　基本的な労働条件として賃金と労働時間があげられる。これらが労働基準の中核となりその内容の適切さが要請される。

③ **労働内容の適正さ**　仕事を通じての人格の陶冶は労働の重要な意義である。その点からは，労働条件的側面だけではなく，労働内容の適切さが不可欠であり，業務命令権は一定の制約を受けることになる。同時に，労働能力向上のニーズもあり，これはいわゆるキャリア権と構成しうる。

④ **関係の適切さ**　仕事はチームで行う場合は当然として，通常は同僚や上司・部下との関係の中で行使される。人間関係といって良く，この関係形成の自由や関係の良さは実際に働く際にかなり重要なファクターとなる（関西電力事件・最三小判平成7・9・5労働判例680号28頁は，「職場における自由な人間関係を形成する自由」を保護法益としている）。労働者人格権の問題に他ならない。組合の結成，運営も会社や同僚との関係をどう構築するかという側面がある。

⑤ **企業活動の適切さ**　仕事の適切さは，労働の対象物たる製品やサービス自体のレベルでも問題となる。企業の評価は，そのメンバーたる「従業員」に対しても信用や名誉として直接関係をするからである。企業の名誉・信用侵害を懲戒事由とする発想[158]は裏返しの形であるが，両者の関係を明確に示している。また，近時の公益通報的要請からもそういえる。また，偽装問題で企業倒産という事態になると雇用の確保自体が困難となる。

---

158) たとえば，関西電力事件・最一小判昭和58・9・8労働判例415号29頁。
159) 拙稿「企業組織再編と労使関係法」，本久洋一「親子会社と労働法」いずれも早稲田大学21世紀COE叢書『企業社会の変容と法創造6巻　労働と環境』（2008年，日本評論社）参照。

ところで，労働論の前提として，誰が「使用者」かも問題になる。企業組織再編によって労働者派遣やグループ経営化等によって使用者概念の拡張・拡散がなされている[159]。派遣先や親会社ついては，直接の雇用関係がないとしても労働条件の決定についての影響力が認められる，派遣については，派遣元とともに実際の指揮命令をする派遣先が①から⑤について，グループ企業の親会社については，仕事の配分・アウトソーシングとの関連で主に①が問題になる。連帯論を構築する際の留意点といえる。

B) 連帯の原理論

第二は，なぜ，どのような形で連帯するのかという連帯の原理論である。集団化のメカニズムともいえる。

その一は，誰となぜ連帯するかという原理論である。まず，出発点として労働者個人に着目する必要がある。個々の労働者は，労働をする際に前述の①から⑤までの事項につき独自の利益を有するので，それぞれが自己の利益を守るために集団化するというメリットがある[160]。集団化による「個人の交渉力」の強化であり，各個人が対使用者との関係において同一の利害関係者と連帯するもっとも分かりやすい契機になる。原理的にはそのとおりである。もっとも，年齢や職種の違いがあるので，利益の同一性についての判断は必ずしも容易ではない。ここに適切な（民主的な）内部決定手続の必要性がある。

次に，個人を超えたより広い視点からの連帯のパターンとして以下の五つ（(a)〜(e)）を想定しうる。

(a) 同僚との関連。同一職場（同じ使用者）における同僚との連帯は基本的に同一利益者，つまりもっぱら自分(達)の利益擁護の延長としての連帯といえる。しかし，次の2点において，自分の利益を超えた独自の観点が必要とされる。

その一は，公正処遇の要請である。使用者が自分を含めた同僚の労働者を

---

[160] 憲法13条の自己決定権と憲法28条との関係については，西谷敏『労働組合法（2版）』38頁参照。

公正に処遇することの要請である。この公正さの要請は,「使用者と自分」,もしくは「同僚と自分」という二者関係では発生しないものである。あくまで「使用者との関係における自分と同僚」として三者関係の問題である。その点では,公正さの要請は自分を守るとともに自分の利益を超えたものである。

その二は,弱い同僚への支援の要請である。職場における仲間としての連帯は,同一の利害状態を前提にして,チームとして働いていること,人間の多様性の尊重,能力に欠ける者に対する寛容,自分もハンディをもつ(病気等)かもしれないという可能性等に由来するものと思われる。もっとも原初的な共同体意識といえ,組合結成のエートスといえる。この側面を,個人の利益擁護の延長のみで立論することは適切ではない[161]。他人への支援はそれ自体が価値を持つと考えたい。

ところで,同僚への関心は,同僚の労働条件等について知っていることが前提になる。日本的連帯のエートスは「見て見ぬふりができない」点にある。そのためには,まず「見なければ」ならず,同僚の労働条件等を知る仕組みが必要とされよう。情報の非対称性を是正する仕組みといえる。もっとも,ここでは個人情報の保護という難題に直面する。

以上の要請は,企業内における同一身分(正規社員)?の同僚だけではなく,パート等の非正規労働者との関係でも認められる。公正処遇や支援の必要性の側面ではより強く要請されるといってよい。

(b) 同一職場・企業グループへの着目。使用者が異なっていたとしても,同一の職場で働いていること(その典型は派遣),また同一の企業グループで働いていることから一定の利害の同一性が認められる[162]。必ずしも法的な契約関係の同一性を要件としない,事実上の同じ職場,企業グループで働い

---

[161] 今村仁司『社会性の哲学』(2007年,岩波書店)506頁は「何かへの負い目をもつ存在としての自己」に着目して社会性を把握している。

[162] 企業のステークホルダーとの連帯も問題となる。毛塚勝利「企業統治と労使関係システム」早稲田大学21世紀COE叢書『企業社会の変容と法創造6巻 労働と環境』(2008年,日本評論社)47頁。

ていることに由来する利害の同一性である。企業組織再編によってこのような関係は高度に形成されている。直接の雇用関係がないとしても労働条件の決定について，派遣先，親会社等の強い影響力が認められる。親会社等のグループ企業の労働者とは仕事の配分・アウトソーシングについて，派遣先の労働者とは仕事の仕方について一定の利害関係（とりわけ③④）を有することになる。

(c) 同一産業。特定の企業を超えた労働者の利害は，同一産業レベルで生じる。同一産業は競争関係にあるとともに，産業全体の帰趨や働き方③・製品⑤について同一の利害を有する。また，産業別組合の場合には，端的に①②についても，企業を超えた最低基準の設定という側面において共通の利害を有する。歴史的にみて，これが組合活動の原点であった。

(d) 所属企業を超えた社会的関係。これは二つのレベルで考えられる。その一は，仕事の専門性に由来する利害である。看護師，教師や新聞記者等の職種別の専門職については，たとえ使用者が異なっていても仕事における裁量性・自立（③）や自己責任（⑤）において共通の利益を有する。企業に対する社会的・公益的コントロールのためには，企業内における専門職の役割が重要といえる。その二は，生活地域である。労働者のライフサイクルや家族生活との関連において同一地域に住むことによる利害は重要である。たとえば，保育所，介護施設，病院等の配置は，間接的ながら働き方に決定的な影響を与えるからである。

(e) 国レベル，国際レベル。労働関係に関する法システムの構築・適用という点では，国レベルの利害の共通性は決定的である。地方に着目すると条例による規制のニーズも高まるかもしれない。労働関係の法システムとしては，会社法のあり方にも留意すべきであろう[163]。

また，グローバリゼーションとの関連では，国際競争の激化に伴う職の喪失や低い労働条件による競争力の強化という事態が頻繁に発生している。そ

---

[163] ロバート・B・ライシュ『暴走する資本主義』（2008年，東洋経済新報社）297頁は，「企業の社会的責任という言葉にそもそも意味があるとすれば，それは民主主義を堕落させないことなのだ」と指摘する。

の結果，国際レベルでの労働者の連帯による対処もますます重要になっている[164]。

　Ｃ）連帯の方法論

　労働者の連帯が不可避だとして，その連帯の仕方には種々の方策がある。まず，前提としての連帯の必要性に関する知識・気構えに関する教育，いわゆる権利教育が不可欠である[165]。次に，基盤的組織の集団化の方法として，結社的なものと組織強制的なものが考えられる。

（ア）結社的なイメージ

　個人の自己決定の観点からは，強制の契機のない結社的な組織が好ましい。意見の一致にともなう組織といってよく，加入も脱退も基本的には自由とされるので，個人の基本的な意向は重視される。ユニオン・ショップ違法論の立場は基本的にこのような組織原理によっている。

（イ）組織強制的なイメージ

　集団化・組織化のためには，その加入や資格の継続につき強制的な契機が必要になるケースがある。意見ではなく基本的に「利害」が一致していることがポイントである。とくに，当該グループの利害に対峙する相手，たとえば「使用者」がいる場合には一定程度の強制的な組織化が不可欠である。組織化しなければ，適切な対抗力を構築しえないからである。

　（ア）は組合と組合員という二者関係に着目し，（イ）は使用者も含めた三者関係に留意している。わが国の労働組合の組織論はこの（ア）（イ）の両者の側面を有している。ユニオン・ショップ協定の法的拘束力を認めている点において（イ）の側面があり，組合脱退の自由を認め，組合併存状態を前提とした法システム（使用者の中立保持義務）をとっている点において（ア）の側

---

164)　国際労働研究センター『社会運動ユニオニズム　アメリカの新しい労働運動』（2005年，緑風出版）参照。

165)　この点については，拙著『成果主義時代のワークルール』（2005年，旬報社）118頁以下，拙著『15歳のワークルール』（2007年，旬報社），拙稿「労働法教育の課題」日本労働法学会誌107号（2008年）153頁，原ひろみ＝佐藤博樹「労働組合支持になにが影響を与えるのか」日本労働研究雑誌532号（2004年）66頁，本田由紀『教育の職業的意義』（2009年，ちくま新書）等参照。

面もある。最近の従業員代表法制の立法化をめぐる論調は，従業員代表を（イ）的なものとし，労働組合をもっぱら（ア）的なものとする見解と思われる。

もっとも，この両側面はもっぱら組合内部問題だけを念頭においている。組合内部における意思決定，団交，協約締結に至る一連の過程を想定した立論はほとんどなされていない。組合内部問題法理の未成熟，団交過程が制度化されていないこと（たとえば，排他的交渉代表制の不採用），団結権の構造的把握（たとえば，個々の組合員と組合自体との権利の関連）の不十分さ等がその理由と思われる。労働基本権の人権的把握が労使関係政策をふまえた柔軟な議論自体をタブー化したことも否定しがたい。

ところで，以上の議論をふまえて，それらの基盤組織の統合の仕方も問題となる。基本的に，ピラミッド型とネットワーク型を想定しうるが，全体としての統制力の観点からは前者が，基盤組織の活動の自律・自由という点においては後者が適切と思われる。今後組織利害がより多様化するであろうことを考えるとネットワーク型の組織構造の必要性が高まると思われる。他方，全体の運営の効率性や統合の側面も重視されるので，具体的にどのようなネットワークを作るかは難問である[166]。

3）団結権の行方

A）団結の主体

労働条件を集団的に決定するための「団結権」を構想する際に，その組織主体としてもっぱら労働組合を想定するアプローチと多様な集団もしくは個人の「集団志向的活動」をも包含するアプローチがある。

後者の集団志向的活動の例としては，従業員代表制（特に就業規則の作成・変更の場合）に由来する行為やルール策定的機能をもつ個人の苦情申し出等が考えられる。たしかに，従業員代表選出の際の行為や代表者としての行為，個人の苦情申し出等につき不利益取扱いの禁止等一定の保護は可能である（労基法施行規則6条の2第3項，労基法104条2項）。しかし，従業員集団内部

---

166) ネットワーク型組織のアイデアについては，野川忍「変貌する労働者代表」岩波講座現代の法12巻『職業生活と法』（1998年）142頁。

における決定手続のルール化や使用者の関与行為からの活動の自由を確保することは現時点では困難である。集団内部及び集団を前提とした諸活動を保護する整備された法システムは，労組法以外には存在しないからである。

　また，現行の労働組合（法）につき，それが集団的労働条件決定システムとして不適当であるという決定的な欠陥も認められない。実際の組合運営に問題はあり，「労働組合」という名称やイメージがイヤだということはありうるが，「労働組合」はその定義・成立要件ともおそろしくルーズなので，その結成は至って簡単である。結成しないのは，そうしようとしないか，使用者の意向を気にしているだけである。そう考えると団結権の主体は，あくまで労働組合であると解することができる。立法政策として従業代表法制を整備する余地はあるが，組合法に代替することは不適切と考える。むしろ本稿で論じたように組合法の整備こそが不可欠である。

　B）団結の目的

　団結権の位置づけは二つの視点からなされる。その一は，あくまで手段的なものととらえ，労働条件・雇用保障や働き方等について自分たちの利益を実現する仕組みとする。他の方法によって同一目的が達成されるならば団結権自体の意義は低下する。その二は，それ自体を目的とする。労働をする際に仲間との共同的な関係をつくり，それをふまえて使用者と一定の交渉関係を形成する利益を重視する。労働者相互間及び労働者と使用者との間のある種のコミュニケーションの権利ととらえるわけである。実際には，その一と，二との視点は密接に関連している。ここでは，単なる手段的権利でないことを重視しておきたい[167]。

　では，組合の団結権，つまり連帯の原理はなにか。ここでは，四つの側面があることを確認したい。

　出発点となるのはやはり個人の利益である。近代社会のエートスといえようか。その一の側面は，あくまで個人の交渉力強化を目的にして同僚等の労働条件に関する情報を獲得することである。個人レベルの情報の獲得からそ

---

[167]　西谷敏『労働組合法2版』（2006年，有斐閣）36頁は関与権と表現している。

れの相互共有になると連帯の基盤がうまれる。知ることは関心の前提といえる。

その二は，使用者との関係における同一利害グループの集団化による交渉力の強化である。私の延長としての「われわれ」への着目であるが，あくまで，「私の」利益のために連帯している。通常，団結権はこのような観点から説明されている。

その三は，私の利害から一定程度離れた職場の仲間との関係における公正さの確保や仲間への支援である。公正さの確保については，その二で指摘した側面もあるが，職場における公正な取り扱いの実現は私の利害を超えている。その三の側面は，より深い，もしくはより基盤的な連帯原理といえようか。

その四は，より抽象的な労働者総体としての利益の確保である。こうなると多くは政治過程の問題となる。実際には「労働者」というより「国民・市民」レベルの課題となる。

ところで，団結権の位置づけにつきその一とその三は矛盾した側面がある。個人の利益追求の延長からだけでは説明しえない側面を，その四のレベルに収斂（退避）しないでどう主体的な運動として具体化するかはまさに組合自身の実践的課題といえる。

◆ 第 2 部 ◆

危機に瀕する団結権法理

◆第2章
組合申立の法理
——労働委員会手続における組合員と組合

はじめに
Ⅰ節　労働委員会手続
Ⅱ節　取消訴訟
Ⅲ節　救済命令・救済利益
Ⅳ節　組合申立の法理

はじめに

　労働法においても個人志向的傾向が顕著である。憲法論でいえば，25・28条から13条への動きといえる。これは集団法の衰退とともに，集団法の領域に置いても個人中心の法理が強調されている。ユニオンショップ違法論や組合脱退法理（たとえば，東芝労組事件・最二小判平成19・2・2労働判例933号5頁，NTT労組事件・仙台地判平成19・12・11労働判例954号17頁）の強調がその典型である[1]。また，団交過程につき労働契約的視点が直接に導入され（たとえば，根岸病院事件・東京地判平成18・12・18判例時報1968号168頁）[2]，使用者概念（たとえば，大阪証券取引所事件・東京地判平成16・5・17労働判例876号5頁）[3]や労働者概念（たとえば，国立劇場運営財団事件・東京地判平成20・7・31労働経済判例速報2013号21頁，控訴審・東京高判平成21・3・25労働判例981号

1）　組合法の直面する問題全般については，拙稿「解体か見直しか　労働組合法の行方（一）（二）（三）」季刊労働法221, 222, 223号（2008年），本書第1部第1章参照。
2）　なお，同事件・東京高判平成19・7・31労働判例946号58頁，同（上告棄却・不受理）事件・最一小決平成20・3・27労働判例959号186頁は，新規採用者の初任給引き下げは義務的交渉事項に当たるとしている。本件の問題点については，拙解説・判例評論594号（2008年）189頁参照。

13頁）につき裁判所により錯綜した判断が示されている[4]。さらに，企業別組合の実態に基づいた組合活動（リボン・ビラ貼り）法理は崩壊に近い。

個人化の傾向は，労働委員会手続に置いても個別紛争事案の増加（コミュニティユニオン事案）として現象し，また，多くの労働委員会において個別紛争をもあっせんの対象とする個別あっせん制度を導入した。

集団法に着目した法改正としては労働委員会制度の見直しを図った2004年法改正が重要である。しかし，不当労働行為法理ではなく，もっぱら労働委員会手続の適正化・迅速化を目的としたものにすぎない[5]。むしろ実体法レベルで注目すべきは，司法救済法理の動向，というより混乱である[6]。

組合活動権を支える不当労働行為制度についても以下のように多くの課題が未解決である[7]。ここではもっとも基本的な争点だけを確認しておきたい。

その一は，不当労働行為の処理視角に関する。判定的か調整的かの論点であり，2004年改正法は判定志向へシフトしている。実際には２つの側面があり，特に県労働委員会段階においては調整的な和解事案が多く，好ましい傾向とされている。他方，再審査以降は判定的機能が中心となっている。

その二は，不当労働行為「観」であり，反組合的か円滑な労使関係の阻害行為かの見解がある。「反組合的」な把握が通説的である。しかし，実際には労使関係的な視点からの規制が必要なケースも少なくない。そうすると労使関係だけではなく，組合内部・組合相互の紛争も一定程度対象としなければならない。

私見は，集団的労使関係ルールの確立の観点から不当労働行為法理を構築すべきであると考えている[8]。その点からは，労使関係とともに，組合と組

---

3) 使用者概念については，拙著「企業組織再編と労使関係法」早稲田大学21世紀COE叢書・企業社会の変容と法創造６巻『労働と環境』（08年，日本評論社）103頁，本書第３部第５章参照。

4) 本件の問題点については，拙解説・労働法律旬報687・688号57頁（2009年）参照。

5) 詳しくは，注１拙稿（三）102頁　本書１章。拙稿「不当労働行為審査はどうなるか——2004年労組法改正のめざしたもの」労働法律旬報1591=92号（2005年）68頁。

6) 関連裁判例については，本書第３章参照。

7) 詳しくは，本書第１章参照。

合員の利害・意向を適切に調整することが不可欠になる。現行法のシステムでは，具体的に労働委員会手続における組合と組合員との意向調整の問題としてあらわれている。

この問題につき，後述のように一定の判例法理は形成されているが，その内容は混乱している。にもかかわらずそのような評価はなされていない。というより学界の関心は低い。私は，第二鳩タクシー事件，旭ダイヤモンド工業事件，あけぼのタクシー事件の各最判の法理を対象として一定の見解を発表した[9]。本稿では，その後の判例法理（JR東日本事件，京都市交通局事件の各最判）の展開をふまえて一定の見直しを行った。

ところで，本稿の目的は，組合申立の観点から労働委員会手続法理を確立することである。今後の制度設計（集団法の見直しも含む）のための基本的視座を獲得することとともに混迷する司法救済法理に対する一定の示唆をも得たいと考えている。

本稿の具体的内容は，労働委員会手続や救済命令等において組合と組合員の意向がどう反映され，調整されているかを，紛争類型毎に検討し，関連する判例法理を考察することである。私自身は，不当労働行為法理はあくまでも組合利益中心に構築すべきであり，そのような観点から「組合申立の法理」を考えていきたい。

I節　労働委員会手続

(1) 申　立

不当労働行為の調査は，申立により開始し，申立との関連での審査となる。労組法27条1項は，「当該申立が理由があるかどうかについて審問を行わなければならない」と定め，申立書記載事項として，①申立人の氏名・住所，②被申立人の氏名・住所，③不当労働行為を構成する具体的事実，④請求する救済の内容，⑤申立の日付，があげられている（労働委員会規則32条）。また，

---

8) 拙著『不当労働行為法理の基本構造』（2002年，北大図書刊行会）221頁以下。
9) 拙稿「組合申立の法構造——不当労働行為制度における組合と組合員（一）(二)」『北大法学論集』38巻5号・6号，39巻1号（1988年）。

①については，申立人が労働組合その他権限ある団体である場合には，その名称，代表者の氏名及び主たる事務所の所在地，とされている。

救済命令についても，申立人の請求にかかる救済の全部もしくは一部を認容し，又は申立を棄却する命令を発すると定めて（労組法27条の12）おり，審査は専ら申立内容を対象としている。同時に　申立につき，除斥期間（同法27条2項），処理管轄（労組法施行委規則27条），申立の補正（規則32条4項）等が定められている。

申立人の請求内容が不当労働行為審査の中核となるので，誰が申立人となるか，どのような救済内容かは労働委員会手続における重要な論点となる[10]。

1）申立適格

不当労働行為の申立の仕方として，組合申立，個人申立，連名による申立の3パターンがあり，実際には組合申立が圧倒的に多い。たとえば，平成19年の新規申立件数330件のうち組合申立289件（88％），双方申立25件（7％），個人申立16件（5％）であり，平成15年以降もほぼ同様な傾向である[11]。

組合の申立適格については，労働委員会の資格審査を経た組合だけに認められている（5条1項）。この資格審査制度について，管理職組合[12]），一人組合[13]，混合組合（たとえば，大阪教育合同労組事件・大阪高判平成14・1・22労働判例828号73頁）[14]，について主に争われている。また，個人の申立適格については，7条1号についてのみ認められている（5条1項）。1号以外については申立適格につき明文の規定ないが，4号についても同様に認められている。個人申立がなされるのは特別な場合といえる。組合に資格審査上の疑義がある場合や組合が消滅したケースが典型であり，組合の意向に反す

[10)] アメリカ法上のNLRBは，基本的に職権主義的な手続を採用し，申立適格の問題は生じていない。拙著『不当労働行為救済の法理論』（1988年，有斐閣）参照。

[11)] 中労委事務局編『平成19年労働委員会年報』62集4頁，資料目次4頁。

[12)] 拙著『不当労働行為の行政救済法理』（1998年，信山社）178頁以下参照。

[13)] 拙稿「『一人組合』の申立適格」労働法律旬報1401号（1997年）28頁参照。

[14)] 本件の問題点については本件拙解説・法律時報74巻12号122頁。また，山口浩一郎「混合組合の救済申立人適格」中央労働時報1093号（2008年）12頁も参照。

る事案もある。

　この申立については，労組法7条の各号につき，誰の申立が認められるか（申立適格）が主要争点である[15]。労働委員会実務は，7条1号および4号については，組合申立と個人申立の双方を，2号については組合申立のみを認める傾向にある（個人申立を認めた例として水島プレス工業事件・岡山委昭和47・7・27命令集47集423頁，なお，ティマール建材・エルゴテック事件・東京地判平成13・7・6労働判例814号53頁は組合員が一人もいなくなったことを理由に団交応諾義務の確認請求を棄却している）。3号については，組合申立は当然認められる。個人申立については認めない例（JR西日本事件・京都委平成15・1・17命令集125集786頁）もあるが全体的には認める傾向にある（たとえば，日本クロス工業事件・中労委昭和45・12・16命令集43集73頁，JR西日本事件・中労委平成16・10・27命令集130集932頁，札幌交通事件・中労委平成17・9・7命令集133（Ⅰ）集1352頁等）。

　裁判例も概ね労委実務を追認している。もっとも，3号事件について若干論争的状況にあった。裁判例はあまり意識せず（日本鋼管事件・東京高判平成11・11・16労働判例782号76頁，住友金属工業事件・和歌山地判平成12・3・28労働判例789号30頁）労働委員会の立場を承認していたといえる（明確に認めた例として，山岡内燃機事件・大阪高判昭27・8・22労民集3巻4号304頁がある）。他方，個人申立を認めない見解も有力であり，たとえば，京都市交通局事件・京都地判（平成14・3・22労働判例875号14頁）は，支配介入は組合に対する不当労働行為であるとして，組合が御用化し組合の自主性を回復するために必要な特段の事情がある場合以外には個人申立は認められないと明確に判示していた（大阪高判平成15・1・29労働判例875号12頁も同旨）。

　しかし，その後，最高裁は以下のように説示して個人申立を明確に認め判

---

[15]　申立適格については，森本弥之介「不当労働行為救済手続における『申立人』について」中央労働時報741号（1986年），安枝英訷「不当労働行為の申立人」荒木誠之還暦論文集『現代の生存権』（1986年，法律文化社）等参照。また，労働者概念をめぐる最近の論点については，古川陽二「最近の不当労働行為救済申立をめぐる諸問題（1）（2）」労働判例988号，989号（2009年）。

例法理は確立した（最二小判平成16・7・12労働判例875号5頁，差戻審・大阪高判平成19・1・25労働判例959号149頁）[16]。

「労働委員会による不当労働行為救済制度は，労働者の団結権及び団体行動権の保護を目的とし，これらの権利を侵害する使用者の一定の行為を不当労働行為として禁止した労働組合法7条の規定の実効性を担保するために設けられたものである。この趣旨に照らせば，使用者が同条3号の不当労働行為を行ったことを理由として救済申立てをするについては，当該労働組合のほか，その組合員も申立て適格を有すると解するのが相当である。

前記事実関係によれば，上告人は，本件異動が同条3号の不当労働行為に当たることを理由として救済申立てをする適格を有するものというべきである。」

以上のように組合申立については，各号につき申立適格があることには異論はない。組合申立をめぐる問題は，主に当該組合に対する資格審査のあり方である。同時に，組合申立によって組合員個人の利益をどう擁護しうるかも，主に救済利益と関連付けて議論されており，後述のように判例法理が確立している。

この組合申立と個人申立との関連は，申立段階において組合申立がなされたケースにおいて，その後個人が不当労働行為審査に関与することができるか否か，また，双方の申立がなされた場合に両者の意向が異なった場合にどう調整するか等の問題がある。労働委員会規則等においてその点に関する明示の規定はない。そのような状態も想定されてはいない。

2）申立の取り下げ・承継

申立の取り下げは，命令書の写しが交付されるまではいつ，いかなる理由でも可能である（規則34条）。また，申立が除斥期間を経過してなされた場合等につき却下事由が定められている（規則33条）。さらに，当事者の追加（規則32条の2）や承継（却下との関連について規則33条7項参照）に関する規定も存する。

16） 本判決の問題点については，拙解説・民商法雑誌131巻6号（2005年）930頁参照。

実際には，和解による取り下げの事例が多い。たとえば，平成19年において（労働委員会年報5頁），終結件数461件のうち，命令決定によるのが147件（32%）であるのに対し，取り下げ・和解によるケースが314件（68%）を占める。その意味では，この取り下げ・和解の事例をどう評価するかが労働委員会制度の全体的な制度設計の鍵といえる[17]。

この和解について理論的には，和解内容が不当労働行為を温存している場合のチェックの在り方が問題となる。関与和解の場合は，一定のチェック可能だが，自主和解のケースは取り下げのチェックは困難である。事実上不可能といえる。

和解については，2004年改正法によって以下のような規定が新設された（27条の14）。和解内容が「労働関係の正常な秩序を維持させ，又は確立させるため適当と認めるときは」審査手続きを終了させること（2項），再審査和解の場合に初審命令の効力が消滅すること（3項），和解調書が債務名義になること（4，5項）である。

ところで，問題は組合申立につき，組合員が組合の和解内容に不満の場合の処理である。

たとえば，自主退職をする旨の和解条項である。このような事態を前提にした規定は存せず，個々の組合員は概ね次のような対応が可能である。

申立人は命令書の写しが交付されるまではいつでも取下げができ（規則34条1項），その場合は申立は始めから係属しなかったものとみなされる（同条4項）。そこで，第一に，申立期間内ならば，その後個人申立はできるが，手続は新たに開始されることになる。第二に，組合申立後に，個人申立を追加することもできる（規則32条の2第1項）。追加後，組合申立を取下げても，個人申立が残るので事件は承継され（その他の承継規定として規則33条1項7号がある），その間の調査，審問記録もそのまま利用できる。しかし，実際には，個人申立の追加につき組合が反対する場合が多いと思われるので追加による

---

[17] 和解の実態については，前掲・拙著『不当労働行為法理の基本構造』（2002年，北海道大学図書刊行会）146頁以下。

処理は困難であろう。第三に，個々の組合員は独自に民事訴訟を提起することもできる。労働委員会手続中の除斥期間は直接問題にならない。

理論的には，組合との和解が当該民事訴訟につきどのような法的な効果があるかは必ずしもはっきりしない。なお，労働委員会手続上の和解ではないが，組合による和解の性質が争われた事案として日本鋼管事件がある。横浜地川崎支部判（昭和60・9・26労民集36巻4・5号595頁）は次のように判示している。「労働組合が個々の組合員の使用者に対する地位ないし権利に関する要求についてなす使用者との交渉には，後記のとおり労働組合独自の目的と任務としてなす場合もあれば，組合員の委任を受けた事務としてなす場合もあり得るというべきであつて，原告らの主張のように，このような交渉は，常に，組合独自の目的と任務の下にのみなされるものであつて，組合員の委任を受けてなされるものではないとする理由はない。」このような二重の性質は，労働協約上の人事協議・同意条項に基づく協議のあり方についても当てはまる[18]。

(2) 再審査申立

初審命令に不服な者は中労委に再審査申立（27条の15，規則51条）もしくは地裁に取消訴訟（27条の19）を提起しうる。実際の処理実態は，取消訴訟よりも再審査の例が圧倒的に多い。同時に，職権による再審査も認められている（規則52条）。この再審査については，再審査の範囲等（規則54条）や再審査段階における和解（労組法27条の14第3項）について特別の規定がある。

なお，再審査と取消訴訟との調整については若干の規定（27条の19第2項，3項）があるにすぎない（両者の関係が争われた事案として住友重機械工業事件・東京高判平成19・10・4労働判例949号20頁参照）。もっとも，一部棄却命令につき，使用者と組合がそれぞれ不服の部分につき異なった機関を選択した場合の処理方法については特段の定めはない（全日本建交一般労組事件・東京高

---

18) 拙稿「人事協議・同意条項をめぐる判例法理の展開（二）」労働判例448号（1985年）25頁参照。

判平成15・4・23判例時報1830号108頁参照)。

再審査につき，組合申立との関連では，初審段階で申立人となっていなかった個人が再審査申立ができるか否かが問題となる。労働委員会実務はそれを認める傾向にあり（一畑電鉄事件・中労委昭和27・1・23命令集6集220頁，東京洗染機械製作所事件・中労委昭和44・8・8命令集41集542頁），組合申立事件の再審査係属中の個人の追加も認めている（飯島産業事件・中労委昭和40・7・21命令集32＝33集590頁)。その点では，組合申立と個人申立を明確に区別していない。

II節　取消訴訟

申立人は次の2つの仕方で取消訴訟に関与する。その一は，棄却・却下命令に対する取消訴訟の原告としてである（27条の19)。申立人が，「当該処分又は裁決の取消しを求めるにつき法律上の利益を有する者」（行政事件訴訟法9条）であることには異論がない。その二は，被申立人が提起した取消訴訟における参加人としてである（行政事件訴訟法22条)[19]。

(1) 原告適格

まず，前者の事案において，申立人とならなかった組合員が，独自の立場で取消訴訟を提起しうるかが争われている。芝信用金庫事件・東京地判（平成10・10・7労働判例748号37頁，同控訴審・東京高判平成12・4・19労働判例783号36頁）は，次のように判示して当該組合員は労働委員会命令の取消を求める法律上の利益を有しないと説示している。

労働委員会手続において申立人とならなかった労働者は，不当労働行為の申立が棄却されたなどしても，「これによって労働者個人の救済を受ける権利は侵害されたとはいえない。実際には救済申立期間の経過等による制約を受けることがありうるが，それは別問題である。確かに，右労働者は，所属

---

[19] 取消訴訟に関する判例法理については，拙著『不当労働行為の行政救済法理』(1998年，信山社) 240頁以下。

する労働組合が救済を申し立て，この申立てに基づき救済命令が発せられ，これが履行されれば利益を受けることになるが，それは事実上の利益であるにすぎない。また，右労働者は，労働組合が右棄却命令（中略）に対する取消訴訟を提起した場合において，この訴訟につき言い渡された請求棄却の判決の既判力を受けない。したがって，労働委員会の審査手続において，申立人とならなかった労働者は，労働委員会命令の取消しを求めるについての法律上の利益を有しないと解される」。

(2) 参　加

後者の参加に関しては，行訴法22条によるものと民訴法42（旧64）条に基づく補助参加が考えられていた。実際には，後者によるものが多く，平成8年の最判が出されるまでは22条参加が認められるか否かが論点となっていた。しかし，平成8年に最高裁が22条参加を正面から認める判断を示した（JR西日本事件・最三小決平成8・11・1労働判例721号83頁）ことから，このレベルの論争は終結し，それ以降は22条参加の具体的適用が争われている[20]。

JR西日本事件は，棄却命令に対する組合からの取消訴訟に関し使用者が22条により参加することを，原審許可決定に対する組合からの特別上告を却下することによって認めた事案である。なお,原審たる東京高裁（平成8・3・25判例時報1566号132頁）は，取消判決の拘束力によって救済命令を発せられることがあるのでそれによって抗告人の法律上の利益が害されることがあると判示し，22条参加の許可決定をしていた。本件は，棄却命令のケースを前提にしているが，認容命令の場合も同様に考えられている（たとえば，JMIU千葉地本オリエンタルモーター支部事件・東京地決平成13・7・17労働判例816号9頁，根岸病院事件・東京地決平成18・5・16労働判例920号88頁）。

その後は関連して以下の事項が問題となっている。

その一は，22条参加を認めるという決定につき訴訟当事者は即時抗告をしうるかの論点である。22条3項は，参加を認めない却下決定に対し申立人が

20）詳細は拙著『不当労働行為の行政救済法理』（1998年，信山社）255頁以下。

即時抗告をしうることを明確に認めていたが，参加決定を認める決定に対し当事者が即時抗告をしうるかについての規定はなかった。前掲・JMIU 千葉地本オリエンタルモーター支部事件・最決（最三小決平成14・2・12労働判例821号5頁）は，同法はそのようなことは認めていないとして当事者からの即時抗告を不適法とした（原審・東京高決・平成13・10・10労働判例816号5頁も同旨）。

　その二は，申立の時点において申立人にならなかった組合（個人申立の場合）や組合員個人（組合申立の場合）の参加が許されるかの論点である[21]。JR東日本等事件において申立人とならなかった組合員が上告参加申立をなしうるかが争われ，最一小決（平成14・9・26労働判例836号40頁）は，「労働組合法27条に定める労働委員会の救済命令制度は，不当労働行為につき一定の救済利益を有すると認められる労働組合及び労働者に対し，それぞれ独立の救済申立権を保障するものであるから，労働組合のみが労働委員会に救済を申し立てた場合に，その申立に係る救済命令又は救済申立てを棄却する命令が確定したからとしても，当該労働組合に所属する労働者が自ら救済申立をする権利に何らかの法的影響が及ぶものではない」。「労働組合の救済申立に係る救済命令の内容が労働者個人の雇用関係上の権利にかかわるものである場合には，当該労働者は，使用者が公法上の義務としてこれを履行することにより利益を受けることになり，上記救済命令が判決により取り消されれば，その利益を受けられなくなるのであるが，当該労働者は上記の義務の履行を求める権利を有するものではないし，救済を申し立てなかった当該労働者の救済命令を求める権利が侵害されることもないのであるから，上記利益を受けられなくなることによりその者の法律上の利益が害されたということはできない。以上によれば，上記労働者は行政事件訴訟法22条1項にいう『訴訟の結果により権利を害される第三者』には当たらないというべきである」と判示し申立を却下した[22]。

---

21)　申立人とならなかった上部団体については参加が認められていない（根岸病院事件・東京地決平成18・7・6判例時報1940号162頁）。

この点と関連して，申立適格自体がない者につき22条参加が認められるかという論点も根岸病院事件で争われている。本件は，団交応諾を命じた命令（初審東京労働委員会平成12・2・15労働判例786号90頁，再審中労委平成17・5・11労働判例896号94頁）に対する使用者からの取消訴訟において労働側が22条参加を申し立てた事案である。

　東京地決（平成18・5・16労働判例920号88頁）は，①申立人になっていた組合・上部団体については申立を認容し，②組合員個人について，「労組法はいわゆる団交拒否という不当労働行為からの救済利益の主体として労働組合のみを想定しており，その構成員である組合員に対しても救済の利益を保障していると解するのは困難というべきである。そうだとすると，参加申立人甲野が参加申立人組合の組合員であり，また，本件命令が相手方病院に命じた団交応諾命令が同人の雇用関係上の権利にかかわるものであるとしても，本件命令が取り消されることにより，参加申立人甲野の救済を求める権利が害されるということはできない」として申立を却下した。

　抗告審たる東京高決（平成18・6・28労働判例920号86頁）は，②の部分につき，「使用者と労働者との関係を規制する労働協約の締結権限は労働組合にあるし，団体交渉権限も労働組合の代表者ないし労働組合の委任を受けた者にあるのであって，労働組合の構成員（個人）にはその権限を授権していない。本件において，嘱託再雇用問題特に再雇用基準の提示などによる誠実団体交渉が抗告人にとって密接な利害関係の有するものであることが優にうかがえるけれども，これはあくまでも事実上の利益ないし経済上の利益にすぎず，法的な利益ということができない」として抗告を棄却した。

III節　救済命令・救済利益

(1) 救済命令

　労働委員会の救済命令は，労使関係秩序の回復・確保の観点から事案に応

---

22)　本件については，拙稿「組合申立による個人利益の救済」労働法律旬報1563号（2003年）4頁参照。

じて多様な形でなされる。解雇に対する原状回復的な救済としては，原職復帰とバックペイの支払いが一般的な命令である。これは，組合申立によってなされうることには異論はない。司法救済においては，労働者のみに原告適格があり，賃金額の特定が必要である。それがない点において司法救済とは異なる。このバックペイについては中間収入がある場合にそれを控除すべきかが主に争われた。判例法理は，控除の有無を判断する際に解雇による組合活動への抑制的側面をも考慮すべきであるという興味深い展開を見せている。組合活動上の利益と個々の組合員の経済上の利益との調整・関係が問題となったわけである[23]。

　昭和37年の在日米軍調達部事件・最判（最三小判昭和37・9・18民集16巻9号1985頁）は，控除説を採用していた。その後最高裁は，第二鳩タクシー事件（最大判昭和52・2・23判例時報840号28頁）[24]においてバックペイ救済に関する2面的性質を以下のように説示した。

　「法が正当な組合活動をした故をもつてする解雇を特に不当労働行為として禁止しているのは，右解雇が，一面において，当該労働者個人の雇用関係上の権利ないしは利益を侵害するものであり，他面において，使用者が右の労働者を事業所から排除することにより，労働者らによる組合活動一般を抑圧ないしは制約する故なのであるから，その救済命令の内容は，被解雇者に対する侵害に基づく個人的被害を救済するという観点からだけではなく，あわせて，組合活動一般に対する侵害の面をも考慮し，このような侵害状態を除去，是正して法の所期する正常な集団的労使関係秩序を回復，確保するという観点からも，具体的に，決定されなければならないのである。不当労働行為としての解雇に対する救済命令においては，通例，被解雇者の原職復帰とバックペイが命ぜられるのであるが，このような命令は，上述の観点からする必要な措置として労働委員会が適法に発しうるところといわなければならない。」

23）　詳しくは，拙稿「バック・ペイ法理の再検討」季刊労働法148号（1988年）。
24）　本判決の問題点については拙評釈・判例評論221号（1997年）参照。

中間収入の控除に関しては，①「右解雇によつて被解雇者個人が受ける経済的被害の面をみると，被解雇者は，解雇によつて従前の使用者の下で就労して賃金の支払いを受けるという雇用関係上の利益を喪失する点において個人的な被害を受けるのであるが，他面，右使用者の下における就労から解放され，自己の労働力を自由に利用しうる状況に置かれるわけであるから，他に就職して収入を得た場合には，それが従前の就労からの解放によつて可能となつた労働力の使用の対価であると認められる限り，解雇による経済上の不利益はその限度において償われたものと考えられ，したがつて，バックペイとしてその既に償われた部分までの支払いを命ずることは，個人的な経済的被害の救済の観点からする限りは，実害の回復以上のものを使用者に要求するものとして救済の範囲を逸脱するものと解される。」②「次に，右解雇が当該使用者の事業所における組合活動一般に対して与える侵害の面をみると，前述のように，この侵害は，当該労働者の解雇により，労働者らの組合活動意思が萎縮し，そのため組合活動一般に対して制約的効果が及ぶことにより生ずるものであるから，このような効果を除去するためには，解雇による被解雇者に対する加害が結局において加害としての効果をもちえなかつたとみられるような事実上の結果を形成する必要があるというべきである。中間収入の控除の要否とその金額の決定も，右のような見地においてすべきであるが，組合活動一般に対する制約的効果は，当該労働者が解雇によつて現実に受ける打撃の軽重と密接な関係をもち，再就職の難易，就職先における労務の性質，内容及び賃金額の多少等によつてもおのずから異ならざるをえないものであるから，組合活動一般に対する侵害の除去という観点から中間収入控除の要否及びその金額を決定するにあたつては，これらの諸点を勘案し，組合活動一般について生じた侵害の程度に応じ合理的に必要かつ適切と認められる救済措置を定めなければならないのである。」以上のフレームにより本件不控除措置を違法とした。

その後，組合活動に対するインパクトから不控除措置を適法とみなす裁判例（あけぼのタクシー事件・福岡高判昭和59・3・8労民集35巻2号79頁）もあったが，あけぼのタクシー事件最判（最一小判昭和62・4・2判例時報1243号126

頁)[25]は，そのような見解を以下のように判示して明確に否定した。

「本件解雇による被解雇者の打撃は比較的軽少であるというべく，したがってまた，本件解雇がもたらす上告人会社における労働者らの組合活動意思に対する制約的効果にも通常の場合とはかなり異なるものがあるとみるのが当然であるから，他に特段の理由のない限り，本件において全額のバックペイを命ずることは合理性を欠くものといわなければならない。原判決は，本件解雇が他の組合役員に対する出勤停止の懲戒処分と共に参加人組合に対し打撃を加える目的の下にされたものであるとの事情をもって参加人組合員の組合活動意思に対する制約的効果が軽少であったとはいい難い場合である旨判示するが，バックペイ命令における中間収入控除の要否及びその金額を決定するに当たり，当該解雇の組合活動一般に対して与える侵害の面として右のような解雇の事情を考慮に入れることは，前示の観点からみて妥当を欠くものといわざるを得ない。」

ここに，もっぱら被解雇者の経済的被害の除去の観点からその額を決定する現行バックペイ法理が確立した[26]。組合申立法理との関連で確認すべき事は次の3点である。

第一は，組合申立によって組合員個人の原職復帰や同人へのバックペイの支払いの救済命令を出しうることである。必ずしも個人申立や個人の意向の確認は必要とされていない。この点は司法救済と大きく異なるが，ほとんど問題として意識されることはなかった。

第二は，中間収入の控除の要否につき組合活動へのインパクトをも考慮すべきという判断が第二鳩タクシー事件最判によって示された。しかし，実際の適用において被解雇者個人へのインパクトが重視されたので，組合活動への制約的効果は独自の基準としては機能しえなかった。組合活動上の利益を直接擁護することにはならなかったわけである。

第三に，組合に対する経済的損害については，独自の損害賠償的救済の可

---

25) 本判決の問題点については拙評釈・判例評論348号（1988年）参照。
26) もっとも，本人の非違行為等を理由とする減額バックペイ問題はある。詳しくは拙著『不当労働行為法理の基本構造』（2002年，北大図書刊行会）53頁参照。

否として問題となった。しかし，それを正面からから認めていない。むしろ，この点は司法救済の問題とされ多くの裁判例が出されたが，明確な法理は形成されていない。

(2) 救済利益

　不当労働行為がなされても救済命令が発せられるまでに不当労働行為の解消措置等が為されると特定の救済命令を発する救済利益が消滅することがある。通常は，不当労働行為の解消措置，申立組合の消滅，組合員資格の喪失等が問題となる[27]。また，救済命令後の事情変更，たとえば組合員がいなくなったことは命令を取消す必要性の消滅とみなされ請求自体が却下されるか否かが争われている（たとえば，ネスレ日本島田工場事件・東京高判平成20・11・12労働判例971号15頁，ネスレ日本霞ヶ浦工場事件・東京高判平成21・5・21労働判例988号46頁，熊谷海事工業事件・広島高判平成21・9・29別冊中央労働時報1389号32頁）。

　旭ダイヤモンド工業事件（最三小判昭和61・6・10労働判例476号6頁）において，賃金カットが不当労働行為として組合申立がなされ，その後組合員が組合員資格を喪失したケースで，特定の救済を命じる利益があるかが争われた。最判は，以下のように組合と組合員の利益調整につき説示した[28]。

　「労働組合法27条に定める労働委員会の救済命令制度は，労働者の団結権及び団体行動権の保護を目的とし，これらの権利を侵害する使用者の一定の行為を不当労働行為として禁止した同法7条の規定の実効性を担保するために設けられたものである。本件賃金カットは，参加人支部のストライキに対する報復としてなされたものであつて，前記25名の個人的な雇用関係上の権利利益を侵害するにとどまらず，右25名に生ずる被害を通じ，参加人支部の組合員の組合活動意思を萎縮させその組合活動一般を抑圧ないし制約し，か

---

27)　救済利益一般については，拙著『労使関係のルール』（1995年，旬報社）49頁以下参照。また，救済利益の概念については，山川隆一『不当労働行為訴訟法の研究』（1990年，信山社）65頁以下参照。

28)　本判決の問題点については，拙解説・労働法律旬報1151号（1986年）。

つ，参加人支部の運営について支配介入するという効果を必然的に伴うものであり，労働組合法7条1号及び3号の不当労働行為に当たるとされる所以である。」

「本件救済命令の主文第1項及び第4項は前記25名に対する本件賃金カットに係る賃金の支払を命じているが，これも，本件賃金カットの組合活動一般に対する侵害的効果を除去するため，本件賃金カットがなかつたと同じ事実上の状態を回復させるという趣旨を有しており，参加人らは，右の救済を受けることにつき，右組合員の個人的利益を離れた固有の利益を有しているのである。そして，参加人らが右の救済を受ける利益は，本件賃金カットがなかつたと同じ事実上の状態が回復されるまで存続するのであり，右組合員が本件賃金カットの後に参加人支部の組合員資格を喪失したとしても，参加人らの固有の救済利益に消長を来たすものではない。右組合員が組合員資格を喪失したからといつて，右に述べた組合活動一般に対する侵害的効果が消失するものではないからである。

もつとも，本件のように，労働組合の求める救済内容が組合員個人の雇用関係上の権利利益の回復という形をとつている場合には，たとえば労働組合が固有の救済利益を有するとしても，当該組合員の意思を無視して実現させることはできないと解するのが相当である。したがつて，当該組合員が，積極的に，右の権利利益を放棄する旨の意思表示をなし，又は労働組合の救済命令申立てを通じて右の権利利益の回復を図る意思のないことを表明したときは，労働組合は右のような内容の救済を求めることはできないが，かかる積極的な意思表示のない限りは，労働組合は当該組合員が組合員資格を喪失したかどうかにかかわらず救済を求めることができるものというべきである。」

「次に，本件救済命令の主文第5項は誓約書の交付・掲示を命じているが，これは，前記25名の個人的な雇用関係上の権利利益の回復を図るものではなく，専ら組合活動一般に対する侵害の除去ないし予防を目的とするものであるから，参加人らは，前記11名に係る本件賃金カットに関しても，その組合員資格の喪失や個人的意思のいかんにかかわらず，誓約書の交付・掲示を求

めることができるものというべきである。」

　基本的な判示内容は，以下の通りであり，ここに組合独自の救済利益と共に組合員の利益との調整の視点が明らかにされた。

　第一に，原則的立場として，不当な賃金カットは組合員の雇用関係上の利益を侵害するばかりでなく，組合活動一般も抑制するので，組合は救済を求める利益があり，これは不利益を受けた組合員の資格喪失により消滅しない（亮正会高津中央病院事件・最三小判平成2・3・6労働判例584号38頁も参照）。

　第二に，組合員個人の意向との調節につき，①雇用関係上の利益救済という救済の側面については当該個人の意向が一定程度重視され，利益放棄の意思が明確な場合は組合の救済利益は失われるが，それ以外の場合は救済利益は存続する。②誓約書の交付・掲示という救済については組合独自の救済利益がある（小南記念病院事件・大阪高判平成8・7・30労働判例722号31頁，同上告審・最一小判平成9・3・13労働判例722号30頁も参照）。

Ⅳ節　組合申立の法理

(1) 判例法理の検討

　申立の仕方として組合申立が圧倒的に多い。「組合申立」を通じて組合独自の利益とともに個々の組合員の利益をも擁護しているわけである。では，組合と組合員の利益はどう関連しているのか。この点に関する最高裁の判例は次のように展開している。まず，組合申立によって個別組合員の経済的利益（たとえば，バックペイ）を図ることには異論はない。

　第一ラウンドは，その側面ではなく，逆に個人救済のレベルにおいて組合活動を擁護することができるかに関するものであった。しかし，バックペイにおける「中間収入の控除の要否」と関連づけられたために論点がずれた形で論議された。理論的にも一貫性のないものとなった。

　第二鳩タクシー事件において，最判は個人的救済という側面だけではなく，あわせて，組合活動一般に対する侵害の面をも考慮すべきとして以下のように判示している。不当労働行為たる解雇は，「一面において，当該労働者個人の雇用関係上の権利ないし利益を侵害するものであり，他面において，使

用者が右の労働者を事業所から排除することにより、労働者らによる組合活動一般を抑圧ないしは制約する故なのであるから、その救済命令の内容は、被解雇者に対する侵害に基づく個人的被害を救済するという観点からだけではなく、あわせて、組合活動一般に対する侵害の面をも考慮し、このような侵害状態を除去、是正して法の所期する正常な集団的労使関係秩序を回復、確保するという観点からも、具体的に、決定されなければならない」。同時に、組合活動に対する侵害は当該解雇により労働者らの組合活動意思が萎縮し、それに対する制約的効果が及ぶことによると説示した。しかし、実際の基準としては「当該労働者が解雇によって現実に受ける打撃の軽重と密接な関係」があるとされた。

第二鳩タクシー事件最判は、不当解雇についての救済命令の内容決定につき、個人の雇用関係上の利益と組合活動への侵害への除去という2つの観点を打ち出した。

しかし、次の点において基本的問題があったと思われる。その一は、中間収入の控除の許否を組合活動への抑制的効果と「無理に」結びつけたために両者の関連性を論理的に判断する基準が不明確になった。その二は、組合活動への抑制的効果についての具体的判断においてももっぱら個人的被害の側面を重視し中間収入の不控除措置を違法と判断している。その典型があけぼのタクシー事件最判である。

以上のような問題点はあるものの、個人救済を命じる場合にも組合活動への抑制的効果の除去をも考慮すべきという集団法的視点を打ち出したこと自体は評価される。もっとも、組合申立法理としての先例性に欠けると思われる。

第二ラウンドで現行の組合申立をめぐる判例法理が確立する。不当な賃金カット事件において、組合申立がなされた際の救済利益のあり方が争点となった旭ダイヤモンド工業事件最判は概ね次のような判断を示した。

原則的立場として、不当な賃金カットは組合員の雇用関係上の利益を侵害するばかりではなく、組合活動一般をも抑制する。したがって、組合はその救済を求める固有の利益があり、これは不利益を受けた組合員の組合員資格の喪失により消滅しない。組合員個人の意向との調整として、①雇用関係

上の利益回復という救済の側面においては当該組合員個人の意向が重視される。つまり、個人の利益放棄の意思が明確な場合には組合の救済利益も失われるが、それ以外の場合には救済利益は存続する。②誓約書の交付、掲示という救済の側面については、個人の意向にかかわらず組合独自の救済利益が認められる。

　ここに、賃金カットに係る賃金の支払い命令は、「賃金カットの組合活動一般に対する侵害的効果を除去するため、本件賃金カットがなかったと同じ事実上の状態を回復させるという趣旨を有しており、参加人らは、右の救済を受けることにつき、右組合員の個人的利益を離れた固有の利益を有している」として、組合申立によって組合員個人の救済を求め得ることが明らかにされた。同時に、特定の救済内容については個人の意向が重視されることも確認された。労働委員会実務をほぼ追認した内容であったといえる。もっとも、組合員個人の意思をどう確認し、認定するか、また、資格喪失事由の多様性によるより柔軟な処理は許されないかの問題は残された。

　第三ラウンドは、JR東日本最決である。行訴法22条参加というやや地味な論点に関するものであるが、組合申立と個人申立の截然たる区別を重視する以下の判示は、確立しつつあった組合申立法理を大きく修正するものと言える[29]。なお、個人申立の重視は、3号違反につき個人申立を認める京都市交通局事件最判（最二小判平成16・7・12労働判例875号5頁）でも示されている。

　「労働組合法27条に定める労働委員会の救済命令制度は、不当労働行為につき一定の救済利益を有すると認められる労働組合及び労働者に対し、それぞれ独立の救済申立権を保障するものであるから、労働組合のみが労働委員会に救済を申し立てた場合に、その申立に係る救済命令又は救済申立てを棄却する命令が確定したからとしても、当該労働組合に所属する労働者が自ら救済申立をする権利に何らかの法的影響が及ぶものではない」。「労働組合の

---

[29]　峻別する見解として、司法研修所編『救済命令等の取消訴訟の処理に関する研究』（1987年、法曹会）38頁。改訂版42頁

救済申立に係る救済命令の内容が労働者個人の雇用関係上の権利にかかわるものである場合には，当該労働者は，使用者が公法上の義務としてこれを履行することにより利益を受けることになり，上記救済命令が判決により取り消されれば，その利益を受けられなくなるのであるが，当該労働者は上記の義務の履行を求める権利を有するものではないし，救済を申し立てなかった当該労働者の救済命令を求める権利が侵害されることもないのであるから，上記利益を受けられなくなることによりその者の法律上の利益が害されたということはできない。」

　本決定は，独立の救済申立権という発想から不当労働行為制度によって保護される利益・権利内容につき組合申立と個人申立の重複性を認めないという判断を示した。本決定において争われているのは，取消訴訟における参加という手続的権利にすぎない。また，本決定も指摘しているようにあらかじめ個人申立をしておけば，使用者側の提起する取消訴訟において参加することが認められるので，実際の不利益性も少ないといえる。しかし，本決定において展開されている「論理」は，労働委員会実務や不当労働行為法理上看過できない以下のような決定的な問題がある。

　第一に，本決定の基本的論理は，労働委員会の救済命令制度は不当労働行為につき一定の救済利益を有する労働組合及び労働者に対し，「それぞれ独立の救済申立権を保障する」ものであるから組合申立に基づく命令が確定したとしても，「当該労働組合に所属する労働者が自ら救済申立をする権利に何らかの法的影響」は及ばないというものである。何らかの法的影響が及ばないという意味は，判決の既判力が及ばないという趣旨と思われる。組合申立と個人申立を明確に区別するこの立場は，組合申立によって組合員個人の救済を認めている労働委員会実務の立場及び旭ダイヤモンド工業事件最判の見解と明確に異なるものである。

　そこで疑問点の一は，「組合申立」による事件処理は，多くの場合個々の組合員に対する不利益取扱いをも含めた集団的な事件処理をめざしていることとの関連である。つまり，不当労働行為の成否については，個人に係る部分をことさら区別せず一体として判断しており，組合申立の場合と個人申立

の場合とで，不当労働行為の成否につき異なった判断がなされることはない。また，救済命令についても，組合申立に基づいて個人についての原職復帰・バックペイ命令を命じうることは当然視されている。特定の救済利益のレベルにおいて，個々の組合員の意向を重視すべきことがあるにすぎない（本人が復職に反対した場合等）。このように定着した組合申立中心の労働委員会実務を正面から否認するためには，労働委員会制度や救済命令のあり方についてのより本格的な議論が必要とされよう。

　その二として，別個独立した救済申立権ということになると以下の難問に直面する。①組合申立事件についての判断が個人申立事件についてまったく法的影響がないとすると，その後個人申立がなされた場合に不当労働行為の成否等について新規に判断し直すことにならざるをえない（除斥期間内であることが前提）。しかし，対象となる事実関係・紛争は同一であり，新規に判断するには適さないと思われる。行政事件訴訟法32条（取消判決等の効力）との関連においても問題が生じる。もっとも，救済命令のあり方については独自の判断をなしうる場合は想定しうる。②組合申立によって個人の救済をも求めるケースと組合申立と個人申立が連名でなされたケースについて，異なった事件処理をすべきことになる。しかし，不当労働行為の成否の判断等について実際どのように区別すべきか，区別すべきメリットはあるかは疑問である。

　第二に，本決定で説示されている次のような立論についても疑問が多い。「労働組合の救済申立に係る救済命令の内容が労働者個人の雇用関係上の権利にかかわるものである場合には，当該労働者は，使用者が公法上の義務としてこれを履行することにより利益を受けることになり，上記救済命令が判決により取り消されれば，その利益を受けられなくなるのであるが，当該労働者は上記の義務の履行を求める権利を有するものではないし，救済を申し立てなかった当該労働者の救済命令を求める権利が侵害されることもないのであるから，上記利益を受けられなくなることによりその者の法律上の利益が害されたということはできない」。

　疑問の一は，立論の前提自体に関するものである。つまり，「労働組合の

救済申立に係る救済命令の内容が労働者個人の雇用関係上の権利にかかわるものである場合」という前提は，組合・個人がそれぞれ独自の救済申立権を有するという前述の発想とはっきりと矛盾するからである。

　疑問の二は，利益と権利との関係である。つまり，「当該労働者は，使用者が公法上の義務としてこれを履行することにより利益を受けることになり，上記救済命令が判決により取り消されれば，その利益を受けられなくなるのである」という立論と，「上記利益を受けられなくなることによりその者の法律上の利益が害されたということはできない」という判断との齟齬である。救済命令が取消されると公法上の義務履行による利益を受けられなくなるのは，個人が申立人になっているか否かの問題ではない。命令自体が当該組合員につき特定の救済措置をなすことを使用者に命じているか否かによる。そう考えていけば，個人が申立人になっていなくとも，命令内容が個人につき特定の救済措置をなすことを命じている限り，当該個人を行訴法22条にいう「訴訟の結果により権利を害される第三者」とみなすことはできる。また，その後に説示されている「当該労働者は上記の義務の履行を求める権利を有するものではないし，救済を申し立てなかった当該労働者の救済命令を求める権利が侵害されることもないのである」という部分についても同様な批判があてはまる。

(2) 組合申立の法理

　以上論じたように，最判は第二鳩タクシー事件，旭ダイヤモンド工業事件，JR東日本事件において組合と組合員との利害の調整につき一定の判断を示している。とはいえ，第二鳩タクシー事件及びあけぼのタクシー事件の最判は，実質的に見てバックペイ命令につき組合活動を保護する側面があるという抽象的指摘をした点は評価できるが，控除の許否と連動させる法理的な説得性に欠ける。組合と組合員との意向・利益の調整法理としての先例性は疑問である。

　次に，旭ダイヤモンド工業事件最判とJR東日本事件最判との関連が問題になる。組合申立につき明確に異なった判断を示しているからである。前者

は，組合申立によって組合員個人の利益をも擁護しうることを前提に，特定の救済方法につき個人の意向に留意すべき側面があるとした。組合員利益の擁護をも包含した組合申立法理といえよう。

後者は，組合申立が個々の組合員の利益を擁護する側面よりは個人申立との峻別を強調している。もっぱら組合独自の利益からなる組合申立法理のとらえ方といえる。残念なことに学界では，異なった判断が示されているにもかかわらずこの両者の立場をどう考えるかについてほとんど議論がなされていない。というより最判が異なった判断を示しているという問題認識さえない。

では，どう考えるか。不当労働行為制度は，組合員たることや組合活動の自由を擁護する目的を持つ。その点では，まさに組合の利益が重視されるべきである[30]。同時に，組合活動は個々の組合員の行動によって支えられるので組合員個人も守る必要がある。実際の申立の仕方は，組合申立が圧倒的に多く，それによって個々の組合員の利益をも守る構造になっている。旭ダイヤモンド工業事件最判の世界である。以下ではこの組合申立を支える法理について検討していきたい。

まず，あらかじめ確認しておくべき事項がある。

第一は，不当労働行為事件の審査は，申立に始まり審査対象，救済内容等は原則として申立人の意向に従うことである。その点では，だれがどのような申立をするかは決定的である。

とはいえ第二に，申立のパターンに応じて救済の型が自動的に決まっているわけでもない。まず，特定の不当労働行為が何号に該当するかは概ね決まっているが申立人の意向による側面もある。組合役員の解雇は，1号違反，3号違反，1・3号違反の3パターンがある。また，何号該当と救済の型は必ずしも連動しない。3号違反として原職復帰，バックペイの支払いを命じる事もある。さらに，同じ1号違反でも，個別の不当労働行為類型によって多

---

[30] 私は，集団的労使関係ルールの確立を目的としていると考えている。『不当労働行為の行政救済法理』（1998年，信山社）136頁，『不当労働行為法理の基本構造』（2002年，北大図書刊行会）231頁。

様な救済が命じられる。たとえば1号違反の査定差別に対し，具体的な差額賃金の支払い，抽象的な差別解消措置，今後差別をしないという不作為命令等である。その意味では，申立段階において詰めた議論をしなくとも，具体的な救済命令レベルで適切な対応をする余地が残されている。

第三に，申立の対象となる不当労働行為は，必ずしも単一のものとは限らず一つの「事件」において通常は多くの行為が含まれる。したがって，各不当労働行為類型毎に申立適格を個別に判断することはほとんどなく，その点からも詰めた議論は困難となっている。

1）行政救済の特質

組合申立の構造を明らかにするために，司法救済法理との比較の観点から行政救済の以下のような特質に注目すべきである[31]。司法救済的発想が行政救済法理にも決定的な影響を与えているからである。

第一は，「権利」主体に関する。行政救済においては，申立適格の問題であり，実際には，組合申立が圧倒的に多く，基本的に組合自身の利益を守るという構造になっている。この点の解明こそが本稿の課題である。

他方，司法救済については，違法構成の場合は，違法類型に応じて組合及び組合員が原告になり，それぞれ自分に対する加害行為につき賠償の請求をする。無効構成では，契約上の権利の有無が直接争われるので，原告となるのは契約の締結主体である労働者本人だけであり，主体の面からいえば，組合の利益を守るという構造にはなっていない。いずれにせよ組合と組合員の権利は独自のものとして明確に峻別されている。

第二は，審査の仕方や手続に関する。行政救済においては，審査手続は，労組法や労働委員会規則に定められた労働委員会手続による。規則においても実際上も，不当労働行為の「立証」や請求する救済内容につき基本的に当事者主義的手続が採用されている。もっとも，組合と組合員との利害調整等は想定されていない。若干職権主義的側面もある（労組法27条の7）。

他方，司法救済においては，無効構成にせよ，違法構成にせよいずれも民

---

31) より詳しくは，拙著『不当労働行為の行政救済法理』（1998年，信山社）90頁以下。

訴手続が採用されるので，弁論主義により，原告たる組合もしくは組合員がそれぞれ立証する。したがって，反組合的行為の立証責任はもっぱら原告たる，組合もしくは組合員にあり，審査対象，「救済」内容ももっぱら個々の原告の意向にしたがう。組合の意向を重視するという構造にはなっていない。

第三は，紛争処理基準に関する。行政救済については，不当労働行為の成否（7条該当性）だけが問題になる。就業規則違反の有無や権利濫用的側面は，もっぱら不当労働行為の成否との関連で考慮されるにすぎない。

他方，司法救済については，不当労働行為以外の他の法理も当然に考慮される。例えば，無効構成については，就業規則違反や権利濫用の有無等も問題になる。結局，契約上の地位（従業員たる地位や賃金支払を受ける地位）自体が保護法益とみなされる。違法構成についても，まず，従業員たる利益や適切な仕事をすること自体（人格権）も保護法益になり，不当労働行為の成否は，主に違法性の有無との関連で問題となる。同時に，団結権自体も独自の保護法益となるが，全体の構造は必ずしも明らかではない。

第四は，救済の仕方に関する。行政救済は，裁判所ではなしえない個別事案に応じた柔軟な救済をなすことが期待されている。実際にも，原職復帰やバック・ペイ等の原状回復的命令，団交応諾や差別の是正等の労使関係秩序の確保命令，ポスト・ノーティス命令等の再発防止的措置が命じられている。たとえば，組合事務所の貸与差別に対する協議を経たうえでの貸与命令（日本郵政公社小石川郵便局等事件・東京高判平成19・9・26労働判例946号39頁）等は行政救済以外には考えられない。救済内容（救済利益の有無を含む）を決定する際に，過去になされた行為とともに，当該労使関係の将来の在り方も考慮している点は，行政救済の顕著な特徴である。また，救済は集団的労使関係ルールの確保を目的とするので，救済内容はある程度包括的なものでもかまわない（例えば，バックペイ命令において，額を特定することなく「賃金相当額」の支払いを命ずる）。さらに，これらの命令の強制は，違反に対し過料に処すことにより確保される。

一方，司法救済においては，過去になされた反組合的行為の有無が問題になり，判決内容も民訴法上の制約を受け一定のパターンが決まっている。無

効構成の場合は，従業員たる地位の確認や未払い賃金の請求が認められる。違法構成の場合は，損害金の支払いが命じられる。地位確認については，任意の履行が期待されるにすぎないが，金銭債権については，強制執行手続が規定されている。

本稿の問題関心から全体として次の２点を確認しておきたい。その一は，労働委員会は専ら不当労働行為の成否のみを判断することである。個別労働者の契約上の権利や人格権ではない。その二は，組合と組合員の利益・権利を峻別していない。むしろ重複・複合した構造と捉えている。

2）救済の視点

以上の観点から不当労働行為制度の保護利益を検討すると，基本的には次の３点から考えることができる。

第一は，組合員個人の利益の擁護である。同人に対する不利益取扱いや脱退工作に対する救済がなされる。ここでは，組合員であることと個々の組合員の組合活動の自由が保護される。それを通じて，間接的に組合自体の利益も守られる。

第二は，組合自体の利益の擁護である。組合活動を抑制する行為や団交拒否に対する救済がなされる。

第三は，職場における集団的労使関係ルールの確立である。不当労働行為制度は，申立人だけではなく，非組合員や別組合をも含んだ職場において，組合結成・活動の自由をも保護すると考える[32]。まさに，「行政」救済の特質である。

以上の観点から具体的な救済命令を類型化して考えると，以下のような目的・機能を想定しうる。

① 原職復帰・バックペイ・差額賃金の支払い等

（イ） 個々の組合員の雇用上・経済的被害の回復を目的とし，その点では司法救済に類似している。

---

[32] 詳しくは，拙著『不当労働行為の行政救済法理』(1998年，信山社) 141頁以下参照。この延長では職場における権利教育も重要である（拙稿「労働法教育の課題」日本労働法学会誌107号（2006年）153頁）。

(ロ)　同時に組合員たることの保護を媒介にして組合自体の保護も図られる。
② 個々人に対する脱退工作に対する禁止等
(ハ)　組合員たること・個人の組合活動の直接的保護を目的としている。
(ニ)　同時に組合の存立・活動自体の保護も図られる。
③ 組合が主体となる活動（組合集会等）に対する抑制行為の禁止
④ 団交応諾等労使間ルールの実現
⑤ ポスト・ノーティス等による教育的措置
(ホ)　③④⑤はいずれも組合の存続・活動自体の直接的保護を目的としている。⑤はその文言によっては個々の組合員の利益も擁護している側面がある。
(ヘ)　職場ルールの実現に着目すると①から⑤までの一連の救済措置は職場全体に対する教育的効果がある。特に⑤のポスト・ノーティス命令の掲示についてそういえる。

　本稿の問題関心は，組合と組合員との関係なので，(ヘ)の側面は一応対象にならない。
　まず，③から⑤につき組合だけが直接的利益を持つ(ホ)。同時に②についても，個々の組合員の活動がその基盤なので個々の組合員と共に組合も直接的利益を持つ(ニ)。①については間接的な利益を持つ(ロ)。
　他方，組合員個人に着目すると①②については個人の意向が一定程度重視される。とくに，①については個人の経済的利益擁護の側面が濃厚なので個人の意向との一定の調整は不可欠であり，個人の意向がより重視される(イ)。他方，②については，個々の組合員も独自の利益を有するが(ハ)，あくまで組合活動の一環として評価できるので組合の意向がより重視されよう。
　ところで，組合と組合員の意向の調整は基本的に２つのパターンをとる。その一は，組合が特定の救済を求めるのに対し，組合員がそれを求めない型である。旭ダイヤモンド工業事件のパターンである。その二は，組合員が特定の救済を求めるのに対し，組合がそれを求めないパターンである。それを

前提に組合申立の法理を労働委員会手続の各場面に応じて考えていきたい。

3）労働委員会手続

不当労働行為類型に応じた申立適格が主要論点となる。

まず，組合は各不当労働行為につき救済を求める利益があるので，7条の1号から4号につき申立適格は認められる。③④⑤については組合だけが，独自の利益を有し申立適格を有する(ホ)。①②についても申立適格があるが(ロ)(ニ)33)，個々の組合員の利益も問題となるので，個々の組合員の利益・意向を適正に擁護する義務がある。労働委員会手続における組合員利益の適正擁護・代表義務については，何らかのルール化が必要と思われる。公正代表義務の労働委員会手続版といえようか。

次に，個人申立については，1，4号については独自の経済的・雇用上の利益が侵害されているので適格が認められる(イ)。また，1号，3号については個人の組合活動上の利益が害されたケースについては申立適格は認められる(ハ)。組合総体の意向が重視される事項（たとえば，組合事務所の貸与問題）については認められない。他方，2号については専ら組合の利益・意向が重視されるので申立適格は認められない(ホ)。

以上は申立につき組合と組合員との間で対立のないケースを想定している。では，対立があった，もしくはそこまでいかなくとも異なった意向があったケースをどう処理すべきか。実際にはこのようなケースは少なくないと思われるが，正面から論じられることは少なく，超難問といえる。また，労使自治を支えるという不当労働行為制度の趣旨からいえば，このレベルの問題につき詳細な解釈論をする必要がどの程度あるかという問題もある。そこで，以下では組合申立法理につき基本的な視点だけを指摘しておきたい。

まず申立段階において，①から⑤について組合に申立適格があることは当然である。ただ①については個別組合員の意向が重視される。同人がはっきりと当該救済を拒否する意思を明らかにした場合は当該部分につき救済利益は認められない。旭ダイヤモンド工業事件最判の見解が妥当と思われる。②

---

33) 塚本重頼『不当労働行為の認定基準』(1989年，総合労働研究所) 387頁。

については組合独自の利益も重複的に認められるので，たとえ個人がこの点につき救済を求めない意思を明らかにしたとしても組合独自に救済を求めることができる。

他方，①について，組合が同人の意向に反して特定の救済を求めなかった場合には，個別組合員は組合内部においてそのような救済を求めるよう要求し，それが不調に終わったならば独自に個人申立をせざるをえない。組合が反対したとしても，当該救済につき申立適格は認められよう。この場合，両申立につき同一事案として処理するか，別件として処理するかはきわめてデリケートである。また，いずれのケースでも適切な審査指揮・事案処理，とりわけ和解は困難となる。こうなると司法救済にはかなわない。

調査・審問段階においても同様な問題が発生する。組合申立において組合が①のレベルの問題につき適切な立証活動を行わなかったり，また本人の意思に反する和解をなした場合には，どうなるか。除斥期間内であったら新規に独自に個人申立をすることが考えられる。申立人の追加の可能性もあるが，効果的な立証活動は実際に困難と思われる。いったん追加申立を認めた後に，組合申立部分を取り下げることも可能である。こうなるとそれまでに提出した立証資料等を利用することができる。

次に，再審査申立に関しては，申立人は当然初審命令の不服部分につき再審査申立ができる。個人申立をしていなくとも，個々の組合員が初審命令に不服の場合は，①②の部分に限り再審査申立ができる。組合と重複して個々の組合員の利益も問題となっているからである[34]。

個人申立だけがなされた場合には，①について本人が再審査申立をしなければ同人の意向にしたがって組合も再審査申立はできない。しかし，②については独自の利益をもつので再審査申立をなしうる。

中労委命令に対する取消訴訟を含めて取消訴訟一般についても同様に考えることができる。

4）救済命令・救済利益

---

34) 東京大学労働法研究会編『注釈労働組合法　下巻』（1982年，有斐閣）1028頁。

第２章　組合申立の法理——労働委員会手続における組合員と組合

　組合が，組合申立を通じて組合員への救済措置を含め請求しうることは問題はない。③④⑤については独自の救済利益があり，②については，組合員と組合が重複して独自の救済利益を有する。個別組合員の意向がどうであれ組合は独自に救済を求めることができる。

　この点は，救済命令後の事情変更，たとえば組合員がいなくなったことは命令を取消す必要性の消滅とみなされ請求自体が却下されるか否か，との関連においても争われている（たとえば，ネスレ日本島田工場事件・東京高判平成20・11・12労働判例971号15頁，ネスレ日本霞ヶ浦工場事件・東京高判平成21・5・21労働判例988号46頁，熊谷海事工業事件・広島高判平成21・9・29別冊中央労働時報1389号32頁）。

　①については個々の組合員の意向を潜在的に代理して救済利益を有する。もっとも，個別組合員が明示に排除したならば，組合申立による救済利益は認められない。なお，たとえ明示に排除した場合であっても，ごく例外的に組合に救済利益が認められる場合は想定しうる。組合脱退が不当労働行為に基づくケース等である。（JR東日本事件最判の問題点については前述）

　この点からバックペイ命令を考えると，バックペイ「額」は基本的に賃金相当額に他ならないので，この額の決定につき組合独自の利益を考慮することは適切ではない。いわゆる中間収入の控除の許否につき展開された一連の最高裁の判例法理は，その点からは疑問である。理論的には，中間収入の控除の必要性と組合活動への抑制的効果と関連づけることは不可能である。むしろそれは組合に対する損害賠償的命令の可否や額の問題に他ならない。

◆第 3 章
団結権侵害を理由とする損害賠償法理

問題提起
Ⅰ節　行政救済と司法救済
Ⅱ節　裁判例の全体的傾向
Ⅲ節　団結権侵害を理由とする損害賠償法理

問題提起

　労組法 7 条に違反する「不当労働行為」がなされた場合に労働委員会による行政救済と裁判所による司法救済という 2 つの救済方法があるとされる。権利主体や具体的サンクションが大きく異なるにもかかわらず，学説，判例ともに両救済を支える法理を明確に区別するという問題関心は希薄である。そのために，行政救済法理の独自性が適切に解明されず[1]，さらに不当労働行為につき要件裁量を認めないという判例法理（寿建築研究所事件・最二小判昭和53・11・24判時911号160頁）の影響もあって労働委員会命令が取消訴訟で取り消されるケースが多い。その対策として不当労働行為審査の適正化を目的として2004年法改正がなされたことは周知の通りである[2]。
　一方，最近，司法救済事案の増加にともない同法理についても注目すべき多彩な裁判例が出されており，理論的に多くの難問が提起されている。とりわけ，損害賠償法理についてそういえる。この司法救済法理については若干の研究はある[3]が，最近の裁判例を踏まえたものは皆無といえる。
　司法救済法理の構築は，まさに団結権の構造の解明のために不可欠な予備作業と評価しうる。特に憲法28条論が十分に解明・構築されていないので

1）　拙著『不当労働行為法理の基本構造』（2002年，北海道大学図書刊行会）70頁。
2）　拙稿「労組法改正と労働委員会システムの見直し」日本労働法学会誌104号（2004年）102頁。

緊急の課題である[4]。これは，行政救済法理の独自性の解明のためにも必要な作業である。行政救済法理の独自性という問題関心の欠如故に司法救済法理の解明がなされていないともいえる。

なお，行政救済レベルにおける実効性のある救済命令，とりわけ「損害賠償的」命令の適否との関連においても検討すべき課題と思われる。実務的には，和解時の「解決金」として処理されることの多い問題であるが，ほとんど理論的には詰められていない。司法救済法理の検討は，今後この問題を本格的に考察するためにも不可欠な作業である。

そこで，Ⅰ節では，予備的な作業として行政救済と司法救済との相違点を指摘する。Ⅱ節では，近時の裁判例の全体的傾向を確認し，特に注目すべき事案をやや詳しく紹介する。それをふまえてⅢでは 基本的な問題点の析出と若干の私見を述べる。その点では，本稿は基本的に問題提起的な意味を有している。より本格的な検討は今後の課題としたい。

Ⅰ節　行政救済と司法救済

(1) 判例法理の全体像

労組法7条が行政救済の基準であることは規定上（27条）も明らかである。ただ，行政救済とはなにかについては，判例上必ずしも明確な定義はなされていない。司法救済との異同を強調する裁判例（例えば，JR東日本（民事）事件・仙台高秋田支判平成9・7・30労判723号48頁）もあるが，最高裁は，基本的に救済命令のレベルにおいて事件処理視角の柔軟性を重視している（第二鳩タ

---

3) 手塚和彰「労組法7条の私法上の効力について」判例時報974, 978, 981, 984, 1019, 1021, 1022号（1080-1082年），東京大学労働法研究会編『注釈労働組合法　上巻』（1980年，有斐閣）332頁，菅野和夫「団体交渉拒否および支配介入と司法救済」『新・実務民事訴訟講座11　労働訴訟』(1982年，日本評論社）97頁，下井隆史・保原喜志夫・山口浩一郎『論点再考　労働法』（1982年，有斐閣），山川隆一「不当労働行為と不法行為」日本労働協会雑誌341号（1987年）21頁，山川隆一「不当労働行為の司法救済」日本労働法学会誌72号（1988年）106頁等。

4) 「集団的労使関係ルール」からの立論としては前注（1）拙著『不当労働行為法理の基本構造』227頁以下参照。

クシー事件・最大判昭和52・2・23判時840号28頁)。

　司法救済についても労組法7条が司法（私法）規範であることは判例法理として確立している。最高裁は，医療法人新光会事件（最三小判昭和43・4・9民集22巻4号845頁）において，不当労働行為たる解雇について，「不当労働行為の禁止の規定は，憲法28条に由来し，労働者の団結権・団体行動権を保障するための規定であるから，右法条の趣旨からいって，これに違反する法律行為は，旧法・現行法を通じて当然に無効と解すべき」と明確に判示している。

　ところで，この無効構成については，その法的メカニズムの多様化の傾向がみられることも注目される。たとえば反組合的な解雇や配転について，①不当労働行為→無効（JR東日本事件・東京高判平成9・1・31労判718号48頁，テレマート事件・大阪地判平成19・4・26労働判例944号61頁等），②公序違反もしくは濫用→無効（グリン製菓事件・大阪地決平成10・7・7労判747号50頁，沖歯科工業事件・新潟地決平成12・9・29労判804号62頁，オリエンタルモーター事件・東京高判平成19・4・26労判940号33頁等）という構成に大別される。さらに③権利濫用で無効であるとともに不当労働行為意思もあるので不当労働行為でも無効（岳南朝日新聞社事件・静岡地沼津支決平成11・12・15労判786号85頁，富士見交通事件・横浜地小田原支決平成12・6・6労判788号29頁）という立場もみられる。②においては，不当労働行為（より正確にいえば，反組合的事実）的側面は濫用性判断の一ファクターにすぎないわけである。

　司法救済は，団交を求めうる地位の確認請求との形でもなされている。国鉄事件・最判（最三小判平成3・4・23労判589号6頁）は，「団体交渉を求め得る地位にあることの確認を求める本件訴えが，確認の利益を欠くものとはいえず，適法であるとした原審の判断は，正当として是認することができ」ると判示した。なお，原審（東京高判昭和62・1・27労民集38巻1号1頁）は，「労働組合法7条の規定は，単に労働委員会における不当労働行為救済命令を発するための要件を定めたものであるにとどまらず，労働組合と使用者との間でも私法上の効力を有するもの，すなわち，労働組合が使用者に対して団体交渉を求める法律上の地位を有し，使用者はこれに応ずべき法律上の地位に

あることを意味するものと解すべきであつて，団体交渉をめぐる労働組合と使用者との間の関係は，右の限りにおいて一種の私法上の法律関係であるというべきである」と説示している。

他方，「不当労働行為」が不法行為にあたることについても一応判例法理といえよう。もっとも，リーディングケースたる最判は必ずしもはっきりしない。例えば，サンデン交通事件・広島高判（平成6・3・29労判669号74頁，上告棄却・最三小判平成9・6・10労判718号15頁）は，会社による配車差別は，「労働組合法7条1号及び3号所定の不当労働行為に該当する違法行為であるから，控訴人は，民法709条に基づき」損害を賠償する責任がある，と判示している。また，横浜税関事件最判（最一小判平成13・10・25労判814号34頁）は，国家公務員の事案であるが当局の行為が「支配介入」に当たるとして国家賠償を認めている。

(2) 行政救済と司法救済

まず両法理が混在して形成されてきた主要な理由を確認しておきたい。学界の主要課題は，使用者の反組合的行為の「反規範性」，具体的には司法救済法理の構築であった。その点では，法理の混在こそが課題であったといえる。さらに，7条の規定が包括的であったために，司法救済法理を構築するためにはしごく便利であり，実務的には明文の規定があったほうが裁判所の理解を得られやすかったという側面もある。他方，憲法28条の団結権においては不当労働行為法理との関連について十分な議論がなされなかった。また，憲法規範の私人間効力についても同様であった。総じて，労組法7条から自由な団結権論は想定されず，そのような問題関心さえなかったといえる。前述の医療法人新光会事件最判がこのような傾向を決定的に助長し，現在に至っている。

では，行政救済からみた司法救済の特徴はなにか[5]。

---

5) 拙著『不当労働行為の行政救済法理』(1998年，信山社) 90頁以下。なお，西谷敏『労働組合法(2版)』(2006年，有斐閣) 145頁は，すっきりしない問題状況をリアルに指摘している。

第一は,「権利」主体に関する。行政救済においては,申立適格の問題であり,実際には,組合申立が圧倒的に多く6),不当労働行為法理自体が組合自身の利益を守るという構造になっている。個別労働者に対する救済も基本的には,組合の利益を守る目的を持つ。ただ,組合が申立適格を有するためには,資格審査を経る必要がある。

　他方,司法救済については,違法構成の場合は,違法類型に応じて組合及び組合員が原告になり,それぞれ自分に対する加害行為につき賠償の請求をする。無効構成では,契約上の権利の有無が直接争われるので,原告となるのは契約の締結主体である労働者本人だけであり,主体の面からいえば,組合の利益を守るという構造にはなっていない。さらに,組合の資格審査は必要とされない。

　第二は,「義務」主体に関する。行政救済では,被申立人の問題であり,「使用者」の行為だけが規制される。元請会社や親会社についても事案によっては,その使用者概念が拡張され使用者性が認められているが,それでも限界がある。

　司法救済については,無効構成の場合は,被告となるのは契約締結主体たる使用者だけである。労働契約関係が前提になっているので,行政救済の場合よりも使用者の範囲はより限定されている。他方,違法構成の場合は,団結権を侵害する主体は,使用者に限らないので,権利侵害の態様に応じ多様な主体に対して損害賠償の請求が可能である。例えば,管理職個人,別組合(員),取引先・関連会社・取引銀行等が考えられる。また,共同不法行為の論点も提起されており,違法構成の大きなメリットといえる。本稿の主要な検討対象に他ならない。

　第三は,審査の仕方や手続に関する。行政救済においては,審査手続は,労組法や労働委員会規則に定められた労働委員会手続による。同規則においても実際上も,不当労働行為の「立証」や請求する救済内容につき基本的に

---

6) 組合申立については拙稿「組合申立の法理」中央労働時報1098号(2009年)2頁(本書2章)参照。

当事者主義的手続が採用されている。若干職権主義的側面もあり，2004年改正によってこの点がより明確になっている。

　他方，司法救済においては，無効構成にせよ，違法構成にせよいずれも民訴手続が採用されるので，弁論主義による。したがって，反組合的行為の立証責任はもっぱら原告たる，組合もしくは組合員にあり，審査対象，救済内容ももっぱら原告の意向にしたがう。

　第四は，紛争処理基準に関する。行政救済については，まさに不当労働行為の成否，つまり7条違反の有無だけが問題になる。就業規則違反の有無や権利濫用的側面は，不当労働行為の成否との関連で考慮されるにすぎない。

　他方，司法救済については，不当労働行為以外の他の法理も当然考慮される。例えば，無効構成については，就業規則違反や権利濫用の有無，労基法3条違反等も問題になる。結局，契約上の地位（従業員たる地位や賃金支払を受ける地位）自体が保護法益とみなされる。

　違法構成についても，まず，個々の組合員について従業員たる利益，人格権，団結権に対する侵害が問題となっているが，相互にどう関連し，損害額の算定においてどう評価すべきかまでは十分に議論されていない。また，組合については独自の団結権侵害として損害賠償が認められている例が多い。もっとも，団結権保障につき組合員と組合との利害がどう関連するか，また具体的な損害額算定の基準についてまでは論議されていない。この点も本稿の課題である。

　第五は，不当労働行為の成否の具体的な判定の仕方に関する。行政救済においては，労働者の非違行為や労働組合の活動が就業規則に違反するか，また使用者の懲戒処分が濫用か等は，不当労働行為の成否を判断する一ファクターになるにすぎない。あくまでも反組合的行為の有無が争われ，不当労働行為の認定につき決定的動機説が形成されやすい原因でもある。このレベルだけで問題を処理しようとするからである。また，救済命令の型や7条の何号に該当するかによって，立証の仕方や不当労働行為の認定が異なる場合もある。要件事実自体がファジーといえる。

　他方，司法救済においては，それぞれの法的構成に応じて若干の相違がみ

られる。違法構成においては,「不当労働行為」＝団結権侵害行為とみなしても,加害者の「故意・過失」や「損害額」において独自の判断を余儀なくされる。また,違法性の強い「不当労働行為」だけを違法とみなす立場によれば,独自の違法論が必要になる。この点も本稿の対象である。

　無効構成については,不当労働行為の判断と並立してもしくは独自に就業規則違反や処分の濫用性を問題としうる。そのため,不当労働行為の成否についての判断の仕方に混乱がみられるようになる。例えば,軽微な非違行為を理由とする組合委員長に対する解雇の例で考えると,当該解雇が「不当労働行為（A）」として無効,「不当労働行為（B）」であり「濫用」として無効,「不当労働行為（C）」の判断をせずに「濫用」として無効,という構成を想定しうる。この場合,同じ「不当労働行為」という表現を使っていても,（A）（B）（C）で想定している具体的判断基準や考慮事項は必ずしも同じではない。不当労働行為の成否の判断も,実際には処分事由の有無が中心であり,そのレベルだけで処理されがちである。

　さらに,同じ「解雇」という概念であっても,行政救済では,必ずしも法律行為に限定されないので実質的に退職強要的な行為も含まれる場合もある。他方,無効構成ならば,法律行為的な解雇だけが問題になる。違法構成ならば,必ずしも解雇に限定せず退職強要行為もその対象となる。

　総じて,不当労働行為の成否の判断について,行政救済では,組合員たることや組合活動が不当に制約されるか否かの観点から多様な事情を考慮して判断するのに対し,無効構成では,契約上の地位や利益が不当に侵害されるか否かの判断の一環としてなされると思われる。つまり,同じ現象であっても,光のあて方で評価が異なる場合があるわけである[7]。

　第六は,救済の仕方に関する。行政救済は,裁判所ではなしえない個別事案に応じた柔軟な救済とともに労働組合を念頭に置いた救済をなすことが期待されている。実際にも,原職復帰やバック・ペイ等の原状回復的命令,団

---

[7] 具体的違いについては,拙稿「行政救済法理の独自性」季刊労働法224号（2009年）236頁参照。

交応諾や差別の是正等の労使関係秩序の確保命令，ポスト・ノーティス命令等の再発防止的措置が命じられている。救済内容（救済利益の有無を含む）を決定する際に，過去になされた行為とともに，当該労使関係の将来の在り方をも考慮している。救済の集団的・将来的視点は，行政救済の顕著な特徴であり，救済利益論が重要な意義を有する。

また，救済は集団的労使関係ルールの確保を目的とするので，救済内容はある程度包括的なものでもかまわない（例えば，額を特定することなく「賃金相当額」の支払いを命ずる，事務所貸与差別につき貸与条件について協議を命じる）。もっとも，特定の救済命令の適否や相当性を考慮する際には，私法規範との関連は問題になる。労働契約上の権利，義務とあまりにもかけ離れた救済命令は違法とされるからである[8]。さらに，これらの命令の強制は，違反に対し過料に処すことにより確保される。その過料額は国庫に納入され，申立組合には帰属しない。ここに司法救済のニーズがあったといえる。

一方，司法救済においては，過去になされた反組合的行為の有無・評価が問題になり，判決内容も民訴法上の制約を受け一定のパターンが決まっている。無効構成の場合は，従業員たる地位の確認や未払い賃金の請求が認められる。違法構成の場合は，損害金の支払いが命じられる。地位確認については，任意の履行が期待されるにすぎないが，金銭債権については，強制執行手続が規定されている。

II節　裁判例の全体的傾向

ここでは，団結権・団交権侵害を理由とする損害賠償請求事案に関する裁判例を紹介する。時代的には平成以降を対象とし，請求が認められた事案を中心とする[9]。紛争事案の事実関係上の特徴と法的構成レベルの特徴に区分して検討したい（**判決一覧表**〔章末203～207頁〕参照。以下（　）内の「判決2」という表記は表内の事件を指す）。

---

8)　例えば，ネスレ日本事件・最一小判平成7・2・23労判686号15頁参照。

9)　それ以前の裁判例の傾向については，山川隆一「不当労働行為と不法行為」日本労働協会雑誌341号（1987年）21頁参照。

(1) 事実関係上の特徴
1）紛争の当事者

　損害賠償事案なので，原告となるのは反組合的行為がなされた組合や組合員が基本的なパターンとなる。双方が原告になるケースが一般的である（判決2，判決3，判決16等）。反組合的行為の類型にもよるが，組合だけ（判決11，判決23），組合員（判決10，判決37）だけのケースも少なくない。団交拒否事件は組合だけが原告になる（判決6，判決27）。組合サイドについては上部団体も含まれることがある（判決4，判決53）。また，組合内部紛争がらみの事案では上部団体だけが原告になる特異なケースもある（判決7）。

　他方，被告となると多様な争われ方をしており，そこに不法行為構成の特徴が見られる。まず，反組合的行為の実行者たる取締役（判決37，判決43）・管理職個人（判決16），さらに実質的経営者（判決2）も被告となる。

　会社自身も処分等につき，独自に被告とされており（民法709条），グループ会社等の複数企業が被告とされている例もある（判決1，判決71）。また，会社は，理事等の行為につき民法旧44条（社団法78条）に基づき，また代表者の行為につき商法旧266条の3（会社法350条）に基づき（判決7，判決60），さらに管理職の業務行為に関して使用者責任（民法715条）により被告とされている（判決4，判決53）。

　この管理職の行為につき会社との意思連絡を問題にする珍しい例もある（判決14）。行政救済事案で論じられている使用者への帰責の問題と同様なアプローチといえようか。

　注目すべきは別組合や組合内反対派の労働者個人（判決7，判決68）を被告にしている例である。使用者の反組合的行為に荷担したケースに他ならず，荷担したかがポイントである。

　日産プリンス千葉販売事件（東京地判平成19・2・22労判944号72頁，判決7）は，訴外Z組合の上部団体たるX組合が，X組合からの下部組合たるZ組合の脱退の誘導・援助をなしたとして，Y会社，代表取締役A，常務B，Z組合委員長Cを相手取って訴訟を提起した事案である。上部団体からの脱退につき会社関係者と下部組合の委員長が共謀したかが争われた。東京地判は，

X組合の団結権・団体行動権を侵害する支配介入にあたり，不法行為の成立要件も満たすとして，①ＡＢに対してはＺ組合の脱退等の援助をしたとして（民法709条），②Ｙ会社に対しては，Ａにつき会社法350条にまたＢにつき民法715条に基づき損害賠償が認められている。③Ｃに対しては，「ＡＢがＺ組合をＸから脱退させてその影響力を排除するため，Ｚ組合に対する結成援助，優遇措置を行うことを認識した上で，在籍専従者としての身分を引き続き確保したいという自己保身の目的や執行委員長の退任を迫るＸ組合への反発から，Ａ及びＢと共謀し，Ｙ会社の従業員が原告から脱退するについて，これを主導する加害行為を行ったと認めるのが相当である」としてＡＢとの共同不法行為を認めている。

東春運輸事件（名古屋地判平成6・2・25労判659号68頁，判決68）は，組合役員選挙や組合分裂に関する不当労働行為につき，会社と別組合員がともに行動したとして会社，会社代表者，別組合員に対し損害賠償請求がなされた事案である。会社及び代表者の責任は認められたが別組合員（Ａ）については，不当労働行為上の規範の対象者にならず，また別組合結成は必ずしも違法ではないとして不法行為責任を認めなかった。この点名古屋地判は，「被告Ａは，本件分裂前は原告の組合員であり，本件分裂後も東春会（別組合）の組合員であって使用者的立場に立ったことはなく，そもそも前記不当労働行為が不法行為を構成する所以で述べたような規範を与えられていた者とは言い難いことに加え，本件分裂は，原告の組合内部におけるＭ派と反Ｍ派との権力闘争あるいは路線争いという組合運動の結果生じたものであることは否定できないものであり，このような争いから組合員たる被告Ａらが別組合を結成し，新たに結成された組合のため被告会社から有利な条件を得ようとして種々の活動をすること自体，労働組合法上違法な行為と評することはできない。したがって，たとえ被告Ａの行為が外形的に使用者の不当労働行為に加担する面があったとしても，これをもって，原告に対する不法行為を構成すると認めることはできないというべきである」と説示している。

また，組合活動の阻害ケースでは組合相互間の紛争も生じている。東日本鉄道産業労働組合事件は，別組合役員によりなされた組合の掲示物撤去の違

法性が争点となり，東京地判（平成13・5・28労経速1774号19頁，判決39）は，別組合役員による自力救済であるという主張を認めず違法と判示するとともに組合役員の行為につき組合自身の使用者責任を認めた。また，総評全国一般大阪地連全自動車教習所労組事件大阪地決（平成4・3・27労判611号70頁）は，「御用組合」等を記載した機関誌・ビラ等を別組合が掲示，配布することを違法として，当該行為を禁止する仮処分命令の申立を認容した。

なお，不法行為の主体が複数存在する場合は共同不法行為と構成されている（判決2，判決7，判決16，判決60，判決71）。例えば，ウイシュ・神戸すくすく保育園事件・神戸地判（平成17・10・12労判906号5頁，判決16）は，園長等がなした一連の組合結成・活動に対する抑制的行為や組合員に対する更新拒否等が違法になるとして，園長，会社，副園長の行為は主観的・客観的に関連共同性あるとして共同不法行為の成立を認めている。

会社と役員との共同不法行為と見なす例としてヒノヤタクシー事件があり，盛岡地判（平成10・10・30労判756号67頁，判決50）は，「被告会社の経営は，被告A，同B，同C及び同Dが随時協議をすることによって行われており，労務対策についても右各被告のほか，被告会社の各営業所の所長及び課長らが協議して行っている。そして，被告会社とヒノヤ分会との団体交渉に際しては，主に被告A，同B及び同Dがこれに当たっている。また原告Fに対する処分については，被告B及び同Dが賞罰委員となって懲戒解雇の結論を出している。このような被告会社内の実体から見れば，被告会社に本件不法行為責任が認められると同時に，被告A，同B及び同Dも共同して右不法行為を行ったものと評価することができ，同被告らも被告会社と共同不法行為責任を負うというべきである。」と判示した（判決3も参照）。

もっとも，JR西日本可部鉄道部事件では，会社と鉄道部長が被告されたが，広島高判（平成18・10・11労判932号63頁，判決9）は，両者の関係につき「共同不法行為ないし使用者責任」と説示し，明確な位置づけをしていない例もある。

2) 対象とされた反組合的行為の型

不法行為性が争われた反組合的行為の類型は多様である。解雇・処分等の

法律行為的なものから脱退工作や反組合的発言等事実行為的なものまである。前者の行為については，当該行為の「無効」も争われているケースも少なくない。例えば，JR東海関西支社事件・大阪地判（平成17・5・11労判900号75頁，判決20）は，配転命令が組合員との関係では無効とされ，組合との関係では違法とされている。また，組合員との関連につき無効であるとともに違法として損害賠償の請求まで認められている例もある（判決69）。理論的というより個別事案毎の請求の仕方による相違と思われる。なお，民事無効を理由として賃金請求ができるので損害が発生していないと判示する例も存する（判決44）。

以下では損害賠償部分のみを考察の対象とする。では，具体的にどのような反組合的行為が問題となっているか。

その一として，雇用関係自体に関するケースとして，親会社による子会社の解散・解雇（判決3，ワイケーサービス事件・福岡地小倉支部判平成21・6・11労働判例989号20頁），解雇・更新拒否（判決16），不採用（判決17）の事案がある。また，破産申立自体の違法性も争われている（津守自動車教習所ほか事件・大阪地判平成20・11・26労働判例981号107頁）。

その二として，業務命令権行使に関するケースとして，降格（判決1，判決23），日勤教育（判決9），配車差別（判決47，判決65），残業差別（判決74），異動（ランジングサンセキュリティーサービス事件・東京地判平成21・9・15労働判例996号42頁）の事案がある。

その三として，賃金等についての差別事案も多い（判決10，判決31）。査定差別（判決58）事案もある。

その四として，懲戒権行使に関するケース（判決33，判決43）である。

その五として，組合活動自体の制限が争われている。具体的には脱退工作（判決2，判決7），反組合的発言・文書配布（判決53），掲示板利用妨害（判決4），組合選挙妨害（判決68）等が争われている。

その六として，団交拒否のケース（判決6，判決38）も少なくない。不誠実交渉の事案もある（太陽自動車事件・東京地判平成21・3・27労働判例986号68頁）。

全般的特徴としては，反組合的行為が単独でなされるよりも一連の行為でなされるパターンが多い。労働サイドは，使用者の一連の行為から反組合的傾向を認識し，その全体としての悪質さから訴訟を提起するに至るのではないかと推察する。もっとも，違法性は個別の行為毎に判断されることになる。例えば，団交拒否は適法だが，脱退工作は違法等とされる。また，同じ掲示物撤去であっても掲示物毎に個別に判断される（判決4）。

理論的な論点は，反組合的行為としての「まとまり」をどう認定・評価するかである。慰謝料等の損害額の算定との関連においてまとまった行為とみるか，また，共同不法行為法理の適用の仕方と時効の起算点との関連では，これらを一連の行為をまとまった不法行為と把握するか否かも論点となる。それぞれ個別の反組合的行為であっても，一貫した会社の方針・意図でなされたと推定されると共同不法行為（判決16）とされる。さらに，共同不法行為は，単一の行為を複数主体で行う典型的なケースでも当然問題になる（例えば，脱退工作。判決2，判決7）。なお，この共同性のメカニズムをどう判定するかは難問である。

(2) 理論的特徴
1）違法性の判断フレーム

不法行為の成立要件として中核となるのは当該行為の違法性に他ならない。この点，団結権侵害行為については，労組法7条の「不当労働行為」との関係が正面から問題となっている。

① 行政救済との相違

全般的には，労組法7条を行政救済とともに司法救済の根拠とみなす裁判例が多い。しかし，両者の成立要件等についての相違を明確に意識している次のような興味深い判断も示されている[10]。両救済につき意図的に論じている例は，両制度の独自性を強調する傾向にある。

西神テトラパック事件・神戸地判（平成10・6・5労判747号64頁，判決53）は，両制度が並立しており，それぞれの制度趣旨について次のように判示している。「被告会社らは，原状回復を目的とする不当労働行為救済申立と原

状回復を前提としない不法行為による損害賠償請求とは両立し得ない旨主張しているが，不当労働行為救済命令制度は，使用者の組合結成・運営に対する妨害・干渉や団交拒否について，従来の司法体系のなかでは行い得ないような救済を専門的行政機関である労働委員会による是正措置によって実現し，これによって労使関係の正常化を図ろうとするもので，権利の確定や義務の強制,損害の塡補などを目的とした司法上の制度とは別個の制度であり，他方，不法行為による損害賠償請求は，違法な行為により権利を侵害されたものが，その行為によって被った損害の賠償を求めるものであり，不法行為としての一般的成立要件を備えることにより損害賠償請求権が発生するのであるから（ただし，損害については，救済命令との関係で，それによっても回復できないものに限るとするのが相当である。）被告会社らの右主張は失当である。」

両制度の関連や特徴につきもっとも詳細な説示をしているのは日産自動車事件・東京地判（平成2・5・16労判563号56頁，判決74）である。

「憲法28条により保障される労働者の団結権，団体交渉権及び団体行動権は，その権利としての直接の内容は自由権及び社会権として国家に対する関係で効力を有するものであるが，右憲法上の保障は，右各権利を労使間を中心とする私人間でも尊重すべきことを公序として定める趣旨をも含むものと解すべきであるから，労働者及び労働者が右各権利を行使するために組織する労働組合の，団結，団体交渉，団体行動等右各権利に基づく活動を行う利益は，法律上保護されるべき利益にあたるものというべきである。そして，右活動が阻害されたことによる損害は，金銭的評価が可能であり，かつ，金銭による賠償が社会通念上相当なものと考えられるから，民法710条にいう財産以外の損害に該当するものと解すべきであり，したがって，使用者が故

---

10) なお，社会保険診療報酬支払基金事件・大阪地判昭和50・4・28判例時報786号94頁は，「ひとしく使用者による労働者の団結権の侵害といっても，労働組合法7条に規定する不当労働行為の場合と，民法709条以下に規定する不法行為の場合とでは，もとよりそれぞれ制度の目的はもちろん成立の要件も異にしているから，労働者の団結を阻害する使用者の行為につき，不当労働行為が成立し，これが救済命令の対象となるからといって，このことから当然に不法行為の成立も認めなければならないものとは解されない。」と判示していた。

意又は過失により労働者及び労働組合が有する右各利益を違法に侵害して右活動が阻害されたものと認められる場合には，不法行為が成立するものということができる。

　ところで，労働組合法7条は不利益取扱，団体交渉拒否，支配介入等，使用者による労働者及び労働組合の右活動を阻害する一定の行為を不当労働行為として禁止し，同法27条で，使用者がこれに違反した場合には，労働委員会が救済命令を発し得るものとしている。この不当労働行為救済制度は，右各権利に基づく活動を行う利益に対する侵害により労働者や労働組合に生ずる損害の回復を直接の目的とするものではなく，右禁止規定に違反する行為によって損なわれた集団的労使関係秩序の是正措置を講じて将来の正常な集団的労使関係秩序の形成，確保を図る制度であって，右利益の侵害による不法行為の私法的救済とは機能を異にするものであるから，不当労働行為として救済が可能な行為については不法行為による損害賠償請求が妨げられるというものではない。そして，本件では前記三1の行為につき既に不当労働行為の救済命令が発せられているのであるが，このような場合にも，救済命令によって右利益の侵害による損害が事実上回復されていれば重ねて不法行為に基づく救済は求め得ないことになるが，未だ回復されない損害が残るのであれば，その部分について不法行為に基づく損害賠償を請求し得るものというべきである。」

　同時に両救済の関連につき以下のように説示している。「労働組合法7条は正常な集団的労使関係秩序の形成，確保を図る救済命令の発布の要件を定めた規定であるから，同条に違反する行為はそれだけで直ちに不法行為にも該当するものとはいえず，右該当性の判断は不法行為の成立要件に従ってなされるべきものではあるが，不当労働行為救済制度も前記憲法上の団結権等の保障を実効あらしめるための制度というべきであるから，右救済命令によって形成，確保が図られるべき集団的労使関係秩序も，前記憲法が労使関係を中心とする私人間において定める公序と別異の内容を有するものではなく，右労働組合法7条は労働者及び労働組合の有する前記憲法上の権利に基づき活動する利益を違法に侵害する行為のうちの一定の類型を不当労働行為

として定めたものと解すべきであり，したがって，右規定に違反する行為の違法性については，特段の事由のない限り，右規定に定める不当労働行為に該当するということをもって当然に右利益を違法に侵害するものと考え，右公序違反としての違法性を備えるものと判断することができる。」

　司法救済の独自性を強調するものとしてJR東海事件・東京高判（平成15・11・6判時1861号131頁, 判決26）があり，次のような判示がなされている。
　「使用者による労働者の団結権の侵害があったとしても，不当労働行為として労働委員会等による行政的手続によって排除・回復の措置がとられるだけのことであって，民法上原則として取引の自由ないし取引交渉上の駆け引きの自由を認められている使用者が，それらの自由の下に行動し，そのために不当労働行為と評価されたとしても，直ちに不法行為が成立するものではない。
　また，使用者が特定の労働者あるいは労働組合を嫌悪したり，労働力の取引交渉等において不平等扱いするとか他の労働組合を重視することは不当労働行為となっても，それが使用者の内部意思に止まっていて，外部的に差別等の現実結果を生じさせない限り，不法行為が成立するものでない。
　ただ，使用者の不当労働行為が不当労働行為意思とは別の次元の民法上等の故意又は過失によって労働者の雇用契約上の財産的利益,名誉権等人格権,労働組合の財産的利益や信用など民法上等の法的利益を侵害し，賃金収入等の減少，組合員の名誉の毀損，組合費収入等の減少，組合の信用毀損による組合費の減少などの結果が生じたときに不法行為が成立するものと解すべきである。支配介入等の不当労働行為が，外形上のものに止まり，労働者や労働組合の抽象的ないし主観的な団結権を侵害しただけの場合は，それのみでは必ずしも損害が発生したとはいえず，不法行為は成立しないものと解すべきである。」

　さらに，神谷商事事件（東京地判平成15・6・16労判865号38頁）（判決27の原審）は，悪質な団交拒否事案について，司法救済が行政救済の不十分さを補塡する旨指摘している。「このように本件団体交渉申入れ以降，団体交渉申入れを拒否する正当な理由がないことが明らかであるにも拘わらず，被告

が謝罪を伴わない撤回を撤回と認めないとして団体交渉を拒否したことは，被告の従前の団体交渉での上記態度に照らしても，これが正当な理由にはならないことを認識しながらこれを口実として意図的に団体交渉申入れを拒否したものと推認するのが相当である。

そして，本件団交拒否は，本件団体交渉申入れに対する拒否以来，東京高等裁判所で平成14年4月30日に成立した和解に至るまで，8年半もの長期にわたり，合計26回に上る原告の毎年春の賃金引上げ要求（3月），毎年夏の夏季一時金要求（6月），毎年秋の年末一時金要求（10月ないし11月）に関する団体交渉の申入れをすべて拒否し，団体交渉の開催自体に一切応じず，原告から交渉機会・交渉手段自体を奪い去ることにより，原告の団体交渉権，ひいては団結権を著しく侵害するものであるから，原告は，これにより，単に労働委員会による不当労働行為の救済申立て制度による救済を受けただけでは，回復しきれない損害を被り，不法行為制度上の違法な侵害を受けたと評価すべきである。

以上のとおりであるから，本件団交拒否は，労働組合法7条2号の不当労働行為に当たるだけでなく，不法行為をも構成する。」

② 違法性の判断フレーム

違法性の判断フレームにつき，全体の相互関連を明らかにするために一応モデルとして次のように考えることができる。

使用者の反組合的行為①→不当労働行為②→団結権・団交権侵害もしくは労使間の公序違反③→違法④。

以上を前提に判例のパターンを捉えると基本的に以下の4パターンを想定しうる。

第一は，「不当労働行為」該当イコール違法と判断するパターン（①→②→④）である。これが一般的と言える（判決1，判決4，判決13，判決20，判決31，判決37，判決42，判決43，判決44，判決47，判決48，判決49，判決51，判決60，判決65）。ただ，「不当労働行為」を違法性レベルだけで判断するケースと故意・過失のレベルや不当労働行為意思をも含めて「不当労働行為」イコール不法行為とみなすケースがある（判決65）。実際には，後者のアプロー

チの方が多いと思われる。こうなると不当労働行為と不法行為の成立要件は損害レベルを別にすれば同一ということになる。7条は司法救済の基準に他ならないわけである[11]。

第二は,「不当労働行為」として団結権・団交権侵害と構成するパターン（①→②→③→④）である（判決14,判決23,判決38）。公序違反という構成もある（判決40,判決75）[12]。

第三は,悪質な「不当労働行為」を違法と判断するパターン（①→修正②→④）である（判決45,判決50,判決56,判決61,判決68）。違法性の強い行為が不法行為に該当するとする例もある。行為の悪質さは,行為態様としての執拗さや長期にわたったこと,さらに労働委員会により救済命令が出された後も継続したことから判断されている。同時に,組合サイドに多大の損害が発生したことも考慮されている。

例えば,東豊観光事件・大阪地判（平成8・6・5労判700号30頁,判決61）は以下のように説示している。「被告の右各行為は,原告組合が自交総連に加盟したときから,Y社長らの偏見に基づき,原告組合を敵視して行われた一連の行為で,その期間も長期に及び,態様も執拗かつ悪質というべきである上,原告組合の主張を是認した救済命令や仮処分がなされたにもかかわらず,これを尊重し,遵守することもなかったとの事情を総合すると,社会的相当性の見地からも著しく逸脱し,強度の違法性があるというべきであるから,単に原告組合に対する不当労働行為とされるだけでなく,原告組合に対する不法行為を構成するというべきである。」

第四は,「不当労働行為」の成否を判断せず独自に違法性を認定するパターン（①→③→④）である（判決17,判決41,判決52,判決55）[13]。通常は,労使関係の公序違反や団結権・労働基本権侵害（判決7,判決53）を理由とする。組合活動への妨害的視点とともに人格権侵害を問題にする例もある（判決

---

11) 不当労働行為と並んで業務命令権の濫用（判決9）や人格権侵害を問題にする例も存する（判決16）。
12) 期待権侵害の構成もある（判決58）。
13) ①→④のケースもある（判決3）。

11，判決24）。

　なお，不法行為の成立要件の独自性を重視する裁判例は，明確な形で不法行為の成立要件を個別に判断している。例えば，スカイマーク事件・東京地判（平成19・3・16労経速1965号15頁，判決6）は，不法行為の成立要件として，①権利侵害につき，被侵害利益としての団交権，②故意・過失につき，故意あり，③損害の発生につき，組合員減少・社会的信用低下で50万，④①と③との因果関係につき，あり，⑤拒否の正当事由につき，なし，と構成している。また，日産プリンス千葉販売事件・東京地判（平成19・2・22労判944号72頁，判決9）も，①権利侵害として，団結権・社会的信用の侵害，②故意・過失につき3名の共謀，③損害の発生，④因果関係，⑤Yらの行為の正当性を問題にしている。

③　全体としての特徴

　以上の検討をふまえ全体として特徴を確認しておきたい。

　第一に，行政救済と司法救済のそれぞれの成立要件について明確に意識している例はすくない。両救済につき意図的に論じている例は，両制度の独自性を強調する傾向にある。

　第二に，違法性の判断フレームについての見解の相違がどの程度意図的に論じられているかは不明である。個別事案の原告の主張に応じてなされたか，また，反組合的行為のパターンがたまたま悪質な行為であったからなされた主張なのかは必ずしもあきらかではない。さらに，フレームの相違によって結論が明確に異なるかも不明である。全体として論争的状況にはなっていない。

　第三に，裁判例の流れは，全般的には不当労働行為の成立イコール不法行為も成立するという図式ではなく，不法行為の独自の成立要件を意図的に論ずるようになってきている。もっとも初期段階で日産自動車事件・東京地判（平成2・5・16労判563号56頁，判決74）のような詳細な説示が為されたにもかかわらず，論争が深まらず全体的にルーズな「判例法理」が形成されている。さらに，後述するように損害論の混乱が拍車をかけている。

2）故意・過失の認定

不法行為の成立要件として加害者の故意・過失は重要なポイントである。不当労働行為ゆえに不法行為も成立するというパターンでは，この故意・過失について特段の判断が示されることは少ない。個別事案においてこのレベルも含めて不当労働行為の成否を判断しているか，「不当労働行為」については当然故意・過失も認定できると解しているからと思われる。団結権侵害・公序違反のパターンについても同様な傾向がみられる[14]。

　ここでは独自の判断を示す若干の例に着目したい。

　まず，故意・過失がないことから不法行為の成立自体が否定されたと思われる例として以下がある。外形上支配介入とみなされるが積極的加害の意思なしとして不法行為とは解されないとするケース（判決26）や，組合弱体化の目的なしとして不当労働行為の成立を否定する例である（判決22）。

　他方，明確な故意と認めた例（判決6，判決38，判決74）や故意以上に悪意と評価した例もある（判決40）。態様が悪質でありかつ敢えてなしたという表現も使われている（判決68）。より具体的に，代表取締役の故意（判決37）や共同不法行為パターンにつき共謀の事実から故意・過失（判決7，判決16）を認定した例もある。

　過失については，反組合的行為については過失有りという明確な判断がなされることは少ない（判決1，判決72）。反組合的行為自体について，少なくとも過失が推定されるからであろうか。

　注目すべきは，不当労働行為意思論との混同が見られるケースである。例えば，故意・過失を不当労働行為意思としての処理をしたり（判決66），管理者個人の行為につき使用者に帰責しうるかという行政救済法理の不当労働行為の帰責論と類似した構成をとるケースもある（判決14）。

　全体として，加害者個人の故意・過失の具体的内容はほとんど問題にならず，不当労働行為や公序違反のレベルで使用者サイドの行為の全体の評価がなされているにすぎない。故意・過失の意義を明確に論ずることさえなされておらず，故意，過失の具体的内容も必ずしもはっきりしない。

14）行為の悪質さは損害額に連動するという判断も示されている（判決40）。

注目すべきは，過失のとらえ方である。つまり過失について特段の認定がないということは，行政救済における不当労働行為意思論についても示唆的である[15]。

3) 責任主体論

責任主体につき，反組合的行為の類型によって様々な構成がありうる。基本的パターンは，会社自体の行為（709条）として会社を被告とするものである。承継会社（判決17）や元請会社（判決48）を相手にするケースもある。なお，公務員関係は国・公共団体を被告とせざるをえず（判決35，判決36，判決62，判決63），国家賠償なので町長の責任は認めないと明確に判示する例もある（判決73）。

それ以外のパターンは以下の通りである。

第一は，加害行為者個人を被告にするパターンである。具体的には，労務担当の部長等の管理職個人である（判決4，判決11，判決53）。また，中小企業の例では会社代表者（判決7，判決16，判決60，判決71，判決75）や実質的経営者（判決2）のケースが多い。

もっとも，責任主体はあくまで会社という判断も示されている。例えば，JR東日本事件・前橋地高崎支判（平成3・3・22労判603号84頁，判決72）では人事考課の違法性が争われ，「本件行為は，高崎運行部長・H名で発令されたものであるが，その性質は企業組織の人事考課上の不利益措置であり，そのような措置をとりうる根拠は，被告会社が，経営目的を効果的に達成しうるように企業秩序を維持し，構成員に対してこれに服することを求めうる点にあり，被告Hは，高崎運行部長という被告会社の機関として，被告会社の右権能を，代表者である社長に代行して行使したものである（なお，同証人によれば，本件処分は被告会社本社に報告し了解を得たことが認められる）。し

---

15) 行政救済について，「誤認」ケースでは不当労働行為自体が成立しないとされ（倉田学園事件・東京地判平成9・1・29労判713号69頁），使用者サイドの意思を実体化して判断する裁判例もある。私は，いわゆる「不当労働行為意思論」の議論の仕方自体に基本的疑問がある（前掲・拙著『不当労働行為法理の基本構造』（2002年，北海道大学図書刊行会）36頁以下）。

173

たがって，本件行為によってAに対する権利侵害を惹起した主体は被告会社自体であり，被告H個人の責任を論じる余地はないと解するのが相当である。」

（旧）商法266条の3（現行会社法429条）による場合もある（判決37，判決50）。なお，同条との関連においては，責任がないという判断も示されている。大和交通事件・奈良地判（平成12・11・15労判800号31頁，判決43）は，「本件不誠実団交や本件ピケを契機としたEに対する懲戒解雇処分を中心になって実行したのはBであるが（〈証拠略〉），これは，会社の対カイナラ労組との労使関係に関する会社としての基本的方針から適法なものとの認識の下に行われたものと考えられ，いまだBはもとより，C，Dらの商法266条の3の個人責任を認めるための『悪意又は重過失』があったとまで認めることはできない。」と判示している。使用者責任に比してその成立につきより厳格な認定がされている。同条の責任は基本的に株主との関係なので，なぜこの種の事案につき利用されるのかははっきりしない（賃金不払い事件につき昭和観光事件・大阪地判平成21・1・15労働判例979号16頁も参照）。

特異な例は，労働組合員個人を被告とする例である（判決7）。本来この種不法行為につき責任を課し得ないという判断も示されている（判決68）。

第二は，被用者や代表者の不法行為に関する会社の（代位）責任である。民法715条の使用者責任（判決7，判決11，判決16，判決52，判決53，判決60）と民法44条（現行法は一般社団・一般財団法78条）に基づく代表者に関する責任（判決16，判決37，判決60，判決75）がある。会社法350条に規定する代表者の行為についての損害賠償責任が認められた例（判決7）や特段の理由を示さない例（判決68）も存する。共同不法行為と使用者責任との構成のいずれかが不明確（判決9）とする例さえある

なお，個別的な判示事項として注目すべきは，違法性の判断が個々的な行為についてなされることとそれに応じて個別に時効が開始することである（判決27，判決61）。行政救済との関連における時効の起算点については論争状態にある（判決17）。

4）損害論

損害論については，反組合的行為の「被害者」となった組合員と組合につ

き，どのような利益が侵害され，その損害額如何が争われている。

① 組合員

対象組合員の損害については，基本的3つのパターンがある（子会社解散事案において，組合員とともに非組合員についても損害を認めた例もある。ワイケーサービス事件・福岡地小倉支部判平成21・6・11労働判例989号20頁）。これは，主に原告サイドの請求の仕方によるものと思われる。

その一は，精神的苦痛に対する慰謝料（判決2，判決3，判決16，判決41，判決43，判決44，判決48，判決50 [16]，判決63，判決66，判決67，判決69，判決72）のパターンである。労働基本権・人格権侵害を理由とする慰謝料（判決24，判決60）や期待権侵害の精神的侵害（判決17，判決58）もこの型といえる。さらに，団結権・人格権・経済的利益侵害について全員について一律の慰謝料の支払いを命じる次のような例もある。サンデン交通事件（山口地下関支判平成13・5・9労判812号39頁，判決40）は，「原告ら運転手の求める賠償は，あくまで慰藉料であって経済的な不利益それ自体に対するものではなく，しかも，右慰藉料は，本件措置が採られた時期と理由とに鑑みると，団結権侵害を中核としてとらえるべきものであるから，全員につき一律の賠償金額を認容するのを相当と認める」と判示している。

その二は，精神的損害とともに反組合的行為に由来する具体的な経済的損害（例えば，賃金差額）を認めるものである。賃金差額プラス精神的損害（判決5，判決9，判決37，判決42，判決49，判決55，判決61）の事例である。

その三は，具体的な経済的差額のみを認めるものである（判決10，判決13，判決31，判決47，判決51，判決71，判決74）。特異な判断としては，7割のみ認める例（判決45）もある。

なお，慰謝料請求を認めないケースもある。香焼町事件・長崎地判（平成2・11・6労判601号76頁，判決73）は，「慰藉料として金50万円ないし30万円の損害を主張するが，その根拠となる具体的な事実の詳細については，何らの主張も立証もなされていない。もとより，前述したような本件懲戒処分の

---

16) 別訴で賃金請求が認められている。

違法性や同原告らの身分等に照らせば，本件懲戒処分により同原告らがそれなりの精神的苦痛を受けたことは推認するに難くはないが，それらは，通常は本件懲戒処分の違法性の確認及び経済的損害の塡補によって相当程度慰藉されるものとも解され，それを超える分については，本件においてはその具体的な証明がないものといわざるを得ない。」さらに，賃金請求権自体が認められるので不法行為上の請求を認めないケースも注目される。中央タクシー事件・長崎地判（平成12・9・20労判798号34頁，判決44）は，「本件懲戒処分は無効である。そうすると，原告甲野が就労できないのは被告の責めに帰すべき事由によるものであるから，同原告は民法536条2項本文によって賃金請求権を失わない。したがって，同原告は，本件諭旨解雇処分によって，賃金相当額の損害を被ったとはいえない」と判示している。

② 組 合

組合について明確に財産的損害が発生したとする例は少ない。便宜供与の中止事案につき，賃料相当分として200万円（判決18）が，また一時金差別事件につき，不当労働行為への直接対策費200万円（それ以外に無形的損害50万円）の損害賠償が認められている（判決42）。

非財産的利益が侵害されたとして無形損害に対する賠償が認められている例が多い。理由付けは多様であり，掲示物撤去につき，組合活動が侵害されたとして2万円（判決4），脱退慫慂につき名誉・信用及び団結権が侵害されたとして600万円（判決11），担任解任につき団結権が侵害されたとして50万円（判決24）の賠償額を認める判断が示されている。実際には，被侵害利益について特段の判断をしない例が多い。

対象となっている反組合的行為は多彩であり，損害額の高額な例として判決11以外に，仕事上の差別につき500万円（判決60），300万円（判決45），配置差別（判決35）や介入行為につき200万円（判決51），業務外しにつき150万円（判決40），配転（判決20），団交拒否につき100万円（判決38，判決75）の損害額が認定されている。

より具体的理由付けがなされる場合には，次の2つのパターンがある。その一は，組合の社会評価の低下を理由するものである。全員解雇につき30万

円，60万円（判決3），脱退事案につき200万円（判決7）の他，団交拒否事例が多く50万円（判決6），100万円（判決27），当該組合50万円・上部30万円（判決56）等の判断が示されている。

　その二は，明確に慰謝料を認める例である。日勤教育につき10万円（判決9），懲戒処分につき50万円（判決43），脱退工作につき200万円（判決61），配置差別につき50万円（判決66）等の判断が示されている。精神的損害類似という表現をなす例（判決33）や慰謝料は認められないが無形の損害はあると解する例もある。阪神高速道路公団事件・大阪地判（平11・5・31労判768号43頁，判決48）は，「原告組合は，法人であるから，精神的苦痛を慰藉するための慰藉料請求権は考えられないが，本件請求は精神的苦痛以外のいわゆる無形損害の賠償を請求するものと解しうるところ，前記認定のとおり，被告会社は本件時間割への変更を強行し，これに抗議する被告会社における原告組合の唯一の組合員を別の勤務地に配転することによってその正当な組合活動を妨害したのであるから，無形の損害を賠償する義務があり，その額は，前述の諸般の事情を考慮すれば，50万円を相当とする」と判示している。

　他方，恵和会宮の森病院事件・札幌高判（平成16・9・17労判886号53頁，判決23）は，慰謝料は認められないとして以下のような判断を示しており[17]，やや論争的状況になっている。

　「被控訴人組合は，本件において，上記の組合活動の支障や負担及び組合員の脱退等の事情を具体的財産上の損害としてではなく，被控訴人組合が受けた無形の損害の事情として主張し，したがって，上記各事情を裏付ける支出や負担額及び組合員数の動向等についての具体的な立証を伴わずに，控訴人に対し，不法行為に基づく慰謝料の支払を求めるものであるところ（被控訴人組合は，当審口頭弁論において，当裁判所からの釈明に対し，被控訴人組合が被った経済的負担や組織的損失等について，それらを個々の損害としてではなく，被控訴人組合が被った無形の損害についての事情であるとし，財産的損害に対する損害賠償金としてではなく，慰謝料として100万円の支払を求める旨陳述し

---

[17]　原審は100万円の賠償を認めていた（札幌地判平成15・11・19労働判例864号90頁）。

た。)，被控訴人組合のように自然人とは異なる組合について，その対外的信用・名誉の失墜・毀損といったことに基づく具体的損害とは別個に慰謝料をもって賠償すべき非財産的・精神的損害又は精神的損害類似の損害を観念することは困難であり，被控訴人組合の本件における不法行為に基づく慰謝料請求は理由がないというべきである。」[18]

なお，組合からの請求を認めない例もある。その理由としては，脱退が撤回されたので損害がない（判決2）とか組合員に対する賠償で足りる（判決73）という判断が示されている。

③ 論　点

損害をめぐる裁判上の主要論点は組合に対する損害に関するものであり，次のような特徴を有する。もっとも，論争的な状況になっているわけではない。

その一は，組合の非財産的損害は認められているが，「慰謝料」請求までもが認められるかについては一応対立した判断が示されている。

その二は，具体的な損害額に関するものであり，①組合員減少分や組合費

---

[18] より詳細な理由付けとして，「法人等の自然人以外の者であっても，その社会・経済的な実体に対応した利益については，たとえそれが無形の非財産的損害であっても，保護されるべき場合があることは否定されるべきでない。したがって，法人がその社会的又は経済的信用を違法に毀損され，そのために，社会的又は経済的活動に現実の支障を来した場合には，その支障に対応した損害の賠償が認められるべきであり，こうした意味において，法人等にも信用侵害等によって発生した相当因果関係のある損害について，不法行為に基づく損害賠償請求は認められるべきものと解するのが相当である。しかし，法人等の自然人以外の者について，自然人における感情そのもののような精神的利益をそれ自体が独立の完結した利益として観念することは困難である。したがって，被控訴人組合についても，それ自体が独立した精神的利益を観念した上で，その精神的利益に対する侵害による損害を精神的損害と捉えて，不法行為に基づく慰謝料請求権の発生を認めることはできない。また，本件において，被控訴人組合が主張する事情は，それぞれが個別に具体的な損害として主張・立証することが可能なことがらであるから，あえて，無形の精神的損害又は精神的損害類似の事情として扱わなければならない必要性も認められないし，控訴人による被控訴人組合に対する団結権侵害行為があったことから直ちに，具体的な損害の主張・立証を捨象して，被控訴人組合に慰謝料請求権を認めるというのは，私法上の損害賠償の範疇を超える制裁を損害賠償の名において科すことを認めることになり，少なくとも現行の不法行為制度が想定するものではないといわざるを得ない。」という説示もなされている。

喪失分をどう評価するか，②反組合的行為への抗議・対策費用の評価が，問題となっている。

①については，減少に寄与した分を明確に認める例（判決53）もある。一方，脱退工作と脱退行為の因果関係がない（判決52）とか，脱退は組合員の自由意思による（判決68）という判断も示されている（判決11も参照）。

②については，不当労働行為事件等として争う対策費をも含む（判決16，判決42，判決51）という見解や一定の対応をする必要性があったとする例もある（判決1）。とはいえ，損害額との明確な関係はそれほど明らかではない。他方，抗議費用は含まれないという判断も示されている（判決61）。

5）違法性阻却事由

違法性阻却事由については，特段の判断が示されることは少ない。組合掲示物の撤去の違法性が争われた事案において，加害組合が自力救済の必要性という主張をしたが認められていない（判決39）。実際は違法性レベルで処理していると思われる。

Ⅲ節　団結権侵害を理由とする損害賠償法理

(1) 反組合的行為に対する規制視角

使用者等の反組合的行為に対する規制は，刑事的，民事的，行政的な方法がある。刑事的なエンフォースメントは，旧労組法上いわゆる不公正行為に対する直罰主義の例があった。しかし，罪刑法定主義により効果的な規制が困難であったこと，被害者たる組合・組合員に対する直接の救済にならなかったこと，必ずしも円滑な労使関係の形成にプラスしなかったこと等から現在ではそのような方法はとられていない。1949年以降は労働委員会による行政救済が採用されている[19]。

民事的規制は，いわゆる司法救済として次のようなパターンをとっている。ここではいわゆる広義の団結権侵害行為を対象とする（団交権について

---

[19] 不当労働行為制度の形成史については，拙著『不当労働行為法理の基本構造』182頁以下参照。

はその他に確認請求が認められている。国鉄事件・最三小判平成3・4・23労働判例589号6頁)。学説上は、この司法救済についてはいわば当然視されているが[20]、本格的な検討はなされていない。

その一は、労働契約関係を前提とするものであり、①無効構成、②不法行為構成、③債務不履行構成を想定できる。①については判例法理(医療法人新光会事件・最三小判昭和43・4・9民集22巻4号845頁)として確立している。本稿の対象はもっぱら②であるが、今後は③も問題になると思われる(後述参照)。

その二は、労働契約関係を前提しないものであり、不法行為構成が考えられる。具体的には④一定の労使関係がある親会社・元請け会社等に対するもの、⑤取引先や取引銀行に対するもの、⑥組合(員)に対するものを想定できる。この点が不法行為構成の大きなメリットと言える。ところで、団結権侵害は基本的に使用者との関係を前提としているので、④はともかく⑤や⑥につき独自に問題にしうるかは難問である。使用者の行為と関連づけなければ、「違法性」を基礎づけることができないかという論点である[21]。

(2) 違法性

不法行為の成立要件として、故意・過失、違法性(権利・利益侵害)、損害が主要論点となる。民法上は、全く団結権侵害事案を想定した議論をしていないので、独自に問題点を明らかにする必要がある。

まず、違法性の要件、つまり権利・利益の侵害をどのように解するか。一応次のような図式を前提として考えてみたい。

　　①反組合的行為　→　②不当労働行為　→　③団結権侵害・労使関係の公序違反　→　④違法

裁判例は前述したように一応以下の4つのパターンをとっているが、必ず

---

[20] たとえば、外尾健一『労働団体法』(1975年、筑摩書房)301頁、西谷敏『労働組合法(2版)』(2006年、有斐閣)144頁。

[21] より広範に基本権保護との関連については、山本敬三「基本権保護と不法行為法の役割」民法研究5号(2008年)77頁以下。もっとも、団結権についての議論はない。

しも論争的な状況にはなっていない。

　1型　①→②→④　これがもっとも一般的な型と言える。最新の例としては，奥道後温泉観光バス事件・松山地判平成21・3・25労働判例983号5頁がある。

　2型　①→②→③→④
　3型　①→修正②→④
　4型　①→③→④

　私は，「不当労働行為」は基本的に行政救済との関連における概念と考えているので，②を媒介としない4型が一番理論的と考える。その理由は以下の通りである。最終的には，④の認定がポイントとなるので，それとの関連において，①と②がどう関連するか，また②と③との関係が問題となる。

　1）④認定との関連における①と②との関係

　反組合的行為①が7条各号の「不当労働行為」②といえるかについて，2つのレベルで問題が生じる。

　その一は，7条の「不当労働行為」概念は，労組法の他の関連規定と連動しており，組合の自主性確保がその前提になっている（2条但書1，2号等）。したがって，形式的な反組合的行為（たとえば，組合専従者の賃金補填の中止）であっても自主性確保の観点から「不当労働行為」とみなさない例も存する。この場合に，不当労働行為は反組合的行為の範囲と同一内容であると解するかが争点となる。また，「不当労働行為」は，あくまで「使用者」の行為との関連での類型化といえるので，その点からも一定の制約を受ける。たとえば，使用者以外の第三者からの組合批判言論は「不当労働行為」とはされない。不当労働行為「制度」上使用者の一定の反組合的行為のみが「不当労働行為」とされたと解するならば，①→②は必ずしも成立しないわけである。

　その二は，②と④との関連であり，「不当労働行為」を違法類型と把握できるか。この点，悪質な不当労働行為のみを違法とする見解（3型）もある。たしかに，3型のように違法性の前提として「不当労働行為」の成否を判断するとなると，「不当労働行為」の成否につき一定の制約を受けるという立論も理解できないではない。たとえば，団交参加人数について労使の主

181

張が対立したこと，また特定の情報を開示しないこと，等に由来する不誠実交渉の事案を「違法」とみなすかについては若干の躊躇を感じる。使用者だけではなく，組合サイドの行為・態様によるデリケートな判断を余儀なくされるからである。悪質な不当労働行為だけが違法であると解することもできる[22]。

しかし，なぜ悪質な不当労働行為だけが違法となるかの理由付けは必ずしも明確ではない。同時に，行為の悪質さといっても，その基準はきわめて不明確である。さらに，行為の程度・悪質さは違法性のレベルではなく，損害額のレベルで対処すべきであり，可能でもあるという立論も成り立つ。

総じて，些細な行為に対し司法救済を認めることは，労使関係の安定にとって好ましくない。しかし，組合サイドがそれを望み，労使間で自主的な解決ができなければやむを得ないともいえ，決定打はない。結局，問題はここで想定されている「不当労働行為」とはなにかである。この点が不明ならば，あえて「不当労働行為」という表現を使う必要はない。議論が混迷するだけである。こう考えていくと，適切な労使関係形成のために司法救済が適合的かという基本問題に直面する。

2) ④認定との関連における②と③との関係

基本的な見解の対立は，②→④と解するか（1型），③→④と解するか（4型）にある。「不当労働行為」を行政救済法理の基準と考えると1型よりは4型のほうが，誤解を避ける意味で「理論的」といえる。団結権侵害・労使関係の公序違反として行政救済法理と混同しない「独自」の違法性の根拠を提示しているからである。

もっとも，団結権や労使関係の公序の内容自体は問題になるが，ほとんど

---

[22] 労働委員会でも，不当労働行為の成否は救済命令の型と連動して判断されることが少なくない（その点では，効果裁量と要件裁量は未分化と言える）。たとえば，査定差別事案において，救済命令として査定差別に由来する差額賃金の支払いを命じる場合と将来の差別禁止を抽象的に命じる場合とでは差別性の認定につき明確な相違がある。確認的救済命令さえ想定されている（拙稿「確認的救済命令の適否」中央労働時報1094号（2008年）9頁）。

本格的には解明されていない。特に，7条の不当労働行為規定が包括的な内容であったために，不当労働行為と団結権侵害もしくは公序違反行為との明確な区別をつけることは困難であった。不当労働行為法理が具体化し，内容が豊富になればなるほど独自の団結権・公序概念の形成が阻害されるという皮肉な結果となった。また，裁判実務的には，7条という明文の規定がある分使い勝手が良く，裁判官の理解を得やすかったわけでもある。

そう考えると，1）その一で指摘した点を別にすれば，②→④構成と③→④構成に決定的な相違はないことになる。行政救済法理の独自性についての理解が十分になされていないために②を違法類型としているともいえる。

(3) 故意・過失

民法709条は，権利・利益侵害と故意・過失を独自の要件のように定めている。この点，両者の関連につき激しい論争がなされているが，本稿では独自の要件とみて，その成否につき考えてみたい。では，団結権侵害行為についての故意・過失をどう認定するか。

実際の事件で，故意・過失，さらに悪意という認定がなされている例は存する。しかし，その点につき本格的な検討はなされず，結論のみが指摘されている（前掲・奥道後温泉観光バス事件）。多くの事例ではその点に関する特段の判断さえ示されず，不法行為の成立を認めている。基本的に「違法性」，つまり「不当労働行為」の成否のレベルで勝負は決まっていると思われる。

もっとも，特段の判断を示す例がないわけではない。国鉄清算事業団事件・岡山地判（平成6・3・29労働判例656号56頁）は，故意過失を不当労働行為意思の問題としての処理し，組合弱体化の目的なしとして不当労働行為自体の成立を否定している。また，管理職個人の行為につき使用者に帰責しうるかという行政救済法理と類似した構成をとるケースもある（判決5）。いずれも，使用者サイドの意思を不当労働行為の成否との関連で判断するものである。

ここで理論的に検討すべきは，司法救済事案処理における「故意・過失」の意義である。使用者の反組合的行為の多くは，組合活動や組合員たること

を抑制する意図的な行為であり，故意とみなされる。つまり外形的行為から推定される「故意」なわけである。組合の存立自体を阻害する脱退工作などは「悪意」さえ推定しうる。また，明確な反組合的な意図がなくとも，組合の存立・活動を阻害しないという使用者サイドにおける注意義務を前提にすれば「過失」は容易に認定しうる。

　こう考えると「違法」性の判断過程において不法行為の要件たる「故意・過失」の判断も潜在的になされていると解することができる。実際には，例外的に故意・過失がないケースを想定できるかが問題になるぐらいである。たとえば，「誤認」のケース[23]であるが，少なくとも過失は推定されよう。

　理論的に興味深い問題は，「故意・過失」と行政救済法理において論じられている「不当労働行為意思論」との関連における以下の論点である。

　その一として，違法性判断レベルで検討される使用者の意思（行為評価）と不法行為の要件たる「故意・過失」がどう関連するか。形式的にはそれぞれ独立の要件である。他方，行政救済レベルにおいては，すべて「不当労働行為」の成否レベルで一元的に処理することにならざるをえない。

　その二として，民法709条は明確に「過失」を要件としているが，行政救済法理において「過失」的な視点は必ずしも明確ではない。とりわけ，「不当労働行為意思」を実体化する見解には，過失的な発想は希薄である[24]。不当労働行為意思論の混迷状態を打破するためには「意思」を問題にする必要のない「過失」的，より直截に表現すれば意思を問題にしない視点は示唆的である。

　なお，誰の行為か，意思かについては，不法行為法上は加害者たる「管理職個人」の故意・過失が問題になる。この場合，「過失」をどのような観点から認定すべきか。使用者には不当労働行為をしない注意義務を想定できても，不法行為法上，管理職個人，さらには従業員について同様な義務を想定しうるかは必ずしもはっきりしないからである。

---

[23]　取消訴訟事件たる倉田学園事件・東京地判（平成9・1・29労働判例713号69頁）参照。

[24]　前掲・拙著『不当労働行為法理の基本構造』（2002年，北海道大学図書刊行会）36頁。

その三として，行政救済においては，「使用者の行為」だけが禁止されているので，個別の管理職の行為が使用者に「帰責」できるかが問題になる。一定の意思連絡や使用者の意を体して（JR東海事件・最二小判平成18・12・8労働判例929号5頁）行ったことが必要とされるわけである[25]。他方，使用者責任（民法715条）については個別管理職の不法行為につき，それが事業の執行のためになされたことだけが要件となり，意思連絡等の必要はない。

　使用者責任を前面に出すと，管理職だけではなく平の従業員の反組合的行為についても問題が生じる。とりわけ，「事業の執行」についての基準がきわめてルーズなので，この点からのチェックは困難となるからである。その点，行為の違法性のレベルで処理すべきかが問題となる。つまり，同じ反組合的行為，たとえば組合脱退の慫慂であっても，それが管理職的な地位のあるものの行為，あるいは使用者の意向による場合は，「違法」とされるが，同僚の行為ならば違法と解されないであろう。その点，権利侵害アプローチよりも違法性アプローチのほうが適切・柔軟な事件処理が可能となる。

(4) 損害論

　損害論となるとより混迷は深まる。反組合的行為の被害者となった組合員と組合が，いかなる損害を被り，その額はいくらか。団結権侵害の具体的内容を明らかにする難問に他ならない。

1) 組合員について

　まず，組合員個人については，反組合的行為の態様にもよるが，財産的損害と非財産的損害をあげることができる。

　財産的損害については，違法な行為がなければ得ることができたであろう賃金額等があげられる。解雇や処分等による不利益な取扱いによって得ることのできなかった「賃金」相当額，また昇給差別的なケースについての昇給したであろう「賃金差額」相当額がその具体例である。差額賃金相当「額」がはっきりしなくとも，その支払いを受ける期待的利益の侵害と構成するこ

---

[25]　本件の問題点については拙解説・法律時報79巻11号（2007年）109頁。

ともできる（判決17，判決74）。こうなると，非財産的損害と類似する。

　非財産的損害については，人格権侵害と団結権侵害等が問題となっており，実際にはいわゆる慰謝料的な処理がなされている（判決40）。

　まず，財産的損害の請求が認められると非財産的損害は認められないかが問われる。その旨明確に説示する例（判決72）もあるが，一般的には双方を認める傾向にある。独自の非財産的損害もあることをはっきりと認めているわけである。ここに団結権を侵害する不法行為法理の特質がある。

　次に，どのような権利が侵害されるか。具体的には，被侵害利益として人格権があげられている例が多い（判決5，判決9，最新の例として前掲奥道後温泉観光バス事件）。しかし，その具体的内容についてはほとんど検討されていない。また，団結権と人格権がどう関係するのかについても明らかではない（判決16，判決24）。団結権については，人格権的に把握する見解[26]もあるが必ずしも通説化しているわけではない[27]。というよりほとんど論議がされていない。

　では，どう考えるべきか。ここでは問題状況を明らかにするために，2つのケースを想定してみたい[28]。

　第一は，降格のケースであり，次のような利益が侵害されている。①降格に伴う賃金の減額，②特定の働き方をする利益，③組合員である利益。

　①は財産的なものであり，①以外は非財産的であり，②は人格権，③は団結権といえる。

　第二は，組合脱退慫慂のケースであり，組合員については④組合加入・活動をする利益自体が侵害される。これも団結権侵害といえる。

　まず，第一のケースにつき，反組合的な降格であることを，降格に相当な理由がないという側面と反組合的である側面に区別する。前者との関連では，正当な理由なく②を侵害したといえ，労働自体もしくは特定の労働をするこ

---

26) たとえば，角田邦重「団結権侵害と損害賠償の法理」季刊労働法112号（1979年）31頁。
27) 団結権侵害に着目し各組合員の損害額につき一律に処理する例もある（判決40）。
28) 反組合的行為の類型化の試みは，前掲・拙著『不当労働行為法理の基本構造』（2002年，北海道大学図書刊行会）227頁参照。

とは人格的利益と評価しうる[29]。これは一連の職場イジメ事件で特に問題となり，一定の判例法理が形成されている[30]。反組合的な降格事案に限らない問題である。

問題は，反組合的という後者の側面，つまり個々の組合員の団結権である。具体的には，③では，組合員たること，つまり差別性が問題となり，④では，端的に組合活動する利益が侵害されている。③も④も独自の利益であることは否定できず，その侵害は不法行為法上も独自の損害と評価できよう。この点が団結権侵害を理由とする損害賠償法理の顕著な特徴といえる。

もっとも，具体的損害額の決定基準ははっきりしない。既存の法理によれば一応「慰謝料的」といえる。実際の裁判でもそのような構成をとる例が多い。しかし，精神的なショック自体が問題となっているわけではない。さらに，労働者個人に特有の権利というより，より社会性のある利益であり，まさに団結権が侵害されているといえる。ただ，損害額の合理的な算定が困難なだけである。

２）組合について

組合の損害については，組合員に対する侵害と重複する側面と組合独自の利益侵害の側面がある[31]。

まず，組合員との関係については，その利益はあくまで当該組合員が請求すべきものか，組合も独自に請求できるかが問題となる。前述の個々の組合員を対象とした③④の利益侵害は，同時に組合自体の利益をも侵害するので独自の損害といえる。たとえ，個々の組合員に対し経済的補填がなされたとしてもそれでは十分補填し得ない組合独自の損害が残るわけである（組合独自の団結権侵害）。組合員に対する処分や脱退工作は組合の存立基盤自体を掘り崩すからである。個々の組合員に対する反組合的行為は必ず組合自体の利

---

[29] 人格権全般については，五十嵐清『人格権法概説』（2003年，有斐閣）参照，自己決定権に着目した議論もなされている（246頁）。

[30] 拙著『成果主義時代のワークルール』（2005年，旬報社）26頁。

[31] この点は主に行政救済法理との関連で問題となっている。拙稿「組合申立の法理」中央労働時報1098号（2009年）2頁（本書2章）参照。

益をも重複的に侵害するといえる[32]。もっとも，この部分の損害額算定の基準ははっきりしない。

次に，組合だけの損害が問題となるのは，組合自体の活動を阻害する組合事務所の貸与差別や団交拒否のケースであり，まさに団結権・団交権侵害といえる。このケースでは，組合員個人の利益は直接には侵害されない。

(a) 財産的損害

侵害行為と相当因果関係にある損害をどう認定すべきか。財産的損害としては，当該反行為によって支出を余儀なくされた金員と当該行為がなかったならば得ることができたであろう金員が考えられる。

前者の例としては，組合事務所の貸与中止のため他の場所で事務所を借りたケースにおける借上金等の例がある（判決18）。因果関係があるので認められるべきものといえる。

理論的には，反組合的行為に対抗するためにかかった活動費用，労働委員会・裁判対策費用の問題が重要である。弁護士費用を別にすれば，裁判所の判断は分かれている。たしかに，これらの抗議・対抗活動をするか否か，どの程度するかは組合の意向や力量に左右される側面がある。しかし，団結権は使用者の反組合的な言動に自主的に対抗することによって実現する性質を持っており，本来自力救済的な権利といえる。そうならば，一定の対応・対策は，反組合的行為の結果余儀なくされたものとして，それにかかった費用は相当因果関係にある「損害」と認定しうるものと考えたい（判決42）。弁護士費用以上に不可欠な費用と評価できる。もっとも，その額については一定の歯止めは必要となる。

後者の例として難問なのは，組合からの脱退のために減少した組合費相当分や団交拒否ケースの損害額である。

組合費減額分については，組合員の脱退意思・行為が媒介するので「間接損害」といえようか。実際には，反組合的行為の結果脱退がなされたかの認

---

[32] 組合独自の救済利益を認める旭ダイヤモンド工業事件（最三小判昭和61・6・10労働判例476号6頁）参照。

定は困難である（判決11）。個々の労働者が自主的に脱退することもあり，とくに別組合加入のケースでは，その点の判断はデリケートである。組合選択の自由もあるからである。もっとも，脱退工作等の反組合的行為と脱退との間に相当因果関係があれば，脱退にともなう損害として得べかりし組合費を想定することはできよう。ただ，組合員でありつづけたであろう期間をどう認定するかの問題は残る。また，脱退行為との因果関係が明確でないケースについても，使用者の行為が脱退行為に一定の寄与をしたと考えることができ，寄与分に応じた損害を認定することも可能であろう（判決53）。

　団交拒否ケースについては，その結果どのような経済的不利益が生じたかは必ずしもはっきりしない。想定される財産的損害としては，団交がなされたならば獲得できたであろう賃上げ相当分をあげることができる。とはいえ，賃上げ相当分を具体的に算定することはほぼ不可能である。ただ，併存組合状況で一方の組合との団交拒否が組合員間の差別状態を招来することはあり，その差額を損害額とみなすことは可能であろう[33]。

　以上の問題については，団交拒否に対する効果的な救済命令のあり方を検討したアメリカ法上の論議が示唆的である。もっとも，そのような型の救済命令は認められなかった[34]。他方，わが国ではこのような救済命令についてあまり関心を呼ばなかった。排他的交渉代表制ではないので，団交拒否にそれほどの反規範性がないという側面もあろう。

(b)　非財産的損害

　次に，非財産的損害については，「無形損害」としてその内容を個別に判断しない例が多い（判決4，判決5等）。それでも以下のような論点が提起されている。

　その一は，組合の信用や社会的評価の側面であり，その低下を認める裁判例は多い。ただ，社会的評価・信用をどのレベルで考えているかまでは明らかでない。理論的には，①組合員からの評価・信用，②会社内における評

33）東洋シート事件・広島地判昭和63・3・2労働判例514号30頁は別組合員に支払われた賃上げ相当分を組合員に対し支払うことを命じている。

34）拙稿「アメリカ法における団交拒否の救済」日本労働協会雑誌188号（1974年）参照。

価・信用，③会社を超えた社会的評価・信用，を想定しうる。組合の存立自体の評価を下げることの実際のインパクトを考えれば①の側面が強いと思われる。団結権保障を当該組合員だけではなく，職場全体との関連で構想すれば[35]，②の視点も重要となる。

その二は，慰謝料であり，それを認める裁判例も少なくない。しかし，自然人ではない組合になぜ慰謝料が認められるかまでの議論は展開されていない。他方，慰謝料の請求を明確に否定する例もある（判決23，なお原審は認めていた）。慰謝料といっても実際は社会的評価が低下した点を考慮しているものと思われる。

その三は，団結権・団交権侵害自体をどう考えるか。非財産的な損害額との関連での議論はほとんどなされていない。前述の社会的評価の①②の側面はあるがそれに解消できない部分がある。また，精神的レベルの問題ではないので，慰謝料的な構成も適切と思われない。結局，組合活動や団交の実現，組合の存立基盤が阻害されたことを独自の損害と構成すべきであろう。まさに，団結権・団交権侵害といえる。もっとも，損害額の明確な算定は困難ではある。

以上から，組合の非財産的損害は，組合の社会的評価・信用の侵害と団結権・団交権自体の侵害の二つの側面があるといえよう。この点，民訴法248条の積極的運用に期待することになろうか。

(5) 加害者関係論

行政救済においては，「使用者」の不当労働行為責任だけが争われる（労組法7条）。管理職の行為であってもそれが使用者に帰責できるかが問題になる。管理職個人の責任が直接問題となるわけではない。その点，不法行為事件においてはその責任関係は複雑な構造になっている。

1）加害者個人

まず，加害者個人は団結権侵害につき独自の不法行為責任を負う。その行

---

35) 前掲・拙著『不当労働行為法理の基本構造』(2002年，北海道大学図書刊行会)221頁。

為態様にもよるが，法人の代表者，中間管理職，さらに平の従業員や（別）組合員も含まれる。いずれの行為も不法行為の要件を満たす必要がある。

　検討課題の一は，個々人の行為の違法性を判断する際に，具体的行為が本人の地位，会社の方針や業務命令とどう関連するか，である。行政救済法理においては，使用者の責任だけが問題となるので，個々人の行為が会社の方針等とどう関連するか，いわゆる帰責の問題として処理されている[36]。

　他方，不法行為法理については，その点は必ずしも明確ではない。たとえば，平の従業員の反組合的行為（組合脱退慫慂）を，それ自体として違法と評価しうるかは難問である。会社の指令による場合は別であるが。違法性の判断について，当該個人の行為をそれ自体としてではなく，当該労使関係の中で，つまり本人の地位，会社の方針・意向との関連で評価する必要がある。これは，個人の不法行為責任が認められた場合の使用者への「逆求償」の論点に関連する。

　その二は，会社役員の個人責任については，悪意重過失を要件としている（商法旧266条の3，現行会社法429条）ので，責任を認められない事案もある（判決16）。しかし，いわゆる直接損害のケースでは，当該行為は民法709条にも当たると解されており[37]，反組合的行為については基本的に709条違反とみなすべきであろう。

2）使 用 者

　使用者については，①独自に，②代表者の職務遂行に関する不法行為につき（民法旧44条，現行一般社団・一般財団法78条。会社法350条の例もある）③被用者の事業執行についての不法行為につき（使用者責任・民法715条），責任を負う。

　検討課題の一は，使用者独自の責任の根拠である。この点は民法上大議論があるが[38]，労働法上は比較的容易に認められている。つまり，解雇や処分等の法律行為的な行為や措置，さらに団交拒否については使用者だけが加

36）　拙著『不当労働行為の成立要件』（2007年，信山社）52頁参照。
37）　江頭憲次郎『株式会社法〔第二版〕』（2008年，有斐閣）460頁。
38）　神田孝夫『使用者責任〔新版〕』（1998年，一粒社）。

害主体であることは明確である。脱退工作等がシステマチックになされたケースでは，個々の行為の寄せ集めではなくまさに「使用者の行為」と評価されやすい。

　その二は，代表者もしくは被用者の職務に関連した行為に対する会社（使用者）の代位責任である。代表者の行為については，それ程問題はないが，使用者責任については，①加害被用者の不法行為の成否，②使用関係の有無，③事業の執行の有無，④求償関係，について論点を指摘できる[39]。

　①については，行為の違法性や過失を，労使関係の状態，加害者個人の会社内における地位・権限，さらには会社の方針・意向との関連で判断する必要がある。たとえば，中間管理職の組合批判行為は違法とされるが，平の従業員のそれは違法とまではいえないであろう。もっとも，会社の指令による場合は違法とされよう。

　②については，かなりルーズに判断されている。雇用関係自体がなくとも，労働力の利用関係があれば認めている例もある。また組合と組合員との関係も対象とされている（判決39）。私的領域の行為であっても，上司・部下という関係が前提となっているとされる。

　③については，事業執行性も広く認められている。反組合的行為は，まさに職務権限の行使として，もしくは職務上の地位を前提としてなされるので，この点はあまり問題にならない。

　④については，会社の意向に基づく場合が多いので，求償の問題は現実には生じないと思われる。もっとも，加害者個人への賠償請求がなされたケースでは，いわゆる「逆求償」の論点は発生する。また，不法行為の請求がなされるおそれがあるとして反組合的行為を行うことを命じる業務命令を拒否しうるかも論点となる。

　全般的に，加害行為が企業外の第三者に対するものではなく，企業内の被用者に対するものである点から，独自の「使用者責任」論が必要となるかも

---

[39]　山田卓生・國井和郎『新・現代損害賠償法講座　4巻　使用者責任ほか』(1997年，日本評論社) 所収　神田孝夫「『企業ないし組織体の不法行為』の法理」，國井和郎「事業の執行」，田上富信「使用関係」等参照。

しれない。行為の違法性がまさに権限行使の一環であることから，個々の加害行為を問題にする使用者責任構成よりも，会社独自の不法行為責任という発想のほうが適切であり，さらに，不法行為よりも債務不履行構成の余地もある。セクハラ（職場環境整備義務）[40]・労災（安全配慮義務）に関する法理と同様の状況といえようか。

では，使用者の行為に関係のない，純然たる第三者による反組合的行為，たとえば部外者の組合批判をどう評価しうるか。使用者の反組合的行為に対する教唆や幇助（たとえば，委員長を解雇せよとの強要）と構成できれば共同不法行為とみなしうる（民法719条2項）が，単なる批判ならば「違法」とまで評価できるか。この点も難問である。具体的な組合活動妨害行為になれば不法行為とみなされよう[41]。

3）共同不法行為論

一連の反組合的行為が共同不法行為に当たるかについて多様なパターンをとる。ここでは，管理職ＡＢＣの行為につき，以下の3つのケースで考えてみたい[42]。

① 特定の「単一行為」（特定日・特定の場所における脱退工作）についての共同性
② 一連の「脱退工作」（複数日・複数回・複数対象者）についての共同性
③ 一連の「反組合的行為」（脱退工作，差別，団交拒否）についての共同性

これらのケースで共同不法行為とされると加害者に連帯責任が課せられる。また，共同性は，「主観的・客観的な関連共同性」（判決15）と評価されている。裁判上，共同不法行為構成がとられたのは，③（判決9，判決16，判決58）のケースが多いが，②（判決7）のケースもある。団結権侵害の事

---

[40] 詳しくは，小島妙子『職場のセクハラ』（2008年，信山社）130頁以下。
[41] 全基労大阪支部事件・大阪地判昭和53・2・27労働判例293号33頁は，別組合による「本件ステッカーの撤去は原告組合の正当な組合活動に対する妨害行為で，同原告の団結権等を侵害する不法行為というべきである」と判示している。
[42] 共同不法行為の基本パターンについては，内田貴『民法Ⅱ　債権各論　2版』(2007年，東京大学出版会）501頁参照。

例では，たまたま個々の行為が連動したケースは想定しにくく，会社の一貫した方針でなされた行為が問題となる。その点では，共同性が顕著とみなされる事案と言える。他方，加害者が特定できないパターンの事例は想定しにくい。

①のパターンについては，単一行為として，行為の違法性評価，損害について一体として構成しうるので，共同不法行為の典型例といえる。

②のパターンについては，特定日の特定態様の行為の評価は独自に問題としうる。しかし，「一連の脱退工作の違法性」が争われると「脱退工作全体として違法」性の判断となり，損害もそのような観点から判断される。

③のパターンについては，反組合的行為はそれぞれ独立しているので違法性は個別に判断され，財産の損害額についても個別に判断されうる。その点では，不法行為が競合したという構成も可能である[43]。しかし，非財産的損害については，一連の反組合的行為全体として評価されうる。その意味では，全体的にみて主観的な共同性のある，もしくは相互の行為を利用した行為とみなしうる。したがって，共同不法行為として，責任は全行為につき不真正連帯の関係になるのではなかろうか。もっとも，会社自体の責任を追及するならばあえて共同不法行為構成を採る必要はないかもしれない。

次に理論的に特に注目すべき論点は，組合員もしくは別組合員が関係した場合（判決7）と会社の責任根拠である（判決9）。

前者について，個々の組合員の独自の行為は違法と認定されないが，会社の指令に基づく行為については違法であると判断されるとともに共同性が認められる。ただ，（イ）会社からの要請ではなく労働者個人があくまで自主的になした「反組合的行為」，たとえば組合結成事実の「会社への通知」，（ロ）「会社支援」で結成された別組合への加入要請行為，等についての評価は難問である。

（イ）については，たとえ，労働者が自主的になしたといえ，当該行為と使用者の脱退工作が連動して全体として団結権侵害行為であるという評価も

---

[43] 潮見佳男『不法行為法』（2002年，信山社）433頁参照。

可能となる。脱退工作に対する教唆もしくは幇助的行為（民法719条2項）とみなしうるからである。その点では，個々の労働者（組合員とはかぎらない）についても団結活動を阻害しない（団結承認）義務を想定しうるかもしれない。

（ロ）については，別組合の団結活動という側面もあるので，より複雑な論点となる。いわゆる「御用組合」の活動は保護に値するか，「御用組合」の定義はなにか，自主的な組合になる契機を想定できないか，また保護に値しないとしたら（イ）と同様な関係になるか，等の問題である[44]。

会社の責任根拠については，基本的に4つのパターンがあると思われる。

その一は，管理職Aと管理職Bの共同不法行為につき使用者責任が認められる場合である。ここでは，管理職個人と会社の関係において共同性は問題にならない。

その二は，管理職Aの行為（責任）と（管理職Bの行為に関する）使用者責任が問題になる例である。これも共同不法行為といえようか。

その三は，同一行為について，管理職個人の責任と使用者責任が争われるケースである。共同不法行為とはいえないが，不真正連帯の関係とされる（判決60）。

その四は，管理職と会社がそれぞれ独自の反組合的行為（管理者が脱退工作，会社が団交拒否）をなした型である（判決50）。共同不法行為の典型例といえようか。

いずれのケースにおいても，管理職個人の行為につき使用者責任を追求することは可能である。その点では，会社は，独自の不法行為責任と使用者責任の双方を負うことになり，両者を区別する意義がどこにあるかも問題となる。また，管理職個人につき共同不法行為が認められると，本人のなした反組合的行為だけではなく会社が関連した反組合的行為全部につき多額な賠償責任が課せられることになる。会社独自の不法行為責任という構成が必要になるゆえんである[45]。

---

44) 下井隆史＝保原喜志夫＝山口浩一郎『労働法再入門』（1977年，有斐閣）85頁参照。
45) 神田孝夫『不法行為責任の研究』（1988年，一粒社）58頁。

(6) 将来的課題

司法救済の意義・限界はどこにあるか。まず，無効構成については，反組合的行為のうち法律行為的に構成しえるものだけが対象となる。また，その判断基準も効力の有無だけで事案に応じた柔軟な処理に適さない。反組合的行為からの救済において大きな限界があるわけである。そこで，より実効性のある救済方法として不法行為構成が提起された。たしかに，対象の広がり，柔軟さ，割合的処理，強制方法等の点では有効と言える。また，団結権侵害を直接問題にしうるというメリットもある。

しかし，前述のように違法性の判断基準の混乱，過失を問題とする視角のあいまいさ，保護法益の多様性，損害額についての基準の不明確さ等の問題がある。同時に，企業独自の責任と使用者責任との関係，共同不法行為法理の適用についても多くの難問がある。にもかかわらず，学説・判例上本格的な検討はなされず，関連裁判例が蓄積されている。

全体として印象では，民法の既存の議論を前提に法理を精緻化するのは，想定している利害状況が大きく異なっているので，困難といえる。同時に，法理の精緻化の視角・意味自体が問われている。最後に，以上の議論をふまえ，より広い観点から団結権法理を考えてみたい。

1) 事件処理視角からみた行政救済との比較

一連の前述の裁判例につき，法社会学的観点からは，労使紛争の効果的な処理を念頭に置いた注目すべき傾向がみられる。行政救済と関連づけて検討したい。

その一は，事件（紛争）を一連の「団結権侵害行為」として把握する視角である。組合（原告）サイドの意向（訴訟戦略？）によるものでもあり，実際にも一連の行為と評価できるケースが多い。共同不法行為的処理に適するとともに企業自体の責任という発想に連なるものといえる。

行政救済法理においては，どの範囲で申立をするかの問題であり，基本的に申立人の意向による。また新規の不当労働行為がなされたケースにおいても，別件にするか申立の追加によるかも申立人の意向である。その意味では，不当労働行為事件は「一連の行為」と評価されうる側面がある。また，行政

救済にも除斥期間の規定はあるが、「継続する行為」のケースとされると一連の行為という評価がなされる（労組法27条2項）。この一連の行為・事件という発想は、とりわけ紛争状態の「認識や解決」という側面では重要である。

その二は、複合的な責任追及システムである。最終的には、使用者責任等会社の責任が追及され、必要があれば個人責任をも追及するという図式となっている。この柔軟さ、被告の多層性が不法行為訴訟のメリットといえようか。さらに、取引先（銀行）のプレッシャーによる反組合的行為や組合員が関与した行為に関して共同不法行為構成で対処しうるという大きな利点もある。もっとも、個人責任や取引先を追及することが健全な労使関係の形成にプラスになるかの問題は残されている。

行政救済においては、労組法7条は「使用者」の不当労働行為だけが規制されており、命令の名宛人となるのは法人の場合は法人に限られる（済生会中央病院事件・最三小判昭和60・7・19労働判例455号5頁）。実際に反組合的行為をなした管理職は、名宛人とはなりえず、当該行為は使用者に帰責される。また、親会社・元請け会社等の事案において使用者概念は拡張されているが、それでも取引先や取引銀行の反組合的行為を直接規制することは困難である。その点では、もっぱら使用者に対する責任追及システムといえる。

その三は、救済方法レベルであり、当然ながら金銭賠償に限定される。反組合的行為の規範的評価は、財産的レベルについては反組合的行為に対抗する諸費用、非財産的レベルにおける損害賠償「額」で表現されていると思われる。組合の社会的評価・信用の低下度合いや団結権侵害の程度が考慮されているわけである。その点では、損害の公平な分担という視点は希薄であり、不法行為に対する社会的非難という側面が強い。

金銭賠償は、一般的には強制力がある端的な「救済」といえる。しかし、損害「額」レベルになると、解雇や処分等については得べかりし賃金額として基準はそれなりに明確であるが、それ以外については不明確である。とりわけ、組合の社会的評価・信用、団結権や団交権侵害の側面においてそういえる。つまり、金銭評価の対象となりうるというメリットがあり、加害者に金員を払わせるという意味では一定の教育的機能もある。しかし、労使関係

における将来的なルール設定との側面では必ずしも効果的ではなく，あくまで，過去志向的な救済に他ならない。

それに対し行政救済は，労使関係の将来を見据えた柔軟な救済命令を発しうるので労使関係の形成に適合的である。ただ，経済的損失分の救済の点では，バック・ペイ的なものは別として効果的な救済措置は想定されていない。より事案に応じた損害賠償（損失補償）的な救済命令（たとえば，組合事務所貸与差別に対する「事務所賃貸分」支払い命令）を発すべきという問題関心も希薄である。今後同種命令を発する場合には，損害賠償法理は示唆的な論議を提供するものと思われる。

同時に，救済命令違反に対するサンクションは過料による間接強制に他ならず（労組法32条），過料は国庫に納入される。申立人に対する直接の金銭支払いはなされず，行政「救済」といっても直接的な「救済」とはいえないわけである。そこで，実際には，和解による「解決金」的な解決が図られるようになった。2004年の労組法改正（27条の14　第5項）も現実の事件処理をふまえて，金銭和解の債務名義化を正面から認めた。より実効性のある「救済」のためには，立法的課題として損害賠償システムとの一定の連動が必要と思われる。

2）団結権保障システムとしての司法救済の特質

団結権をどう把握するのか。団結権の法的構造については，憲法学も含めほとんど本格的な検討がなされていない[46]。労働組合活動の基本パターンは，組合を作って，運営し，交渉して，プレッシャーをかけ，合意をする，という一連のプロセスをたどる。使用者の反組合的行為は，この一連のプロセスを制約する行為に他ならない。では，この反組合的行為を法的にどう規制すべきか。また，その際の視点は何か。

---

46) 私の試みは，集団的労使関係ルールとして，拙著『不当労働行為法理の基本構造』（2002年，北海道大学図書刊行会）221頁以下，組合申立法理として，拙稿「組合申立の法理」中央労働時報1098号（2009年）2頁以下（本書2章），組合法全般との関連について，拙稿「解体か見直しか——労働組合法の行方（1）（2）（3）」季刊労働法221，222，223号（2008年）（本書第1部第1章）参照。

まず，一連のプロセス自体が団結権の行使であるとともに，反組合的行為がなされた場合には組合サイドの抗議・対抗行為もそれ自体団結権の行使に他ならないことに留意すべきである。この対抗行為によって自力で反組合的行為をチェックしえたら損害賠償訴訟のニーズは少なくなる。労使関係が自主的に形成され法的な関与が不要になるからである。この点に着目すると，法的な関与は，反組合的行為を直接に規制して組合活動自体の基盤を整備する方策と一定の組合活動を前提にそれを支援し労使間ルールを形成する方策に大別しうる。

　行政救済は，労使関係の将来を見据えて不当労働行為の審査をすることから後者のケースにより適合的である。不当労働行為の有無を事後的に判定することよりは，調査・審問手続を通じて公労使の三者の委員と事務局で集団的労使関係ルールの形成を「手助け」するところに特徴がある。労使が納得した形の和解的処理が重視されるゆえんである。また，救済措置としても，労使交渉システムをビルドインした救済方法にも注目すべきである。差別是正の具体策につき労使協議を命じた労働委員会命令がその好例と言える[47]。まさに，ルール形成に向けた労使に対する支援的・教育的措置に他ならない。労働委員会手続に特徴的な救済技法であり，司法救済にはこのような柔軟性はない。

　他方，司法救済は，労使協議がほとんど機能せず，組合存立に対するサポートが必要な時にこそ実効性がある。組合脱退工作，組合員に対する解雇，団交拒否という典型的な反組合的行為の規制であり，いわゆる組合活動の基盤整備といえる。当該解雇の「無効」，団交に応ずべき地位の「確認」という象徴的な対応がなされうる。裁判所（官）の権威がそれを支えている。ただ金銭による損害の公平な分担を目的とする損害賠償法理は，この点においては原理性や気迫に欠ける。

　もっとも，次の点において大きなメリットを有する。

---

[47] 日産自動車事件・最二小判昭和62・5・8判例時報1247号131頁，最近は小石川郵便局等事件・東京高判平成19・9・26労働判例946号39頁等。

その一として，ある意味で端的な救済という側面がある。団結権はそれ自体を法的に保護することは困難なので，金銭的な「補償・解決」としてドライに割り切り組合活動の助長を図ることができる。たとえば，事務所貸与差別に対する賃料相当額の支払い措置は，労使協議を命じるよりも端的な救済といえる。侵害行為のリスクを可視化する仕組みであり，確信犯的な使用者に対しては教育(制裁)的な効果は大きい。「可視化」しすぎるきらいはあるが。

その二として，団結権の特質を損害額のレベルで一定程度考慮しうることである。特に，財産的損害として，反組合的行為への対抗行為に要した組合サイドの諸費用や組合員減少に伴う組合費の減額分を，相当因果関係にある損害と認定できれば独自の損害額認定ルールとなる[48]。団結権保障のために実効的であるとともに，反組合的行為に対抗する組合活動を促進するという組合支援的な側面もある。反組合的行為のリスクを使用者に負わせる強力な仕組みとも言える。もっとも，その額につき一定の限界は必要とされよう。

3) 労働契約法理へのインパクト

団結権侵害を理由とする不法行為法理は，具体的な加害者(代表者・管理職)個人への責任追及ができることがメリットといえる。もっとも，同人の行為の違法性は，会社内における地位や権限，さらに会社との意思連絡との関連において判断される。また，同人の行為につき故意・過失が独自に問題になることも少ない。その意味では，会社組織を踏まえた責任といえる[49]。同時に，会社自体は，独自の不法行為責任としてもしくは使用者責任として責任を負うことになる。不法行為法上，個々の加害者と会社の責任という複合的な構造をとっているが，団結権侵害に対する責任は基本的に労使関係を前提とした会社自体にあるといえる。

以上のように会社自体の責任を問題にすると，反組合的行為をしないことは不法行為法レベルだけではなく，労働契約法レベルで処理することも考えられる(日本メールオーダー事件・東京地判平成21・4・13労働判例986号52頁参

---

48) 石川吉右衛門『労働組合法』(1978年，有斐閣) 16頁参照
49) 神田孝夫『不法行為責任の研究』(1988年，一粒社) 1頁以下。

照。もっとも，理論的には混乱している，拙解説・法学セミナー662号（2010年）133頁参照）。安全配慮義務やセクハラ事件における職場環境整備義務と同様な発想であり，労働契約上の使用者の「団結承認義務」ともいうべきものが想定される。また，会社自体の責任に着目する点については行政救済法理と類似する。

　ただ，このように構成すると反組合的な行為をした代表者・管理職個人への直接的な責任追求は困難となる。また，取引先（銀行）や個々の従業員がからんだ事案について，共同不法行為的に責任を追求することも制約されることになる。その点では，不法行為構成のメリットも捨てがたい。

〈判決一覧表〉　×は請求が認められなかったもの

1	田中興業エンタープライズ他事件・東京地判平成20・9・22労働判例976号48頁 車庫所長からの解任（配転），脱退工作
2	塩竈交通事件・仙台地判平成20・6・12労働判例959号161頁 脱退工作・脱退届作成援助等
3	第一交通産業事件・大阪高判平成19・10・26労働判例975号50頁 親会社による組合壊滅のための子会社解散，全員解雇
4	JR西日本森ノ宮電車区事件・大阪地判平成19・9・19労働判例959号120頁 掲示板からの掲示物の撤去の一部　（他の行為は不当労働行為ならず）
5	オリエンタルモータ事件・東京高判平成19・4・26労働判例940号33頁（東京地判平成18・1・20労働判例911号44頁） 一方的業務換え・賃金低下
6	スカイマーク事件・東京地判平成19・3・16労働経済判例速報1965号15頁 団交拒否
7	日産プリンス千葉販売事件・東京地判平成19・2・22労働判例944号72頁 X組合からのZ組合の脱退の誘導・援助
8	根岸病院事件・東京高判平成18・11・30労働判例934号32頁（東京地八王子支判平成18・2・9労働判例934号44頁） 団交拒否　×
9	JR西日本可部鉄道部事件・広島高判平成18・10・11労働判例932号63頁 日勤教育の継続部分については不当労働行為に該当
10	トキワ工業事件・大阪地判平成18・10・6労働判例933号42頁 一時金不支給
11	神奈川県厚生農業組合連合会事件・横浜地判平成18・9・21労働判例926号30頁 組合に対する内部告発雛行為，F婦長等の組合脱退慫慂行為
12	光輪モータース事件・東京地判平成18・8・30労働経済判例速報1955号14頁 店長フロア長手当の不支給・減額　×
13	シオン学園事件・東京高判平成18・7・20労働判例940号84頁（最二小決19・4・27上告棄却・不受理） 賃金格差の不解消
14	東急バス事件・東京地判平成18・6・4労働判例923号68頁（東京高判平成19・2・15労働判例937号69頁も同旨） 組合併存下において組合員への乗務差別，脱退勧奨等
15	日本シェーリング事件・大阪地判平成17・10・19労働判例908号85頁 組合員たることを理由とする昇格・昇進差別　×
16	ウイシュ・神戸すくすく保育園事件・神戸地判平成17・10・12労働判例906号5頁 組合結成・活動に対する抑制，更新拒否等

203

17	鉄道建設・運輸施設整備支援機構事件・東京地判平成17・9・15労働判例903号36頁（東京高判平成21・3・25労働判例984号48頁） 採用候補者名簿に記載しなかったこと	
18	太陽自動車等事件・東京地判平成17・8・29労働判例902号52頁 便宜供与の一方的中止	
19	東京日新学園事件・東京高判平成17・7・20労働判例899号19頁（東京地判平成16・12・22労働判例888号13頁　不法行為に該当慰謝料40万） 営業譲渡にともなう不採用　×	
20	JR東海関西支社事件・大阪地判平成17・5・11労働判例900号75頁 配転	
21	黒川乳業事件・大阪地判平成17・4・27労働判例897号43頁 労働協約の破棄・団交拒否　×	
22	JR東海大阪第一車両所事件・大阪地判平成16・9・29労働判例884号38頁 組合員に対する事情聴取　×	
23	恵和会宮の森病院事件・札幌高判平成16・9・17労働判例886号53頁（札幌地判平成15・11・19労働判例864号90頁） 降格人事，団交拒否　損害発生せず	
24	愛集学園愛集幼稚園事件・大阪高判平成16・3・12労働判例883号71頁 クラス担任の解任，団交拒否等	
25	セフテック事件・東京地判平成16・3・9労働判例874号23頁 賃金・賞与減額　×	
26	JR東海事件・東京高判平成15・11・6判例時報1861号131頁 スト権論議について意見を述べた文書の配布等	
27	神谷商事事件・東京高判平成15・10・29労働判例865号34頁　（東京地判平成15・6・16労働判例865号38頁） 8年間にわたる団交拒否	
28	破産者松筒自動車学校破産管財人事件・大阪地判平成15・10・17労働判例820号28頁 嘱託再雇用拒否	
29	京王電鉄事件・東京地判平成15・4・28労働判例851号35頁 賞与支給差別，支所長発言　×	
30	明治学園事件・福岡高判平成14・12・13労働判例848号68頁　（福岡地判平成12・12・25労働判例848号78頁） 団交拒否　×	
31	明石運輸事件・神戸地判平成14・10・25労働判例843号39頁 一時金支給差別	
32	三菱重工広島製作所事件・広島高判平成14・7・24労働経済判例速報1812号8頁 進級・昇格差別　×	

33	渡島信用金庫事件・札幌高判平成14・3・15労働判例826号5頁　（札幌地判平成13・9・17労働判例826号9頁） 処分等による組合員数の減少
34	東京都公立学校講師労働組合事件・東京地判平成13・12・27労働判例819号83頁 団交拒否×
35	東京税関事件・最一小判平成13・12・13労働判例818号12頁上告棄却（東京高判平成13・1・26労働判例803号38頁） 組合分裂助長・隔離配置等
36	横浜税関事件・最一小判平成13・10・25労働判例814号34頁上告棄却（東京高判平成11・2・24労働判例761号145頁） 組合分裂助長・隔離配置等
37	東豊観光事件・大阪地判平成13・10・24労働判例817号21頁 一時金差別
38	本四海峡バス事件・神戸地判平成13・10・1労働判例820号41頁 長期的な団交拒否
39	東日本鉄道産業労働組合事件・東京地判平成13・5・28労働経済判例速報1774号19頁 別組合員による組合の掲示物撤去
40	サンデン交通事件・山口地下関支判平成13・5・9労働判例812号39頁 貸し切り乗務外し
41	日本労働福祉財団事件・東京地判平成13・3・16労働判例805号144頁 一部業務からの排除
42	岡惣事件・新潟地長岡支判平成13・2・15労働判例815号20頁　（東京高判平成13・11・8労働判例815号14頁も同旨） 一時金差別
43	大和交通事件・奈良地判平成12・11・15労働判例800号31頁 執行委員長に対する懲戒処分，不誠実交渉
44	中央タクシー事件・長崎地判平成12・9・20労働判例798号34頁 諭旨解雇
45	若松運輸・鉄構運輸事件・千葉地判平成12・9・13労働判例795号15頁（東京高判平成13・10・16労働判例818号27頁も同旨） 仕事上の差別，一時金不支給，団交拒否
46	JR東日本事件・東京地判平成12・2・3判例時報1713号128頁 不当労働行為事件の再審査申立が取締役の善管注意義務，忠実義務に違反せず
47	京都ヤマト運輸事件・大阪地判平成11・9・3労働判例775号56頁 大型車乗務に配置しないこと
48	阪神高速道路公団事件・大阪地判平成11・5・31労働判例768号43頁 勤務時間の一方的な変更通知・配転等
49	上原学術研究所事件・大阪地判平成11・2・17労働判例763号52頁 処分

50	ヒノヤタクシー事件・盛岡地判平成10・10・30労働判例756号67頁 賃金・車両配置差別	
51	都南自動車教習所事件・東京高判平成10・9・10労働判例755号60頁　（横浜地判平成7・3・30労働判例755号61頁） 介入行為，年休中の賃金算定基準の一方的変更	
52	JR西日本事件・広島地判平成10・7・23労働判例750号53頁 管理者による脱退慫慂行為	
53	西神テトラパック事件・神戸地判平成10・6・5労働判例747号64頁 組合批判文書の配布，脱退慫慂等	
54	誠光社事件・大阪地判平成10・4・20労働判例741号44頁 破産にともなう解雇　×	
55	豊和運輸事件・大阪地判平成10・3・25労働判例761号108頁　（大阪高判平成10・12・24労働判例761号105頁） 分会長に対する出勤停止処分，長距離トラック運送排除	
56	佐川急便事件・大阪地判平成10・3・9労働判例742号86頁 長期，意図的な団交拒否	
57	日本アイティーアイ事件・東京地判平成9・7・28労働判例724号30頁 営業の中止　×	
58	ヤマト運輸事件・静岡地判平成9・6・20労働判例721号37頁 具体的期待にも拘らず正当な人事考課を怠る	
59	愛知県教育委員会事件・名古屋地判平成9・3・26労働判例735号90頁 職員団体からの県教委への団交要求の拒否　×	
60	岩井金属工業事件・大阪地判平成8・12・25労働判例717号64頁 仕事上の不利益取扱い，解雇，協約の一方的破棄等	
61	東豊観光事件・大阪地判平成8・6・5労働判例700号30頁　（大阪高判平成9・4・23労働判例727号89頁） 脱退工作，配車差別，一時金差別，団交拒否等	
62	四日市北郵便局事件・名古屋高判平成8・3・26労働判例695号86頁　（津地四日市支判平成7・5・19労働判例682号91頁） ビラ配布の中止，退職の強要	
63	秋田県事件・秋田地判平成8・2・23労働判例696号74頁 昇任差別は地公法13条，56条により保護されるべき利益侵害	
64	春日井学校労組事件・名古屋高判平成6・11・25労民集45巻5/6号408頁　（名古屋地判平成5・4・28労民集45巻5/6号413頁） 団交拒否　×	
65	サンデン交通事件・広島高判平成6・3・29労働判例669号74頁　（山口地下関支判平成3・9・30労働判例606号55頁，最三小判平成9・6・10労働判例718号15頁） 配車差別	

66	国鉄清算事業団事件・岡山地判平成6・3・29労働判例656号56頁 人材活用センターに配置したこと
67	大久保製壜所事件・東京高判平成6・2・28労働判例655号68頁　（東京地判平成5・6・17労働判例632号46頁） 組合弱体化のために虚偽の申告をしてXを逮捕させること
68	東春運輸事件・名古屋地判平成6・2・25労働判例659号68頁 組合役員選挙，組合分裂
69	旭火災海上保険事件・最二小判平成5・2・12労働判例623号9頁　上告棄却　（大阪高判平成3・9・26労働判例602号72頁） 配転命令
70	国労岡山操車場事件・広島高岡山支判平成3・8・29労働判例603号66頁　（岡山地判昭和63・5・25労働判例519号92頁） 掲示物撤去　×
71	池本興業・中央生コン事件・高知地判平成3・3・29労働判例613号77頁 組合活動を理由に派遣契約を解除，自宅待機，出勤停止
72	JR東日本事件・前橋地高崎支判平成3・3・22労働判例603号84頁 厳重注意・訓告
73	香焼町事件・長崎地判平成2・11・6労働判例601号76頁 ビラ配布を理由とする懲戒処分
74	日産自動車事件・東京地判平成2・5・16労働判例563号56頁 併存組合下における残業差別，組合事務所等の貸与差別
75	清和電器産業事件・福島地いわき支判平成1・11・15労民集40巻6号631頁　（仙台高判平成2・10・22労民集41巻5号877頁） 団交拒否　支配介入等
76	JR東海新幹線運行本部大阪保線所長事件・大阪地判平成1・10・5労働判例548号6頁 団交拒否　×
77	国鉄新幹線総局大阪保線所長事件・大阪地判平成1・10・5労働判例548号10頁 団交拒否　×

◆ 第3部 ◆

直面する諸問題

◆第4章
労働契約法制と労働組合

はじめに
Ⅰ節　現行従業員代表制・労使委員会制度の問題点
Ⅱ節　素案が示した労使委員会等構想
Ⅲ節　労働組合機能との関連

はじめに

　日本の労働組合もずいぶん馬鹿にされたものだ。一連の労働契約法制の動き、とくに就業規則法制の動向を見ての正直な感想である。

　2005年9月に厚労省の「今後の労働契約法制の在り方に関する研究会」が最終報告を発表し、それをうけて2006年4月に労働政策審議会労働条件分科会により「労働契約法制及び労働時間法制に係る検討の視点」が、また同年6月に素案が発表された。連合の明確な反対、経団連の消極的な立場にも拘わらず厚労省主導で立法化の動きが加速し、論議は確実に新たな段階に突入した。その後2007年11月に「労働者及び使用者の自主的な交渉の下で、労働契約が合意により成立し、又は変更されるという合意の原則その他労働契約に関する基本的事項を定めることにより、合理的な労働条件の決定又は変更が円滑に行われるようにすることを通じて、労働者の保護を図りつつ、個別の労働関係の安定に資することを目的とする」（労働契約法1条）労働契約法が成立し、2008年3月から施行されている。

　リストラや労務管理の急激な変貌によって多くの労働紛争が発生したために、2001年に個別労働関係解決促進法に基づき労働局に紛争調整委員会が設置され、労働審判法に基づき2006年に地方裁判所に労働審判制度も整備された。次に要請されたのは紛争解決基準、つまり労働契約法制であった。会社内における自主的な解決システムの役割低下もそのような動きを助長した。

ここに労働契約法の立法化の動きが具体化し，労働条件変更のルールの明確化，労使委員会の整備，解雇に関するルールの明確化，解雇に関する金銭的解決の仕組みの検討，雇用継続型契約変更制度の導入，有期労働契約のルールの明確化等の提言がなされている[1]。同時に，自律的労働時間制度の創設等の労基法上の労働時間法制の抜本的な検討もなされたがこの部分は立法化されるに至らなかった。

本稿は，労働契約法をめぐる一連の立法過程を通じて提起された集団的な労働条件決定システムに関するアイデアを検討することによって，労働組合(法)の直面する課題を考察するものである。その点からは，立法化されなかったといえ6月素案で示された構想が決定的に重要なので，それに焦点をあてたい。

では，労働契約法制の基本的なねらいはなにか[2]。

その一は，労働契約に関するルールの明確化である。つまり，増加する多様な労働紛争を処理する基準として労基法を中心とする現行の実定法ではきわめて不十分である。とりわけ，労基法は刑罰法規であることもあり，柔軟な解釈が困難であった。また，労働契約に関しては一定の判例法理が形成されているが，それらはあくまで個別事案との関連における判断なのでルールとしての明確性や予測性に欠けていた。解雇の正当性や就業規則の不利益変

---

1) 労働契約法制全般については，「中間的取りまとめに対する労働組合・法曹団体の見解」労働法律旬報1602号（2005年），菅野和夫「労働契約法制の課題──その概要と考え方」中央労働時報1049号（2005年），特集「あるべき労働法制を考える」季刊労働者の権利262号（2005年），特集「今後の労働契約法制の在り方に関する研究会最終報告書批判」季刊労働者の権利263号（2006年），特集「労働法の未来と労働契約法制のあり方」労働法律旬報1615・16（2006年），毛塚勝利＝道幸哲也「労働契約の決定・変更と就業規則・労働協約──労働契約法制のあり方をめぐって─」労働判例902号(2006年)，特集「労働契約法制をめぐる議論と問題点」季刊労働法212号（2006年），道幸哲也・小宮文人・本久洋一・紺屋博昭他『職場はどうなる　労働契約法制の課題』明石書房（2006年），特集「労働契約法の基本理論と政策課題」日本労働法学会誌107号（2006年），特集「新たな労働法制への課題」ジュリスト1309号（2006年）等参照。
2) 同法の立法趣旨については，荒木尚志・菅野和夫・山川隆一『詳解　労働契約法』(2008年，弘文堂)参照。

更の合理性がその好例といえる。また，その内容も必ずしもわかりやすいものではない。個別労働紛争の増加によって労働審判制等の解決機関の整備がなされたにもかかわらず解決基準自体がはっきりしないことは大きな問題であった。

　その二は，労働契約の締結・変更システムの見直しである[3]。景気の悪化や労務管理方式の変貌により労働条件の変更，特に不利益変更が頻繁になされたのにもかかわらず，それに対応する適切な法的システム・法理が構築されていなかった。まず，労働組合の影響力の低下により集団的な決定システムが適切に機能せず，また，1980年頃より多用された過半数従業員代表制（以下，「従業員代表制」という）も制度的な不備が目立っていた。企業内における従業員利益を適正に反映したなんらかの集団的労働条件決定・関与システムが必要とされていたわけである。とりわけ，実務上もっとも一般的に利用されていた就業規則の不利益変更事案につき判例法理の実務的・理論的問題点が明らかになってきたことが重要である。具体的には「不利益変更の合理性」という基準が「基準」としての予測可能性がなくなってきたのがポイントと思われる[4]。

　労働契約法の立法化の必要性は連合サイド[5]等からも指摘されているが，厚労省主導の立法提案は次のような特徴を有している。

　まず，論議の対象という点において，第一に，労働組合の現状につき問題があることを指摘しているのもかかわらず，現行労組法システムの改正はまったく念頭にない。一方，当初は労使委員会，その後は複数の従業員代表

---

3) 労働条件の変更法理については，大内伸哉『労働条件変更法理の再構成』（1999年，有斐閣），日本労働法学会編『講座21世紀の労働法 3 巻　労働条件の決定と変更』（2000年，有斐閣），荒木尚志『雇用システムと労働条件変更法理』（2001年，有斐閣）等参照。
4) この点については，拙著『成果主義時代のワークルール』（2005年，旬報社）134頁以下参照。
5) たとえば，労働契約法制研究委員会報告書『労働契約法試案』連合総合生活開発研究所（2005年），日本労働弁護団労働契約法制委員会『労働契約法制立法提言』季刊労働者の権利260号（2005年）等。

制構想等という新規の集団的労働条件決定システムの導入が図られている。とはいえ，それらの制度の具体的内容ははっきりせず，また現行不当労働行為制度との調整も不明のままである。この点を本稿は考察する。

　第二に，労基法上のホワイトカラー・イグゼンプション問題が連動している。自律した働き方の点では関連している側面があるが，労基法と契約法を明確に区別するという議論のスタンスからは理解しがたい。労働時間法制の立法化を容易にする政治的な深慮遠謀かもしれない。

　次に，内容の点において，第三に，基本的な問題関心は判例法理の整備・立法化にあり，就業規則法理がその典型である。全般的には，明確なルール化，事前説明や書面化等の手続的規制等が図られている。その点，判例法理を知っていなければ問題点はわかりにくいばかりでなく，素案の適切な評価も困難である。なお，注意すべきは個別労働契約といっても，多くの場合その内容は就業規則によって具体化が図られているので結局就業規則法理が労働契約法の中核となることである。業務命令権，雇用終了等のルールがその好例である。

　第四に，主に想定されている紛争は，就業規則による労働条件不利益変更の事案である。「労働契約法制」という表題ながらその内実は「就業規則法制」といえる。実際の労働条件の決定・変更の多くはこの就業規則によっているので立法化による影響はきわめて大きい。特に，就業規則の変更手続に労働組合を関与させていることが問題であった。これらの構想は立法化されなかったといえ，将来的に同様なアイデアが再度提起される可能性はきわめて大きいので現時点においても重要な検討課題といえる[6]。

　現行労基法上，企画業務型裁量労働制を導入するために労使委員会制度が制度化されている（38条の4）が，2005年9月の最終報告はこの労使委員会制度を過半数組合がある場合にも設置するとともにその役割を大幅に拡充するものであった。具体的には，①就業規則の不利益変更につきその決議によ

　6）　たとえば，水町勇一郎＝連合総合生活開発研究所『労働法改革』(2010年，日本経済新聞社)。

り合理性を推定すること，②それとの協議等を業務命令権行使の適正さの担保とすること，等が提案されていた。その後2006年6月に厚労省は素案を示し，この点につき大幅な修正をなし，過半数組合のない場合に新労使委員会を設置するいわゆる補完型的な立場をとった。同時に従業員の3分の2以上を組織している「特別多数労働組合」に一定の権限を付与する等のまったく新しい構想を明らかにした。

ところで，従業員代表制や労使委員会をめぐっては，労働法学会において活発な論争がなされ，相当な論議の蓄積もある。そこでの主要な争点は，労基法上の従業員代表制につき，従業員意見を適格に反映させるための手続等をどのように整備すべきかといういわば部分的修正に関するものと永続的な従業員代表制度の確立（どのような組織・権限か）を目的とするものであった。両者の具体的論点は密接に関連しており，基本的な対立点は，組合機能との調整であった。特に，不当労働行為制度との関連が重視されており，これは現時点の論争においても全く同様である。しかし，労使自治や不当労働行為制度上多くの基本的な問題があるにもかかわらず適切な論議はなされていない。

本章では，Ⅰ節において，労基法上の従業員代表制・労使委員会の制度的特徴と問題点さらに関連裁判例を検討し，さらにこれらをめぐり提起されていた制度構想を紹介したい。それらをふまえてⅡ節において報告書及び素案で明らかにされた労使委員会等の構想の特徴を，Ⅲ節において素案と労働組合機能との関連について検討する。以上をふまえⅣ節において労働契約法の成立を前提に，同法と労働組合法との関連について考察したい。

なお，従業員代表制をめぐる論議については，組合が無い企業における「労使」関係のあり方[7]，労使協議制をめぐる一連の研究[8]が一定の影響を与え

---

7) 都留康他『無組合企業の労使関係』日本労働研究機構調査報告研究書88号（1996年），都留康『労使関係のノンユニオン化』（2002年，東洋経済新報社）参照。
8) 労使協議制については，保原喜志夫他『労使協議制の研究——諸外国の経験をふまえて』日本労働研究機構研究報告書51号（1994年），中村和夫「労使協議制の現状と機能」日本労働法学会誌79号（1992年）参照。

ている。また，従業員代表制をめぐる比較法的な考察[9]，さらにアメリカ不当労働行為制度上のいわゆる「対抗的労使関係観」の見直しの動き[10]も示唆的であるが，ここでは直接の検討対象とはしない。

I節　現行従業員代表制・労使委員会制度の問題点

(1) 制度の形成過程

　従業員代表制とは，労基法等の規定によって，事業場を単位としてそれに所属する従業員の過半数組合もしくは過半数代表が労働条件決定につき一定の関与をする制度である。成立時の労基法（1947年）は，36協定の締結及び就業規則の作成・変更時の意見聴取につきこのような制度を構想しており，その後整備拡張が図られている[11]。特に，40時間制の確立に伴う1987年の拡充と1998年の企画業務型裁量労働制の導入に伴う労使委員会制度の実現[12]が重要であった。その関与の基本的パターン[13]は，①労働時間規正，②賃金・手当，③安全・衛生，④貯蓄・財形，⑤雇用保障，⑥就業規則の作

---

9) 蓼沼謙一『企業レベルの労使関係と法』（1986年，勁草書房），国際労働フォーラム編『企業内労働者代表の課題と展望――従業員代表法制の比較法的検討』（2001年，労働問題リサーチセンター）参照。

10) 拙稿「経営参加と不当労働行為――アメリカにおける不当労働行為制度観の相克」判例時報1325号，1328号（1990年），水町勇一郎『集団の再生』（2005年，有斐閣）参照。

11) 制度形成過程につては，坂本重雄「日本の『従業員代表制』の展開，法的整備」静岡大学法経研究40巻3・4号（1992年），坂本重雄「従業員代表法制と日本の労使関係――団交・協議・過半数代表制」日本労働法学会誌79号（1992年），鈴木芳明「わが国における従業員代表法制の展開過程――戦前期の従業員代表『法制』」大分大学経済論集46巻1・2号（1994年），小嶌典明「三六協定に関する覚書」阪大法学45巻3・4号（1995年）等参照。

12) この点については，毛塚勝利「職場の労働者代表と労使委員会」ジュリスト1153号（1999年），新谷眞人「労働者代表制と労使委員会」季刊労働法189号（1999年），安西愈「裁量労働制をめぐる問題点」季刊労働法189号（1999年），荒木尚志「裁量労働制の展開とホワイトカラーの法規制」東大社会科学研究50巻3号（1999年），青野覚「労使委員会」労働法律旬報1488号（2000年），浜村彰「労使委員会による労使協定に代わる決議」労働法律旬報1488号（2000年），毛塚勝利「『労使委員会』の可能性と企業別組合の新たな役割」日本労働研究雑誌485号（2000年）等参照。

成・変更等につき，意見聴取・労使協議・労使協定締結等の仕方でなされている。

　従業員代表制については，その拡充が図られるに従い，主に代表選出を適正化するという観点から制度レベルの整備も試みられてきた[14]。1978年の通達「労働時間短縮の行政指導について」(1978・6・23基発355号) 及び過半数代表の選出方法の適正化に関する通達 (1978・11・20基発642号) によって36協定の締結の適否に関して判断する機会を労働者に付与すべき事が示され，1987年改正に伴って労使協定の適正手続に関する行政解釈 (1988・1・1基発1号) が出された。その後，1997年12月の中央労働基準審議会の建議に基づく労基法施行規則6条の2は，次のように定めている。

　関係規定に規定する労働者の過半数を代表する者 (「過半数代表者」) は，①労基法41条第2号に規定する監督又は管理の地位にある者でないこと，②法に規定する協定等をする者を選出することを明らかにして実施される投票，挙手等の方法による手続により選出された者であること，のいずれにも該当する者であること (1項)。同時に3項において，「使用者は，労働者が過半数代表者であること若しくは過半数代表者になろうとしたこと又は過半数代表者として正当な行為をしたことを理由として不利益な取扱いをしないようにしなければならない。」と規定している。

　ところで，労働契約法制の想定する労使委員会は，労基法上の労使委員会をモデルにしたものと思われるので労使委員会の形成過程についてもふれて

---

13) 　全体像については，川口美貴「『過半数代表制』の性格・機能」日本労働法学会誌79号 (1992年)，諏訪康雄他『従業員代表制を考える (上巻)』日本労働研究機構調査研究報告書38巻 (1993年)，藤川久昭「文献研究　労働法学における従業員代表制論」季刊労働法169号 (1993年)，小嶌典明「従業員代表制度」『講座21世紀の労働法 8 巻　利益代表システムと団結権』(2000年)，特集「労働者代表制度の再設計」季刊労働法216号 (2007年) 等参照。また，論争状態については，労働政策研究・研修機構編『労働条件決定システムの現状と方向性』(2007年，労働政策研究・研修機構) 参照。

14) 　その経緯については，浜村彰「労働者過半数代表・紛争解決の援助」労働法律旬報1457号 (1999年) 29頁，濱口桂一郎「過半数代表制の課題」季刊労働法207号 (2004年) 210頁，また関連する解釈上・運営上の問題点については，安西愈『無組合企業における労働者代表制度』(1996年，埼玉県経営者協会) 参照。

おきたい。この種の労使から構成される委員会は，安全衛生体制の一環としての安全委員会・衛生委員会がその前例となる。労働安全衛生法17条ないし19条は，事業の統括管理者を除く委員の半数は，労働者の過半数を代表する労働組合または代表者の推薦に基づいて使用者が指名すると定めている。このようなアイデアは，時短促進法上の時短促進委員会にも踏襲され，同法6条は，労働時間短縮の実施体制の整備として，「事業主は，事業主を代表する者及び当該事業主の雇用する労働者を代表する者を構成員とし，労働時間の短縮を図るための措置その他労働時間の短縮に関する事項を調査審議し，事業主に対し意見を述べることを目的とする全部の事業場を通じて一の又は事業場ごとの委員会を設置する等労働時間の短縮を効果的に実施するために必要な体制の整備に努めなければならない。」と定めると同時に「当該委員会の委員の半数については，当該事業場に，労働者の過半数で組織する労働組合がある場合においてはその労働組合，労働者の過半数で組織する労働組合がない場合においては労働者の過半数を代表する者の推薦に基づき指名されていること。」（7条）とされている。

このような委員の半数を過半数代表が指名する委員会構想は，企画業務型の裁量労働制導入時（1998年）に「労使委員会」として本格的に実現された。この委員会は，「同意権能（すなわち労使協定の締結）をとおして労働者の過半数代表が担ってきた規制緩和機能と労働条件形成機能とを一括して労使委員会の決議に委ねたもの」と評価されている[15]。

もっとも，その決議につき全員一致が必要であることや過半数代表組合の指名した委員についてもその後従業員によるチェックがなされるという規定につき問題点が指摘され，2003年に規定の改正がなされた。その結果現行労基法38条の4の規定は以下のようになっている[16]。

「1項 賃金，労働時間その他の当該事業場における労働条件に関する事

---

15) 渡辺章「労働者の過半数代表制度と労働条件」日本労働法学会編『講座21世紀の労働法3巻 労働条件の決定と変更』（2000年，有斐閣）149頁。
16) 労使委員会についてより詳しくは，労基法38条の4第1項の規定により同項第1号の業務に従事する労働者の適正な労働条件の確保を図るための指針第4参照。

項を調査審議し，事業主に対し当該事項について意見を述べることを目的とする委員会（使用者及び当該事業場の労働者を代表する者を構成員とするものに限る。）が設置された事業場において，当該委員会がその委員の5分の4以上の多数による議決により次に掲げる事項に関する決議をし，かつ，使用者が，厚生労働省令で定めるところにより当該決議を行政官庁に届け出た場合において，第2号に掲げる労働者の範囲に属する労働者を当該事業場における第1号に掲げる業務に就かせたときは，当該労働者は，厚生労働省令で定めるところにより，第3号に掲げる時間労働したものとみなす。

1号　事業の運営に関する事項についての企画，立案，調査及び分析の業務であつて，当該業業務の性質上これを適切に遂行するにはその遂行の方法を大幅に労働者の裁量にゆだねる必要があるため，当該業務の遂行の手段及び時間配分の決定等に関し使用者が具体的な指示をしないこととする業務（以下この条において「対象業務」という。）

2号　対象業務を適切に遂行するための知識，経験等を有する労働者であつて，当該対象業務に就かせたときは当該決議で定める時間労働したものとみなされることとなるものの範囲

3号　対象業務に従事する前号に掲げる労働者の範囲に属する労働者の労働時間として算定される時間

（4号5号6号7号（略））

　2項　前項の委員会は，次の各号に適合するものでなければならない。

1号　当該委員会の委員の半数については，当該事業場に，労働者の過半数で組織する労働組合がある場合においてはその労働組合，労働者の過半数で組織する労働組合がない場合においては労働者の過半数を代表する者に厚生労働省令で定めるところにより任期を定めて指名されていること。

2号　当該委員会の議事について，厚生労働省令で定めるところにより，議事録が作成され，かつ，保存されるとともに，当該事業場の労働者に対する周知が図られていること。

3号　前2号に掲げるもののほか，厚生労働省令で定める要件

　3項　厚生労働大臣は，対象業務に従事する労働者の適正な労働条件の確

保を図るために，労働政策審議会の意見を聴いて，第1項各号に掲げる事項その他同項の委員会が決議する事項について指針を定め，これを公表するものとする。

4項　第1項の規定による届出をした使用者は，厚生労働省令で定めるところにより，定期的に，同項第四号に規定する措置の実施状況を行政官庁に報告しなければならない。

5項（略）」。

(2) 基本的特徴と問題点

1) 基本的特徴

労基法上の従業員代表制度は，次のような基本的特徴を有している。

第一に，制度目的として，労働条件の決定につき労働者代表に一定の関与する機会を付与する点が上げられる。もっとも，労働条件の柔軟化の側面については政策の二面性にも留意する必要がある。つまり，「一面から見れば，国家的拘束の範囲を縮小し，労使の『自治』の範囲を拡大するもののように見えるが，同時に，合目的観点から国家的政策のなかに労働者意思を取り込む意味をももつ」からである[17]。

第二に，過半数代表の権限につき過半数組合がある場合とない場合に同様の権限を付与している。制度形成過程においては，代表として過半数「組合」が一般化するであろうことが予想されていたと思われるが，そのような事態にならなかったのは周知の通りである。このような制度設計が現在に至るまで次のような基本的な争点を提起することになる。つまり，「過半数組合」については，組合は別・非組合員を含んだ従業員全体の意向を適切に代表しうるか，また，「過半数代表」については使用者から独立して適切に行動しうるか，の問題である。いずれも労働契約法制に関連して正面から問われている。

第三に，過半数代表制は特定事項・案件毎に代表するものであり，常設性

---

[17]　西谷敏「過半数代表と労働者代表委員会」日本労働協会雑誌356号（1989年）4頁。

に欠ける。その点労使委員会は，労働条件に関する事項の調査審議や使用者に対する意見の具申等をも目的とし（労基法38条の4第1項），一定程度の常設性が付与されている。

　第四に，関与の仕方は，意見聴取や協議とともに，協定の締結という方法がある。協定締結といっても，労働条件の決定システムとしてのそれではなく実質は「拒否権」と評価されている[18]。その意味ではかなり片面的な関与・参加といえる。

　第五に，過半数代表が締結した労使協定につき一定の私法的効力が認められる場合がある。たとえば，36協定については免罰効果と協定の範囲において労使間の合意を有効とする効果がある。さらに，計画年休制等に関する労使協定（労基法39条5項）については直接的な私法的効果が認められると解されている。それだけ過半数代表に強い権限が付与されているわけである[19]。もっとも，企画業務型裁量労働制に関する労使委員会の決議に基づく当該制度については，その適用レベルにおいて個別労働者の合意をも必要とされている（労基法38条の4第1項6号）ので，協定の効力は大きく制限されている。

2）問　題　点

　従業員代表制については，次のような問題点や新たな立法構想が示されていた。

　第一は，関与もしくは意見反映システムとしての不十分さである。特に，過半数代表者についてそのようにいえる。具体的には，常設性に欠けること，代表者に対する労働者の意見表明の機会が十分に与えられていないこと[20]，さらに交渉過程に関する適切な規制がなされていないことが挙げられる[21]。同時に，使用者との関係における独立性のなさも指摘されている。基本的に使用者の発議による代表制なので，決議内容について常に一定の方

---

[18]　毛塚勝利「職場の労働者代表と労使委員会」ジュリスト1153号（1999年）61頁。
[19]　労使協定の私法的な性質については，浜村彰「労使委員会による労使協定に代わる決議」労働法律旬報1488号（2000年）40頁以下。
[20]　浜田冨士郎「改正労基法と過半数代表制」季刊労働法152号（1989年）14頁。

向づけの圧力が作用しているからである[22]。この点は，労使委員会構想にもそのまま当てはまる。

また，その関与の程度が意見反映以上の協定レベルになると，より本格的な制度的保障が必要になる[23]。代表者をサポートする世話役，代表者選出のルールや代表者に対するチェックの方法，使用者に対する協議・交渉権等である。さらに，制度化の一態様として，従業員代表の活動をどう保障するかも問題になり，労使自治尊重の立場から不当労働行為制度による保護の対象とすべきであるという見解も示されていた。たとえば，事業所代表を自主的に選出する権利や事業所代表の労使協定締結権・意見聴取権・推薦権である[24]。

第二は，常設化の是非である。常設化するとしてどのような内部手続にするか，どの程度の権限を付与するかが問題となり，実質的に第一の論点が争われている。実際に論争的な状況は，主に組合機能との関連で展開している。まず，常設化の是非が争われそれにそれ自体に疑問を呈する見解がある[25]。

次に，常設化が必要であるとしても，過半数組合が存在しない場合に限るか否かが論点となる。組合がある場合にも必要とする併存型と組合がない場合を想定する補完型の対立である。併存型の必要性については，西谷教授は「過半数組合は，非組合員や他組合員を含めた事業場の全労働者を当然に代表する正統性をもつわけではない。ユニオン・ショップにもとづく『全員加盟』組合でも，パートタイマーや嘱託などの非正規従業員を除外してこ

---

21) 川田琢之「過半数代表制・労使委員会制度総論」東京大学労働法研究会編『注釈労働基準法　上巻』（2003年，有斐閣）37頁。
22) 西谷・前掲論文11頁。
23) 渡辺章「労働者の過半数代表制度と労働条件」日本労働法学会編『講座21世紀の労働法3巻　労働条件の決定と変更』（2000年）153頁。
24) 小嶌典明「労使自治とその法理」日本労働協会雑誌333号（1987年）16頁。
25) 拙稿「21世紀の労働組合と団結権」日本労働法学会編『講座21世紀の労働法　8巻　利益代表システムと団結権』(2000年，有斐閣) 17頁，大内伸哉「コーポレート・ガバナンス論の労働法学に問いかけるもの――従業員利益を守るとはどういうことか？」日本労働研究雑誌507号（2002年）27頁。

とが多い。そうだとすれば，従業員の過半数を組織する労働組合が存在する場合においても，改めて全労働者によって選出される労働者代表委員会を設置することに十分な合理性があるというべきである」と指摘している[26]。また，労働組合の存立基盤を奪うのではなくその機能を拡大するという見解もある[27]。

これに対し，労働組合の立場を阻害するとして補完型の主張[28]やあくまで労働保護法との関連で構想すべきであるという見解[29]も有力といえる。さらに，現行の労使委員会制度を活用し企業内労使関係の再構築すべきであるという構想[30]も提起されている。

第三は，労使協定の私法的効力如何である[31]。従業員代表との協定によって一定の労働条件が決定される規定が増えるにともない，協定の効力が争われるようになった。36協定との関連においては古典的論争がなされ，当該協定自体は直接私法上の義務づけをしないことは通説となっている（36協定プラスαの合意が必要とされる。日立製作所武蔵工場事件・最一小判平成3・11・28労働判例594号7頁参照）。もっとも，協定がなければ私法上の義務づけがなされず，その意味では私法上の効力との関連は認められる。その後，計画年休制等につき労使協定の私法上の効力が問題になり，裁判例（後述三菱重

---

26) 西谷・前掲論文12頁。藤内和公「従業員代表立法構想」岡山大学法学会雑誌53巻1号（2003年）270頁も同旨。なお，野川忍「変貌する労働者代表」『岩波講座　現代の法12　職業生活と法』（1998年）146頁は労使委員会方式を提唱している。

27) 新谷眞人「従業員代表制と労働組合――その歴史と課題」横井芳弘他『市民社会の変容と労働法』（2005年，信山社）294頁。

28) 毛塚勝利「わが国における従業員代表法制の課題」学会誌79号（1992年）153頁。

29) 籾井常喜「労働保護法と『労働者代表』制」外尾古稀記念『労働保護法の研究』（1994年，有斐閣）50頁。

30) 毛塚勝利「『労使委員会』の可能性と企業別組合の新たな役割」日本労働研究雑誌485号（2000年）。

31) 労使協定の私法的効果の型については安枝英訷「労働基準法における労使協定」同志社法学39巻3・4号（1987年）306頁，また，関与の仕方に関するルールについては，大内伸哉「労働条件の変更プロセスと労働者代表の関与」日本労働研究雑誌527号（2004年）28頁参照。

工長崎造船所事件）も現れている。2006年に施行された高年齢者雇用安定法上の継続雇用制度（9条）において労使協定によって継続雇用の対象者選定基準を定めることが規定されたのでこの点をめぐる紛争も増加するものと思われる[32]）。

(3) 関連裁判例

労働条件の決定につき従業員代表はかなり重要な役割を果たしているにもかかわらず，従業員代表の選出やその行為の適否が直接争われることは少なかった。ここでは，関連裁判例を検討することにより，どのような問題があるかを確認したい。

1) 就業規則の不利益変更事案

労基法90条は，就業規則の作成・変更につき従業員代表の意見を聴取することを義務付けている。この従業員代表との意見聴取・協議の仕方や程度は，就業規則の不利益変更の合理性の判断基準の一とされている。この意見聴取・協議は，合理性の担保として重要であるばかりではなく，職場における労働条件決定システムとの関連においても注目される。そこで，ここでは組合がある場合を想定して関連問題を検討したい[33]）。

第一は，団交システムとの関連である。労働条件の変更は，本来団交を通じて実現することは当然であり，労基法等も協約に優越的な地位を認めている（労基法旧92条，労働契約法13条）。もっとも，就業規則の変更手続（90条）と団交過程との関連については特別の規定はおかれていない。そこで，理論的には，①就業規則の作成・変更は交渉事項になるか，少数組合の場合も同様か（徳島南海タクシー事件・徳島地判平成12・3・24労働判例784号30頁参照），②団交が要求された場合に，90条の意見聴取手続との関連はどうなるか，③不誠実な団交は不利益変更の効力にどのような影響を与えるか（八雲会事件・函館地判平成18・3・2労働経済判例速報1932号14頁は，労使交渉が不十分でも

---

[32]）たとえば，NTT西日本事件・大阪地判平成21・3・25労働経済判例速報2037号12頁。

[33]）詳しくは，浜田富士郎『就業規則法の研究』（1994年，有斐閣）209頁以下参照。

高度の必要性があるとして賃金減額措置を合理性があるとしている)，④同一事項を対象とした労働協約がある場合に就業規則の不利益変更の合理性は認められるか，⑤就業規則変更についての労使間の合意はそれ自体協約といえるか等の論点が提起されている。

　関連して，協約を解約しその後就業規則によって当該条件を変更することをどう評価すべきかも問題となる（例えば，安田生命保険事件・東京地判平成7・5・17労働経済判例速報1565号3頁，同事件・東京地判平成9・6・12労働判例720号31頁)。この事実は，不利益変更の合理性判断で取りあげられることがあるが（日本書籍出版協会事件・東京地判平成2・10・29労働判例572号29頁)，集団的労働条件決定システムの観点からも重要な問題を提起している。

　第二は，労働条件の不利益変更の合理性との関連である。判例上，過半数組合との協議や合意は合理性判断につき重要なファクターとなっている（例えば，日魯造船事件・仙台地判平成2・10・15労民集41巻5号846頁，伊達信金事件・室蘭地伊達支判平成7・3・27労働判例671号29頁)[34]。とりわけ，合意がなされた場合には，「団体交渉により決められたものであることから，通常は使用者と労働者の利益が調整された内容のものであるという推測が可能である」と判示されている（第一小型ハイヤー事件・最二小判平成4・7・13労働判例630号6頁，第四銀行事件・最二小判平成9・2・28労働判例710号12頁，第三銀行事件・津地判平成16・10・28労働判例883号5頁)。少数組合が反対している場合でも同様の判断が示されている（初雁交通事件・さいたま地川越支部判平成20・12・23労働判例972号5頁)

　もっとも，不利益性が大きい場合には，この点はそれほど重視されていない（みちのく銀行事件・最一小判平成12・9・7労働判例787号6頁，みちのく銀行（2次・3次）事件・青森地判平成17・3・25労働判例894号66頁)。結局，ケース毎の判断になるが，過半数組合の合意は合理性判断の一ファクターといえる。

　他方，協議が規定上義務づけられている場合（三協事件・東京地判平成7・

---

34)　菅野和夫「就業規則変更と労使交渉」労働判例718号（1997年）14頁。

3・7労働判例679号78頁）には当然として，当該規定がない場合も協議が不十分であることが合理性が認められない重要なファクターとなる事例もある（大輝交通事件・東京地判平成7・10・4労働判例680号34頁，函館信金事件・札幌高判平成9・9・4労働判例722号35頁，日本通運事件・大阪地判平成20・9・26労働判例974号52頁）。

　また，従業員代表との協議のレベルではなくその選出方法上の瑕疵自体を問題にするケースもある。その点では後述の2において紹介する事案と類似の論点といえる。洛陽総合学院事件では，就業規則において退職金支給制限事由を追加したことの不利益性およびその合理性が争われた。合理性判断の一環として従業員代表選出方法の瑕疵（使用者による指名）が問題になったが，京都地判（平成17・7・27労働判例900号13頁）は，意見聴取目的であることを強調し次のように判示している。「被告の『労働者の過半数を代表する者』の選出方法は上記規則に照らして適切ではないというべきであるけれども，同法第90条第1項が『労働者の過半数を代表する者』の意見を聴取することを要求しているに止まり，その者の同意を得ることまでを求めているものではないことに照らすと，上記事情をもって，直ちに，本件変更の効力に影響を及ぼす事情とまでいうことは困難というほかない。」

2）労使協定事案

　労基法等において従業員代表との協定締結によって使用者が一定の措置や権限が認められる規定が増加している。この労使協定については，労基法等の禁止規定を解除し，その範囲であらためて労使合意がなされるパターン（たとえば，36協定）と労使協定自体が直接に一定の権利関係を形成すると解されるパターン（たとえば，計画年休に関する協定）に区別される。

　前者については，当該協定があっても私法上の関係，たとえば時間外労働命令権の根拠についてはさらなる合意が必要とされる（日立製作所武蔵工場事件・最一小判平成3・11・28労働判例594号7頁参照）。他方，労使協定がない，もしくは無効となると当該命令自体も無効となる。この点は，トーコロ事件で正面から問題となった。本件は，親睦団体の長と締結した36協定に基づく残業命令に従わなかったこと等を理由とする労働者に対する解雇の効力

が争われたものである。東京高判（平成9・11・17労働判例729号44頁，上告棄却・最二小判平成13・6・22労働判例808号11頁）は，次のように説示し36協定を無効と判断した。

「Hが『労働者の過半数を代表する者』であったか否かについて検討するに，『労働者の過半数を代表する者』は当該事業場の労働者により適法に選出されなければならないが，適法な選出といえるためには，当該事業場の労働者にとって，選出される者が労働者の過半数を代表して36協定を締結することの適否を判断する機会が与えられ，かつ，当該事業場の過半数の労働者がその候補者を支持していると認められる民主的な手続がとられていることが必要というべきである（昭和63年1月1日基発第1号参照）。

この点について，控訴人は，Hは『友の会』の代表者であって，『友の会』が労働組合の実質を備えていたことを根拠として，Hが『労働者の過半数を代表する者』であった旨主張するけれども，『友の会』は，原判決判示のとおり，役員を含めた控訴人の全従業員によって構成され（規約1条），『会員相互の親睦と生活の向上，福利の増進を計り，融和団結の実をあげる』（規約2条）ことを目的とする親睦団体であるから，労働組合でないことは明らかであり，このことは，仮に『友の会』が親睦団体としての活動のほかに，自主的に労働条件の維持改善その他経済的地位の向上を目的とする活動をすることがあることによって変わるものではなく，したがって，Hが『友の会』の代表者として自動的に本件36協定を締結したにすぎないときには，Hは労働組合の代表者でもなく，『労働者の過半数を代表する者』でもないから，本件36協定は無効というべきである。」（なお，原審も同旨，東京地判平成6・10・25労働判例662号43頁）。

従業員代表の選出上の瑕疵は，前述のように就業規則の不利益変更との関連でも問題になっているが（洛陽総合学院事件・京都地判），従業員代表の権限が意見聴取にすぎないことから不利益変更の合理性を否定する根拠にならないと判示されている。

なお，個別合意との関連において，チェックオフ協定に基づく賃金控除の適否も問題となっており，労基法24条協定とは別に控除した分を組合に支払

う旨の使用者と組合員間の個別委任も必要と解されている(エッソ石油事件・最一小判平5・3・25労働判例650号6頁)。また，休日振替につき特定の組合が反対していたことから同組合員については同意がなされていないという判断も示されている(内山工業事件・岡山地判平成6・4・28労働判例657号60頁)。

　後者の例としては，計画年休協定の効力が争われた三菱重工業長崎造船所事件が著名である。本件は，労基法39条5項の規定により年次有給休暇の計画的付与制度が新設されたことに伴い，全体の約98パーセントの従業員によって構成される重工労組との間の書面による協定に基づいて実施されたものである。本件協定の締結に当たっては，各労働組合との団体交渉を通じて，右制度導入の提案，趣旨説明，意見聴取等適正な手続きをし，本件計画年休の内容は，事業所全体の休業による一斉付与方式を採用し，計画的付与の対象日数を2日（その後4日）に絞るとともに，これを夏季に集中することによって大多数の労働者が希望する10日程度の夏季連続休暇の実現を図るものであった。当該協定は無効であるとして少数組合の組合員が年休保有日数確認等を請求したものである。

　長崎地判(平成4・3・26労働判例619号78頁)は，次のように判示した。「本件計画年休は，先にみたとおり過半数組合である重工労組との間で適法に締結された労使協定に基づくものであるところ，労基法が右のような過半数の労働者で組織する労働組合との協定による計画年休を定めたのは，労働組合と使用者との協議を経ることによって，当該事業場の労働者と使用者の実情に応じた適切な協定が定められることを期待してのことであり，反面，その協定に至る手続の公正さや内容的な合理性は，法所定の要件に反しない限り，原則としては，労働組合と使用者との自主的かつ対等な協議によって担保されるべきものとして，双方の協議にゆだねられたものと解するのが相当である。」

　そして，「本件のように，いわゆる過半数組合との協定による計画年休において，これに反対する労働組合があるような場合には，当該組合の各組合員を右協定に拘束することが著しく不合理となるような特別の事情が認められる場合や，右協定の内容自体が著しく不公正であって，これを少数者に及

ぼすことが計画年休制度の趣旨を没却するといったような場合には，右計画年休による時季の集団的統一的特定の効果は，これらの者に及ばないと解すべき場合が考えられなくもない」が，本件においては特別な事情は認められない。

また，控訴審たる福岡高判（平成6・3・24労民集45巻1・2号123頁）も，「現時点において年休取得率の向上に寄与する結果が得られていると否とを問わず，本件選定者ら（長船労組組合員）について適用を除外すべき特別の事情があるとは認められない以上，これに反対の本件選定者ら（長船労組組合員）に対しても，その効力を有するものというべきである。」と判示している。

3）労働組合の公正代表義務

労使協定を締結する際の従業員代表の役割・権限については，従業員の多様な利益・意見をどう適正に代表するかが問題となる。計画年休に関する労使協定の効力が争われた三菱重工長崎造船所事件はまさにそのような紛争であった[35]。この種の問題は，労働協約法理においていわゆる労働組合の「公正代表義務」として論じられている。具体的には，人事協議等協定における組合の協議義務の履行との関連[36]において，また労働条件を切り下げる労働協約の規範的効力の問題として争われている。

この問題についてはすでにかなり詳しく論じる機会を持ったので[37]，就業規則の不利益変更の合理性につき労使委員会の決議を重視することになると公正代表義務という難問に直面する事だけを指摘しておきたい。

---

35) 今後の注目すべき争点は，高年齢者雇用安定法9条の継続雇用制度をめぐる労使協定についてであろう。たとえば，山下昇「高年齢者の雇用確保措置をめぐる法的諸問題」日本労働研究雑誌550号（2006年），原昌登「高齢者雇用―継続雇用制度にみる政策理念」季刊労働法213号（2006年），根本到「高年齢者雇用安定法9条の意義と同条違反の私法的効果」労働法律旬報1674号（2008年），シンポジウム「高年齢者雇用安定法をめぐる法的問題」日本労働法学会誌114号（2009年）等参照。

36) 拙稿「人事協議・同意条項をめぐる判例法理の展開（1）（2）」労働判例447，448号（1985年）参照。

37) 拙著『労使関係法における誠実と公正』（2006年，旬報社）219頁以下。

第3部　直面する諸問題

Ⅱ節　素案が示した労使委員会等構想

　従業員代表制をめぐる議論には，基本的に2つの流れが見られた[38]。その一は，現行の従業員代表制の役割を維持しつつその制度的整備（選出方法，内部的意思決定，代表者の保護等）を図るものである。その二は，組合のない事業所において集団的労使関係を強制的に形成するために従業員代表制を常設化する方向である。最終報告が提起した労使委員会構想や中間提言が示した不利益変更の合理性が認められる4パターンの構想は，この2つの流れを統合した，その意味では集団的労働法に対するインパクトも大きいものといえる。ここでは，現行就業規則法理をふまえて，労働契約法制をめぐる一連の動きで示された労使委員会等の構想の特徴と問題点を検討したい[39]。

(1) 現行就業規則法理の問題点

　ところで，この労使委員会等の構想は基本的に就業規則法制の一環として提起されているので，まず現行の就業規則をめぐる判例法理の特徴と問題点を確認しておきたい。主要な争点は，就業規則の不利益変更によって，変更時に在職していた労働者の既存の権利を侵害しうるかである。現行の判例法理を形成した秋北バス事件最高裁判決（最大判昭和43・12・25民集22巻13号2459頁）は，①合理的な内容の就業規則については，労使間の労働条件の決定はその就業規則によるという事実たる慣習があり，個々の労働者に適用さ

---

[38] 全体的傾向については，大内伸哉『労働者代表制に関する研究』（2007年，有斐閣），毛塚勝利「日本における労働者代表制の現在・過去・未来」季刊労働法216号（2007年）4頁，労働政策研究・研修機構編『労働条件決定システムの現状と方向性』（2007年，労働政策研究・研修機構）参照。

[39] 最終報告の労使委員会制度については，宮里邦雄「労使委員会制度について」季刊労働者の権利262号（2005年），浜村彰「労働契約法制と労働者代表制度」労働法律旬報1515=16号（2006年），藤内和公「労働契約法制における労働者代表制度をどう構築するか」季刊労働法212号（2006年），長谷川裕子「労働契約法制と労働組合」季刊労働法212号（2006年），田島恵一「労働時間法制の改定と労働契約法制の立法化をどう考えるか（下）」労働法律旬報1620号（2006年）等参照。

れる，②新たな就業規則の変更によって既得の権利を奪い労働者に不利益な労働条件を一方的に課することは原則として許されない，③労働条件の集合的処理を建前とする就業規則の性質から当該就業規則の内容が合理的なものである限り，個々の労働者に適用される，④本件定年制新設は合理的なものといえる，と判示した。その後，最高裁の合理性判断基準は，次のように総括されている（第四銀行事件・最二小判平成9・2・28判例時報1597号7頁）。その合理性の有無は「具体的には，就業規則の変更によって労働者が被る不利益の程度，使用者側の変更の必要性の内容・程度，変更後の就業規則の内容自体の相当性，代償措置その他関連する他の労働条件の改善状況，労働組合等との交渉の経緯，他の労働組合又は他の従業員の対応，同種事項に関する我が国社会における一般的状況等を総合考慮して判断すべきである」。

以上の判例法理は，集団的かつその時々の状況に応じて労働条件を決定するという経営のニーズに適合するものといえる。しかし，理論的には次のような問題があった[40]。

第一に，事件処理のアプローチに一貫性を欠ける。就業規則の不利益変更は，集団（制度）的なものなので，その必要性や変更内容の相当性は，制度的な観点から判断されざるをえない。他方，通常の民事事件として争われるので，不利益性は，あくまで原告個人との関連で評価される。現行の事件処理方法は個別労働者の利益と経営上の必要性を的確に調整するシステムにはなっていないわけである。

第二に，合理性の有無の判断につき明確な予想・予測が困難である。一連の裁判例を通じて合理性判断のファクター自体は明確になっている。しかし，それらを総合して，結局合理性が認められるか否かを判断しうるより明確な基準の確立までには至っておらず，実務的にはきわめて使い勝手が悪いといわれている。

第三に，変更をめぐる個別合意の有無を問題にしていない点において契約

---

[40] 詳しくは拙稿「労基法93条解説」金子政史・西谷敏編『基本法コンメンタール労働基準法（第五版）』(2006年，日本評論社) 364頁以下参照。

論としては適切に説明できず，また，契約内容より不利な就業規則の効力を認めることになる点において労基法93条の解釈上も疑義がある。

　第四に，より原理的な問題として，就業規則の不利益変更は労働条件の一方的決定であって労働条件の対等決定を定めた労基法2条の大原則に反することが軽視されている。

　なお，成立した労働契約法は，10条においてほぼ判例法理を踏襲した以下のような規定を定めるに至った。「使用者が就業規則の変更により労働条件を変更する場合において，変更後の就業規則を労働者に周知させ，かつ，就業規則の変更が，労働者の受ける不利益の程度，労働条件の変更の必要性，変更後の就業規則の内容の相当性，労働組合等との交渉の状況その他の就業規則の変更に係る事情に照らして合理的なものであるときは，労働契約の内容である労働条件は，当該変更後の就業規則に定めるところによるものとする。ただし，労働契約において，労働者及び使用者が就業規則の変更によっては変更されない労働条件として合意していた部分については，第十二条に該当する場合を除き，この限りでない。」上述問題点は解決されてはいない。

(2) 労使委員会等の構想

　就業規則の不利益変更の合理性の担保しての労使委員会の決議のアイデアは9月の最終報告において詳細に説明されている。2006年6月の素案では後述のようにかなり異なった構想が示されているが，労使委員会というアイデア自体は否定されていないので，まず最終報告の関連する部分を紹介しておきたい。問題関心が鮮明に示されているからである。

　この労使委員会という構想は，就業規則法理だけではなく，労働組合の組織力・影響力が低下し職場内において集団的な労働条件決定システムを欠く事態に対応するためでもあった。では，報告書において労使委員会はどのように構想されていたか。

1）設置目的

　まず，現行従業員代表制度の問題点として，従業員の多様な利益を適切に保障する常設的な機関ではないとして次のように論じている。

「上記の過半数代表制度のうち，過半数組合がない場合には，一人の代表者が当該事業場の全労働者を代表することとなるが，就業形態や価値観が多様化し，労働者の均質性が低くなる中では，一人の代表者が当該事業場全体の労働者の利益を代表することは困難になってきている。また，過半数代表者は，労働基準法に規定する協定等をする者を選出することを明らかにして実施される手続により選出されることから，常設的なものではなく，必要な都度選出されることが原則となる。このため，例えば，時間外労働に関する協定を締結した過半数代表者があったとしても，当該代表者がその事業場における時間外労働の実際の運用を確認すること等は期待し難い。一方，労使委員会及び労働時間短縮推進委員会は設置が義務付けられているものではない常設的な組織であり，その労働者委員は複数人であるものの，これを当該事業場の過半数組合又は過半数代表者が指名することとされており，必ずしも多様な利益を代表する者が労働者委員になることが保証されているわけではない。」

そこで，労働契約法制における労使委員会制度の活用のアイデアが示され，労使委員会制度の法制化が，集団的労働条件決定システムの普遍化の観点から以下のように論じられている。

「労働組合が存在しない場合においても，労働者の交渉力をより高めるための方策を検討する必要がある。その際，常設的な労使委員会は，当該事業場における労働条件について，例えば，制度を変更した場合にその運用状況を確認することや，問題が生じた場合の改善の協議や労働者からの苦情処理等のさまざまな機能を担うことができる。また，次に制度を変更する際にこれらの経験を活用することなども期待される。このため，常設的な労使委員会の活用は，当該事業場内において労使当事者が実質的に対等な立場で自主的な決定を行うことができるようにすることに資すると考えられる。そこで，労働契約法制において，このような労使委員会が設置され，当該委員会において使用者が労働条件の決定・変更について協議を行うことが促進されるようにすることが適当である。また，過半数組合がある事業場であっても，労使が対等な立場で労働条件について恒常的に話し合えるようにすることは意

義があることから，過半数組合が存在する場合にも，その機能を阻害しない形で労使委員会の設置は認めてよいと考えられる」。

この見解は，過半数組合がある場合においても労使委員会の設置を提言している点，つまり併存型を採用していることが特徴といえる。もっとも，過半数組合の「機能を阻害しない形」という留保はなされており，団交や協約の機能を阻害しないことも強調しているが，どのように両機能を具体的に調整するかまでは検討されてはいない。過半数組合がある場合にも従業員からのチェックの必要があるという発想は1998年に示された過半数代表の指名した委員に対する従業員からのチェックを規定していた労使委員会構想に通じるものがある。もっとも，このチェックの部分は2003年に改正されているが。

2）制度の在り方と活用法

制度の基本的在り方として，多様な従業員利益を公正に代表することと労使の対等交渉を重視する観点から次のように論じている。

「労使委員会の在り方としては，委員の半数以上が当該事業場の労働者を代表する者であることのほか，労使委員会の委員の選出手続を，現在の過半数代表者の選出手続に比してより明確なものとすべきである。また，多様な労働者の利益をできる限り公正に代表できるような委員の選出方法とすべきと考えられる。そのような選出方法としては，例えば，当該事業場の全労働者が直接複数の労働者委員を選出することが考えられる。さらに，選出された労働者委員は当該事業場のすべての労働者を公正に代表するようにしなければならないことや，使用者は委員であること等を理由とする不利益取扱いはしてはならないこととすることが考えられる」。

また，その役割について，決議があった場合に就業規則の不利益変更の際に合理性を推定すること，配置転換等の人事権行使の濫用性判断の際の考慮要素とすること，使用者による解雇の金銭解決制度の前提とすることを挙げ次のように提言している。

「このような労使委員会について，使用者がこれを設置するとともに労働条件の決定・変更に関する協議を行うことを促進するためには，労使委員会が設置されそこにおいて合意が得られている場合等には労働契約法制におい

て一定の効果を与えることが適当である。例えば，就業規則の変更の際に，労働者の意見を適正に集約した上で労使委員会の委員の5分の4以上の多数により（これにより労働者委員の過半数は変更に賛成していることが確保される。）変更を認める決議がある場合に変更の合理性を推定することが考えられる。さらに，労使委員会の活用の仕方としては，これに事前協議や苦情処理の機能を持たせ，労使委員会における事前協議や苦情処理等が適正に行われた場合には，そのことが配置転換，出向，解雇等の権利濫用の判断において考慮要素となり得ることを指針等で明らかにすることが考えられる」。

他方，「労使委員会の活用方法を検討するに当たっては，労使委員会が労働組合の団体交渉を阻害することや，その決議が労働協約の機能を阻害することがないような仕組みとする必要がある。さらに，労使委員会の決議は，団体交渉を経て締結された労働協約とは異なり，当然に個々の労働者を拘束したり，それ単独で権利義務を設定したりするものではないことに留意する必要がある。」

3）2005年最終報告の労使委員会構想の問題点

その後後退したとはいえ，現行労基法上の労使委員会制度をモデルにした新労使委員会ともいうべき構想は，労働契約法制の目玉ともいうべきものであった。職場においてある種の集団的労働条件決定システムを創設する点では注目すべき内容といえる。しかし，次のような根本的な問題もあるのでここではそれを確認しておきたい。2006年6月で示された素案の構想にも基本的にあてはまる疑問である。

新労使委員会を構築すること自体の問題と制度内在的な問題がある。とりわけ，現行の労使委員会制度の実態を十分に調査しないで類似の制度に重要な権限を付与することはかなりリスキーな判断と思われる。

まず，前者につき第一は，労組法との関連である。報告書は，労働組合の組織率や役割が低下している現状を踏まえ，職場における集団的労使関係の形成の必要性を指摘しているが，労働組合の強化やそのための立法的見直しという方策をまったく考慮してはいない。新労使委員会を提言する以前に労組法の見直しが不可欠と思われる[41]。たとえば，使用者の利益代表者の組

合からの排除（労組法2条但書1号）や使用者からの便宜供与の原則的禁止（同法7条3号）は半世紀前の敵対的な労使関係観に基づいている。実態に合わなくなっており，組合の組織化やその効果的運営を大きく阻害している。また，現行不当労働行為制度は，組合内部紛争や併存組合問題を適切に処理するシステムに欠けている[42]。さらに，組合の代表性をめぐる紛争をどうルール化するかも緊急の課題となっている[43]。なお，労使委員会等の構想と労働組合機能との関連についてはⅢで取り上げる。

　第二は，多様な利益状況にある個人に着目した「契約」法との関連である。報告書は随所で雇用形態・就業意識の多様化や個人の自主性の尊重を強調している。しかし，新労使委員会構想は，内部の民主的決定を建前として，労働条件の決定を集団化する試みに他ならない。にもかかわらず，内部手続の在り方についてはほとんど具体的提言はなされていない。個別合意の必要性という契約法の隘路を集団的な変更法理により突破を図ったものと評価しうる。契約法理の形骸化といえる。

　第三は，就業規則による労働条件の「不利益変更」との関連である。労基法上の従業員代表の役割は，禁止の解除（36協定）や意見の聴取（就業規則）が中心であった。また，私法的な効力のある労使協定であってもその対象は計画年休（労基法39条5項）等限定されたものであり，さらにその場合でも必ずしも労働条件が不利益変更されるわけではなく従業員利害の調整を目的としていた。また，労使委員会で決議したルールの適用につき個別従業員の同意を要件とする例（38条の4第1項5号）もあり，労使協定の拘束力はそれだけ限定されたものであった。

　しかし，新労使委員会の主要な役割は，その決議により就業規則の不利益

41）　本書第1章参照。
42）　拙著「集団的労使紛争処理システムからみた不当労働行為制度の見直し」季刊労働法205号（2004年）112頁参照。また，現行不当労働行為制度の特徴については，拙著『不当労働行為の行政救済法理』（1998年，信山社），拙著『不当労働行為法理の基本構造』（2002年，北海道大学図書刊行会）等参照。
43）　拙著『労使関係法における誠実と公正』（2006年，旬報社）参照。

変更の合理性を推定するものである。推定とはいえ，労働条件の決定過程への拘束力のある直接的関与といえる。就業規則の不利益変更をめぐる現行の判例法理については多くの問題があるにもかかわらず，このように強力な権限を新労使委員会に認めることは大いに疑問である[44]。従業員代表をめぐる議論の延長の問題でなく，全く新たな権限を認める結果になるからである。したがって，そのような権限行使が適正になされうるかの十分な実態調査や議論が不可欠と思われる。

次に後者の制度内在的な問題も多い。

第一は，労働者委員選出の仕方の論点である。誰が委員の選出につきイニシアティブを持つか，選出の母体や選出単位，選出方法をどうするか等の問題がある。対象労働者がどのような見解を有しているかを知る機会の持ち方も重要である。特に複数候補がいるケースについてそのようにいえる。従業員の多様な利益を代表しうることが新労使委員会の大きなメリットなのでこの点は決定的である。しかし，結局使用者の発意による委員会設置にならざるを得ないので，委員の選出につき従業員の自主性を担保する仕組みを構築することはかなり困難と思われる。

また，使用者側委員の選出についても一定のルール化が必要であろう。使用者側委員の立場決定の自由も問題になる。業務命令等によって特定の立場を強制しうるということになると民主的意思決定を阻害するからである。委員会制度の根幹にかかわる。中間管理職について使用者側委員とすることができるかも問題となろう。

第二は，選出された労働者委員が従業員の意向をどう集約し全体の立場をどう調整・確定するかの論点である。就業規則の不利益変更等個別労働者に対する影響が大きいのでこの点の工夫は不可欠である。これは概ね三つのレベルで問題になる。

その一は，委員による従業員意向の聴取・集約である。委員の選挙自体が

---

[44] 小嶌典明「従業員代表制度」『講座21世紀の労働法　8巻』(2000年，有斐閣) 63頁は，従業員代表の就業規則変更への関与という「夢」を示していた。

意向の反映といえるが，必ずしも個別論点毎のそれではない。委員に対する従業員の意見表明機会をどう確保するか等の問題がある。

　その二は，従業員意見の集約をふまえた従業員全体の意向の調整・確定である。労働組合の場合は，規約上組合大会における決議によることが多く，当該決議を経ていないことは決議自体を無効とするだけでなくそれに基づく労働協約をも無効とする（中根製作所事件・最三小決平成12・11・28労働判例797号12頁）。新労使委員会では，全従業員レベルでの意見の調整とそれをふまえた労働側委員内部における意見の調整が問題になる。この点のルール化はかなり困難である。委員会レベルの決議以前に労働側委員の内部的意見調整は不可欠と思われる[45]が，報告書においてこの側面はそれほど重視されていない。労使の利害対立を踏まえた制度設計が必要であろう。

　その三は，使用者側委員との調整である。この点においては全体の5分の4以上の賛成による決議という構想が示されている。全体の5分の4というは，10分の8を意味し労働者サイドにおいて5分の3，つまり6割以上の賛成が必要となる。そこで，問題は，使用者側委員との利益調整ということになるが，この点のメカニズムもはっきりしない。労組法が予定しているような団交・争議という対使用者への圧力システムは全く想定されていない。また，委員会の運営ルールや決議の仕方（たとえば，秘密投票）も重要である。

　これら一連の決議手続につき，使用者からの干渉をいかに排除するか，それを規制する機関をどう構築するか等の問題もある。

4）2006年6月素案が示した労使委員会等の構想

　現行の就業規則をめぐる判例法理に以上のような問題があるのもかかわらず，労働契約法制は，合意内容の推定との表現になっているが，実質的には判例法理を踏襲して以下のような構成で立法化を図っていた。（イ）就業規則内容が合理的ならば労働契約内容になること，（ロ）就業規則の不利益変更につきその必要性，変更後の内容等から合理性が認められる場合には変更

---

[45] 藤内和公「労働契約法制における労働者代表制度をどう構築するか」季刊労働法212号（2006年）44頁，水口洋介「研究会報告書を読んで：労働側の立場から」ジュリスト1309号（2006年）31頁。

後の就業規則が契約内容になること，（ハ）過半数組合等の合意があれば不利益変更の合理性が推定されること，である。

なお，（ハ）の具体的内容として，2005年9月の最終報告の段階では，過半数組合の有無を問わず労使委員会構想を提起していたが，2006年6月の労働条件分科会素案では労使委員会構想は後退し，合理性が推定される場合として次のようなケースが示されている。まず過半数組合がある場合について，①「当該事業場の労働者の見解を求めた過半数組合」との合意があるケースと②当該事業場の労働者の3分の2以上の者で組織される「特別多数労働組合」との合意があるケースである。①は非組合員を含めた労働者の見解を求めることが要件とされ，②はそのような要件は課せられていない。次に，過半数組合がない場合について，③複数の「事業場のすべての労働者を適正に代表する者」との合意があるケースと④労使委員会の決議がなされたケースである。以上のうち，①②③のアイデアは新規のものであり，その構想の根拠もまったく不明である。議論は混迷の度をますます深めていると思われる。

以上の構想に関する主要な論点として，まず（ロ）と（ハ）との関連が問題となる。労使間の利益調整の観点から必ず（ハ）の手続をとるべきかがはっきりしない。また，（ハ）の手続をとった場合に，たとえば①のケースで合意を得ることができなかった場合に，（ロ）の要件を満たしていると解される余地があるかも不明確なままである。

なお，（ハ）の部分については，労働組合機能との関連が正面から問題になるので，Ⅲ節において検討したい。

Ⅲ節　労働組合機能との関連

（ハ）の構想は，過半数組合がある場合も無い場合も労働組合の活動に決定的な影響を与える。そこで，以下では，組合機能との関連を考察したい。

(1) 労働組合と労使委員会の異同

組合も労使委員会等（複数従業員代表制を含む）も労働者の労働条件をめぐる意向や要求を吸い上げ，それらを調整し使用者と折衝してその実現を図る

という側面では同一の目的を持つ。しかし，法規制や運営原則は決定的に異なっている。そこで，労働条件の確保・向上の観点からその相違点を，組合サイドから見た形で確認しておきたい。この異同を十分にふまえなければ適切な評価ができないからである[46]。

1）組合のほうが不利な側面

労組法による組合規制の原則は，労働者の発意による組合の形成，その運営につき使用者からの自主性を確保することである。自主性，民主性の側面においてはまさに組合のメリットといえるが，対使用者における影響力の行使の側面においては次の点において「不利」と評価しうる。

その一は，その設立につき使用者の援助がないばかりかリスクのある行為である。労使委員会等がまさに使用者の発意によって設置されるのに比し，組合の場合はあくまで労働者サイドが独力で結成しなければならない。使用者が結成を援助することはそれ自体支配介入とみなされる。また，不当労働行為制度があるとはいえ，組合結成は現在でも解雇等の対象とされやすいリスキーな行為である。

その二は，組合運営についても使用者の援助が禁止されていることである。労使委員会等はその設立ばかりでなくその運営についても使用者からの援助を期待しうる。労使委員会等の運営自体が会社の仕事であるからに他ならない。その点，組合運営に関しては，団交の際の賃金保障等特別な場合以外には経費援助・便宜供与が支配介入として原則として禁止されている。

その三は，使用者の利益代表者の参加が禁止されていることである（2条但書き1号）。使用者の利益代表者の参加を許す組合は法外組合として不当労働行為事件につき組合申立ができない（5条1項）等の制約がある。このような規制がいわゆる管理職問題として組合の組織化を阻害していることは周知の通りであり，規制の撤廃の主張もなされている[47]。その点，労使委

---

[46] 毛塚勝利「組合機能と従業員代表制度」連合総合生活開発研究所『参加・発言型産業社会の実現に向けて――わが国の労使関係制度と労働法制の課題』（1997年，連合総研）105頁以下等参照。

員会等は，管理職や非正規従業員を含め全従業員を代表する点においては効果的な代表組織といえる。

その四は，職場労働者全体を代表する側面が希薄なことである[48]。まず，その三で指摘したように法的に組合員資格が制限されている。また，組合員の範囲は組合の自主決定に委ねられているので，組合規約等により非正規従業員を排除する等組合員資格を制限している例が少なくない。さらに，それ以外にいわゆる併存組合がある場合には組合の交渉力が分散化し，どうしても効果的な労働条件決定が困難になる傾向にある。これらの側面をどう考えるかは今後の労組法の緊急の立法課題でもある。

2）労働組合のほうが有利な側面

使用者の意向との関連においては，労働組合よりは労使委員会等のほうが円滑な結成・運営が可能であるといえる。しかし，労働条件の確保・向上の側面では組合のほうが有利な側面があり，また労働者の意向や要求を自主的・民主的に反映しうる点も見逃せない。具体的には以下のことからそのように言える。

その一は，組合結成・運営につき不当労働行為制度による保護がなされており，詳細なルールが労働委員会および裁判例によって形成されていることである。使用者の干渉を受けない自主的な決定・活動が保障されているとともに内部運営につき組合民主主義法理（労組法5条2項）も構築されている。もっとも，現行不当労働行為制度は，組合サイド内部（組合内部・併存組合相互）における意向の調整につき適切なシステムを提供しえてはいないが[49]。

その二は，労働者サイドの要求を実現するためのプレッシャー権やシステムが整備されていることである。労使委員会等においても「合意・決議」過

---

47) 拙著『不当労働行為の行政救済法理』（1998年，信山社）201頁。
48) 土田道夫「労働法の将来」ジュリスト1309号（2006年）9頁は，労使委員会のほうが「労働者の利益代表としての正統性を備えている」と指摘する。
49) 拙稿「集団的労使紛争処理システムからみた不当労働行為制度の見直し」季刊労働法205号（2004年）112頁。

程においてそれなりに使用者に圧力をかけることは可能であるが，法的なレベルでは整備されてはいない。その点，労働組合については，会社情報等の開示を要求しうる団交権や一定の業務阻害をしうる争議権が保障されており，使用者に対し効果的にプレッシャーをかけることが出来る。同時に，労働協約については規範的効力が保障されており，協約内容の実現についても明確なルールが形成されている。

その三は，労使委員会等は，主に労働条件の不利益変更の場合を想定しているが，労働組合については有利変更の場合をふくめひろく労働条件の集団的決定を想定していることである。長期的・継続的な労働条件決定の側面では大きなメリットといえる。

その四は，組織形態の柔軟性に富むとともに外部組織との連携が可能であることである。労使委員会等は，もっぱら従業員による従業員のためのシステムであるのに対し，組合については，企業別組合以外に個人参加のコミュニティ組合の形態も可能である。個人の利益をより反映しうる仕組みといえよう。また，産業別や地域の組合等の外部組合の援助を受けることも大きなメリットと思われる。職場を越えた連帯が可能となる。

(2) 労働組合機能との関連

以上を前提に組合機能との関連について検討する。まず，①②については，組合が非組合員の利益を適正に代表しうるか，そのための手続をどう整備するかの難問がある[50]。ユニオンショップ論に連なる論点でもある。また，組合との合意は就業規則法理上のそれであるとともに，労組法14条の要件を具備していたならば「協約」といえるかも問題となる。合意の二重性は否定できないと思われる。そうすると，基本的な労働条件に関する組合との合意は本来協約法の対象でないかという根本的な疑問が出てくる。

さらに，労基法92条と労働協約法理との調整が問題となる（たとえば，佐野第一交通事件・大阪地岸和田支決平成14・9・13労働判例837号19頁，明石運輸

---

50) この点については，拙著『労使関係法における誠実と公正』(2006年，旬報社) 参照。

事件・神戸地判平成14・10・25労働判例843号39頁）。この点は，労働契約法13条において「就業規則が法令又は労働協約に反する場合には，当該反する部分については，第7条，第10条及び前条の規定は，当該法令又は労働協約の適用を受ける労働者との間の労働契約については，適用しない。」と定められ一定の解決をみた。

組合との合意を就業規則法理に導入するという発想自体が憲法28条の否認といえる。就業規則はあくまでも使用者が一方的に労働条件を決定するシステムに他ならず，もっぱら不利益変更の合理性の推定のために組合の関与に期待する構造になっているからである。

③④についても労働組合の結成・運営を阻害するか，が問題となる。たしかに組合結成を助長する側面があることは否定できない。労働者による代表者の選出，要求内容の集約，使用者との折衝等労働組合的な行為がなされ，その過程において，自分たちの意向や要求をより効果的に実現する仕組みが必要であるとして自主的な組合結成という事態になることはありうるからである。また，少数組合が過半数組合の地位を目指して積極的な組織化・広報活動をする事態も組合活動の活性化につながる余地もある。

しかし，その過程において使用者がイニシアティブをもち従業員代表の選出や労使委員会の結成援助等がなされると不当労働行為制度上の難問に直面する。従業員代表や労使委員会委員の選出や活動自体につき，使用者との関連においては一定の保護や自主性確保が図られることは予想されるが，労使委員会等の結成や運営の主導権を握るのは実際には使用者に他ならない。

そこでまず，労使委員会等の集団的決定システムの存在により，組合を必要とするニーズが少なくなり，外部もしくは内部からの組合組織化の動きを実質的に阻害することは否定できない。存在自体が反組合的と言える。また，新組合結成の動きや過半数組合たる地位の獲得の動きがあった場合にも，使用者が従業員代表の選出を企画したり，労使委員会を設置しその役割を強化することにより組合結成や運営を阻害する恐れもある。勤務時間中の活動を認めることや経費援助等の使用者による支援活動は，その対象が組合の場合には当該組合に対する支配介入とされ，また併存組合下における中立保持義

務違反と解される余地もある（日産自動車事件・最二小判昭和62・5・8判例時報1247号131頁)[51]）。他方，労使委員会等に対する支援については，それによって自主的な組合結成や運営を阻害することが明確にもかかわらずを不当労働行為制度上そのような使用者の行為をどう評価するかはまったくはっきりしていない。労使委員会等に対する支援が原則として許されるとするならば，不当労働行為法理の抜本的変更を意味することになる。労使委員会等をめぐる一連の議論にはこのような懸念や問題関心はおどろくほど希薄である。

また，団交権のあり方も問題になる。つまり，少数組合やコミュニティユニオンは，従業員代表が取り扱っている労働条件につき団交を求めることが許されるか。現在は，就業規則の作成・変更につき過半数代表の関与は，意見聴取にすぎず，またたとえ就業規則の変更につき合意がなされたとしても必ずしも合理性が認められるわけでない。当然団交事項とされる。しかし，6月素案になると，従業員代表等の「合意」によって就業規則の不利益変更の合理性が推定されるので，就業規則の変更手続と少数組合・コミュニティユニオンの団交権が直接バッティングしてしまう。この点においても不当労働行為法理上の難問に直面する。

以上のように，素案の構想は，憲法28条の法理に決定的なインパクトを与える内容である。ことは就業規則を中心とする労働契約法理の問題にとどまらない。にもかかわらず，労働組合はずいぶんのんびりしている。少なくとも，各組合が就業規則の内容をチェックし現行就業規則法理の問題点を検討する必要がある。また，過半数組合は当然として，過半数を組織していなくとも「従業員代表としての役割」とはなにかを討議することが不可欠である。

(3) 労働契約法下における労働組合の機能

以上の議論をふまえて，「労働契約法成立下における労働組合の役割」を検討したい。まず，最初に確認すべき事は，このようなテーマ設定の仕方で

---

[51] 中立保持義務については，拙著『不当労働行為の行政救済法理』（1998年，信山社）145頁以下参照。

ある。つまり,「労働組合法下における労働契約法の役割・意義」ではなく,上述のような論点であることが端的に組合の役割低下をリアルに表現しているからである。労働法システムの観点からこのような問題設定が妥当かが,一応の論点となることにこだわっておきたい[52]。

労働契約法1条は,「労働者及び使用者の自主的な交渉」を重視しているが,集団化による自主性の確保という視点は希薄である。

1）労働契約法のスタンス

では,労働組合の観点から労働契約法の基本的な特徴はなにか。

第一は,集団法レベルでは就業規則法制が中心になったことである。協約法制に比して就業規則法制が優位に立ったといえる。組合の組織率や役割の低下によりその影響力が決定的に弱まった一方,就業規則をめぐる判例法理の形成によって集団的な労働条件決定システムがそれなりに構築されていた。労働契約法は,とりわけ就業規則の不利益変更をめぐるルールを明確にし,より実効性のある法として立法化がなされた。

実際の労使関係においても,就業規則法理は,使用者のリスクによる労働条件決定である。とはいえ,過半数代表組合に一定の力量があればその「意向」をそれなりに反映しうるシステムであった点も重要である。運営の仕方によっては,労使にとって使い勝手のよい手続きといえた。とりわけ,協約による労働条件の不利益変更については,規範的効力のあり方について,学説・判例法上多彩な論議[53]がなされていたので,それを避けることもできた。

それでも,第二に,法制度レベルでは,就業規則に比しての協約法理の優先措置は執られている（労働契約法13条）。したがって,協約関係を形成しうるだけの力量をもった組合の場合には,就業規則ではなく協約による労働条件決定が可能となる。もっとも,労基法92条の規定とは異なり,協約規範の適用関係が組合員に限定されることが同条によって明確になったので,職場全体への協約の影響力は低下したといえる。たとえば,協約失効時には,協

---

52) 集団的労働条件決定システムの形骸化については,毛塚勝利「労働契約法の成立が与える労使関係法への影響と今後の課題」季刊労働法221号（2008年）32頁参照。

53) 拙著『労使関係法における誠実と公正』（2006年,旬報社）219頁以下。

245

約違反とされていた就業規則の規定の効力は認められると指摘されている。

立法に深く関与した論者は,「労働契約法は,労働組合による労働者の集団的代表制を縮減しないのみならず,その集団的代表制と深く関わっている。労働契約法は,労働者の集団的代表制の仕組みと一体となることによって,合意原則を最もよく機能させることができるのである」と総括している[54]。全体として集団化のメカニズムをどう考えるかはやはり不明といわざるをえない。

2) 解釈的な論点

次に具体的な紛争を想定すれば,労働組合法の観点からいくつかのやっかいで悩ましい解釈上の論点を指摘しうる。今後より本格的な検討が必要とされる。

第一は,就業規則作成・変更は義務的団交事項になるか。これは2つのレベルで問題となる。

その一は,過半数組合(代表)の意見聴取との関連である。この権限をあくまでも「意見聴取」ととらえると「団交」義務に関しては制約的に働かない。では,「就業規則の作成・変更」自体が義務的交渉事項になるか。この点は,実質的な内容が「労働条件」に他ならないので対象になると一応いえる。

その二は,就業規則が労働契約法上(7条,10条)特殊な効力を持つこととの関連である。実際の「合意」レベル,つまり就業規則の規定内容を「協定する」ことまで想定したら,就業規則の作成・変更を労働条件一般の問題と処理すること,換言すれば通常の団交法理レベルで考えることができるかは問題になろう。

第二は,組合による従業員代表に関するコントロールのあり方である。これも二つのレベルで問題となる。

その一は,過半数組合のなす組合活動と従業員代表としての活動の区別である。従業員代表としての「意見聴取」を受ける場合に,当該組合員以外の非組合員や少数組合員の意向や利益をどう代表すべきかの論点といえる。い

---

54) 荒木尚志=菅野和夫=山川隆一『詳解 労働契約法』(2008年,弘文堂)20頁。

わゆる「公正代表義務」の問題である。

その二は，（過半数組合もしくは少数組合）が過半数代表をめぐる選出に関する行為や同代表への意見開陳等を行った場合に，不当労働行為法上「組合活動」と評価しうるか。評価しうるとしたら，特定のグループだけの行為だけが保護されることになり従業員全体との関連における代表者選出の「自由」を阻害しないかが問題となる。従業員代表に関する「活動権」法理を想定したとしても，それが不当労働行為法理とどう関連するかは論点となろう。

第三は，協約に違反する就業規則の効力の論点である。これは，労基法92条の解釈上争いがあったが，労働契約法13条により立法的な解決が図られた。協約の適用関係として処理され，組合員との関係でのみ適用され，さらに協約失効時には，協約違反とされていた就業規則の規定の効力は認められるようになったと解されている[55]。もっとも，協約失効時の契約解釈との関連で就業規則が適用されるかは問題となる。

---

55) たとえば，荒木尚志『労働法』（2009年，有斐閣）298頁。

◆第5章
企業組織再編と労使関係法

Ⅰ節　企業組織再編にともなう労使関係法上の問題
Ⅱ節　親会社の団交応諾義務をめぐる判例法理
Ⅲ節　親会社の使用者性

　経済のグローバル化にともなう国際・国内競争の激化のために迅速・円滑な経営上の意思決定システムの構築や労務コストの削減が図られた。これはコーポレートガバナンスの見直しや企業組織の再編との方策によってなされ，労使関係法上多くの問題が発生した[1]。とりわけ，企業系列化やグループ化にともなう団交に関する使用者概念の拡張問題が重要である。この点は多くの労働委員会において争われ，派遣先会社や親会社等につき使用者性を認める一定の見解が形成されつつある。

---

1)　全般的には，熊谷謙一「『グループ雇用』と労働組合」季刊労働法165号（1992年），土田道夫「企業組織の再編と雇用関係」自由と正義51巻12号（2000年），德住堅治『企業再編・会社分割と雇用のルール』（2001年・旬報社），日本経営者団体連盟『企業組織再編とグループ経営における人事管理』（2001年・東京経営者協会），社会経済生産性本部『21世紀：企業経営の変化と労使関係』（2003年），中島正雄「不当労働行為における使用者責任――会社解散・解雇事件への法人格否認の法理の適用」労働法律旬報1561号（2003年），德住堅治「企業組織の再編と労働法の新たな課題」季刊労働法206号（2004年），特集「労組法上の『使用者』概念の検討」労働法律旬報1635号（2006年），本久洋一「企業組織の変動と使用者概念」労働法律旬報1615・1616号（2006年）等。生々しい実態については，島本慈子『子会社は叫ぶ』（2002年・筑摩書房）参照。
　また，企業組織再編に関する最近の研究としては，特集「企業組織の再編・変容と労働法」・島田陽一「日本における労働市場・企業組織の変容と労働法の課題」，石田眞「企業組織と労働法」等季刊労働法206号（2004年），島田陽一・在間秀和・野口大「探求・労働法の現代的課題　企業組織再編と労働関係」ジュリスト1326号（2007年），小早川真理「企業組織再編時における労働法上の問題」日本労働研究雑誌570号（2008年），毛塚勝利・連合総合生活開発研究所『企業組織再編における労働者保護』（2010，中央経済社）等。

他方，労働委員会命令の取消訴訟においてはその使用者性につき労働委員会の立場に批判的な見解が有力である。その際の判断基準として頻繁に引用されるのは朝日放送事件最判（最三小判平成7・2・28労働判例668号11頁）のフレームである。また，持株会社[2]や投資ファンド[3]の使用者性に関する厚労省関係の報告書においても同最判の基準によるべきことが提案されている。しかし，同最判により示された基準が親子会社事案につき適切かという根本的な疑問があり，これは多くの論者によっても指摘されている。

　そこで，本稿では企業組織再編にともないどのような労使関係法上の問題が発生しているかを確認し，団交権のあり方を中心に法理の現状と将来の検討課題を検討したい。

I節　企業組織再編にともなう労使関係法上の問題

(1) 企業組織の再編

　企業組織[4]の再編の仕方は，同一企業内でなされることもあるが現在論議されるものは異なった法人格との間でなされるものである。大別して次の2パターンがある。

　その一は，業務請負等のアウトソーシングにより特定の部門の外注化を図ることである。派遣についても直接の雇用の形をとらないで，労働力を利用

---

2)　1996年12月「持株会社解禁に伴う労使関係専門家会議報告書」労働法律旬報1404号（1997年）。持株会社解禁にともなう労働法上の論点については，荒木尚志「持株会社をめぐる労働法上の諸問題」商事法務1431号（1996年）31頁，盛誠吾「純粋持株会社解禁と労働法上の諸問題」労働法律旬報1411号（1997年）6頁，土田道夫「純粋持株会社と労働法上の諸問題」日本労働研究雑誌451号（1997年）2頁等参照。

3)　2006年5月「投資ファンド等により買収された企業の労使関係に関する研究会報告書」労働法律旬報1631号（2006年）。同報告書については，宮里邦雄「投資ファンドによる企業買収と投資ファンドの使用者性について」労働法律旬報1631号（2006年）6頁，本久洋一「企業買収と労組法の使用者性」労働法律旬報1631号（2006年）14頁等参照。

4)　企業組織概念について，盛誠吾「企業組織の変容と労働法学の課題」日本労働法学会誌97号（2001年）121頁，石田眞「企業組織と労働法」季刊労働法206号（2004年）14頁等参照。

する点においては同様な目的をもつ。

　その二は，持株会社制度等による戦略投資と事業経営との機能の分離である。会社組織としては異なるが，全体として一貫したもしくは一体とした経営上の意思形成・履行がなされている。そのために会社の分割等が必要になり，商法等の改正がなされている（たとえば，純粋持株会社の解禁（1997年独禁法改正），株式交換・移転制度の導入（1999年商法改正），会社分割制度（2000年商法改正））。以上のようなドラステックは組織再編以外にも，営業（の一部）譲渡等の試みもなされている。いずれも労働法上，元請会社や持株会社等の使用者性が正面から問題となるケースといえる。

　具体的な企業組織変動のパターンは以下の通りである。

　第一に，営業譲渡については，商法上，譲渡の具体的内容は譲渡会社と譲受会社の間の合意による。労働者の承継については，全部承継のケースでは，承継されない場合に解雇という事態が発生する可能性が高い。また，承継されたとしても譲渡会社からの退職，譲受会社への再雇用パターンをとる場合が多く，その過程において労働条件の不利益変更がなされるケースも少なくない。つまり，選別と労働条件の不利益変更が争点となっており，裁判上も学説上も活発な議論がなされている[5]。

　第二に合併に関しては，合併した会社の債権，債務が承継されるという明文の規定がある（会社法750条等）。労働関係も承継されるので特段の紛争は生じない。もっとも，組合組織の統合問題はある。

　第三に会社分割に関しては，特別の立法がなされ[6]，労働契約承継法は4つの承継パターンに区別して規制している。とりわけ，分割対象となる部門

[5) 詳しくは，武井寛「営業譲渡と労働関係」日本労働法学会誌94号（1999年），橋本陽子「営業譲渡と労働法」日本労働研究雑誌484号（2000年），萬井隆令「企業組織の変動と労働契約関係」労働法律旬報1527号（2002年），野田進「企業組織の再編・変容と労働契約——営業譲渡に伴う採用拒否問題を中心に」季刊労働法206号（2004年）等参照。また2002年8月に出された厚労省「企業組織再編に伴う労働関係上の諸問題に関する研究会報告」労働法律旬報1550号（2003年）の問題点については，本久洋一「営業譲渡に際しての労働契約の帰趨に関する立法の要否について」労働法律旬報1550号（2003年）参照。

で設立会社等に承継されると指名された「承継営業を主たる職務とする労働者」（3条，2条1項1号）については，本人の同意なしに承継されるという規定の合理性が問題になっている[7]。

なお，同法には労使関係的に注目すべき以下のような規定もある。まず，会社分割の手続に関しては，関係する労働者および労働組合への通知（2条1項，2項），労働者との協議（5条），労働者の理解と協力をえる努力（7条）に関する規定がある[8]。また，協約関係の承継に関しては，組合員が設立会社に承継された場合には当該設立会社と労働組合との間で，分割会社との間で締結されていた労働協約と同一内容の協約が締結されたものとみなされる（6条3項）。

第四に，グループ化にともなう親会社，さらに　持株会社[9]については，主要な経営方針を実質的に定める持株会社・親会社が，子会社等の従業員や組合にとって使用者的な位置にあるかが争われる。具体的には，子会社従業員との間に雇用関係が認められるか，また団交義務を負う使用者かが問題となる。前者の雇用関係の有無については，法人格否認の法理の適用や黙示的雇用契約関係の成否が争点となる。後者については，まさに使用者概念の拡張が争われ，最近親会社の使用者性を正面から認める注目すべき労働委員会命令も出されている。本稿では，主にこの使用者概念の拡張問題を検討したい。

(2) 労使関係法上の諸問題

団交に関する使用者概念の拡張を考察する際に留意すべき事項として以下

---

6) 全般的には，菅野和夫＝落合誠一『会社分割をめぐる商法と労働法』別冊商事法務236号（2001年）参照。

7) 本久洋一「会社分割と労働関係」労働法律旬報1478号（2000年）13頁，萬井隆令「企業組織の再編と労働契約の承継」労働法律旬報1478号（2000年）6頁。

8) この点が正面から争われた事案として日本ＩＢＭ事件・横浜地判平成19・5・29労働判例942号5頁，控訴審・東京高判平成20・6・26労働判例963号16頁がある。本判決の問題点については，本久洋一「旧商法上の会社分割にともなう労働契約承継に際しての法定協議手続の履行の有無」労働法律旬報1657号（2007年）6頁参照。

9) 酒巻俊雄「持株会社とグループ経営」判例タイムズ1122号（2003年）1頁，武藤泰明『持株会社経営の実際（2版）』日本経済新聞出版社（2007年）等。

をあげうる。第一は，団交権の目的・意義である。この点についてはすでに論じる機会をもった（拙著『労使関係法における誠実と公正』(2005年，旬報社参照）。

第二は，それを踏まえて，親会社をも団交過程に取り込む法的な説明である。ここで，団交「権」概念の拡張もしくは修正が2方向で問題になる。その一は，直接の使用者を超えたいわば空間的な拡張であり，その二は，経営上の決定のどの時点から交渉義務が発生するかという時間的な拡張である。本稿の主要課題に他ならない。

第三は，具体的な交渉態様である。親会社が関与する交渉態様として，①親会社と子会社組合との直接交渉，②何らかのかたちでの子会社＋親会社の使用者グループと子会社組合との交渉，③子会社との交渉に親会社が参加する形態，等が考えられる。経営上の決定過程にリアルに対応するためには②の方式が適切と思われる。

第四は，団交権の主体たる組合のあり方である。特定の職場を前提として，個別組合員の利害をどの程度適正に代表する組織になっているかの論点である。これは一般的な形でも問題になるが，グループ雇用的な状況では，子会社従業員の全体の意向を代表しうるか，グループに所属する他の組合，とりわけ親会社の組合の意向との調整等が問題になる。企業グループについては組合組織のあり方について一定の歴史があるが，団交権の拡張をふまえて議論はほとんどなされていない。法的な検討だけではすまない事柄であることを確認しておきたい。

第五は，団交→（争議）→協約締結という一連の過程を前提とした，協約や争議に関連した法理の適用可能性である。

Ⅱ節　親会社の団交応諾義務をめぐる判例法理

親会社の使用者性は，最近多くの労働委員会において争われ派遣先会社（たとえば，日本製箔事件・滋賀県労委平成17・4・1命令集131集653頁）や親会社等につき使用者性を認める一定の見解が形成されつつある（例えば，大阪証券取引所事件・中労委平成15・3・19労働判例847号91頁，高見澤電気製作所・富士通事件・長野県労委①事件平成17・3・23命令集131集491頁，②事件平成17・

3・23命令集131集854頁，高見澤電気製作所・FCL・富士通事件・長野県労委平成17・9・28命令集133（Ⅰ）集274頁，住友電装＝三陸ハーネス事件・宮城県労働委員会平成19・6・12労働法律旬報1659号49頁）。

他方，労働委員会命令の取消訴訟においてはその使用者性につき労働委員会の立場に批判的な見解が有力である。その際の判断基準として頻繁に引用されるのは朝日放送事件最判（最三小判平成7・2・28労働判例668号11頁）のフレームである。以下では，まず朝日放送事件最判の法理の特徴と問題点を確認したい[10]。

団交権は，憲法28条で保障されるとともに，労組法1条2項で団交の際の正当な行為につき刑事免責を，また6条で組合代表者等の交渉権限を定めている。さらに7条2号で団交拒否が独立した不当労働行為類型として禁止されている。団交権をめぐる判例法理は，主に7条の規定の解釈を通じて，昭和60年以降，同条をめぐる労働委員会命令の取消訴訟を通じて形成されてきた。とはいえ，最高裁が自らの見解を明らかにすることは少なく，多くは下級審の見解を容認するとの形がとられている。具体的には，①労使の交渉主体，②交渉方式，③交渉事項，④交渉ルール等について争われている。同時に，団交の拒否だけではなく，交渉応諾の在り方，つまり誠実交渉義務に関しても詳細な法理が確立している。

(1) 最高裁判例法理の形成

まず，最高裁判例法理の形成史を紹介しておきたい。

裁判上は主に請負契約の事件が争われ，実質的な指揮命令の在り方から元請会社等を「使用者」とみなす判例法理が確立している。まず，前提として，組合員が労働組合法上の「労働者」（3条）か否かが問題となる。中部日本放送事件・最判（最一小判昭和51・5・6判例時報813号3頁）は，会社の指揮命令下における労務の提供および出演報酬の賃金性から，民間放送会社とい

---

[10] より詳しくは，拙稿「親会社の団交応諾義務——なんのための団交権」季刊労働法216号（2007年），矢野昌浩「企業ネットワークと不当労働行為救済法理」琉大法学82号（2009年）21頁等。

わゆる自由出演契約を締結している放送管弦楽団員を労働者とみなしている。

次に下請会社が介在する場合には，元請会社による直接的な指揮命令の程度，請負代金の賃金性が問題になる。油研工業事件・最判（最一小判昭和51・5・6判例時報817号111頁）は，社外工に対し就業規則の適用がなされていなくとも元請会社が労働組合法7条にいう使用者にあたると解している。また，阪神観光事件・最判（最一小判昭和62・2・26判例時報1242号122頁）も，楽団員が営業組織に組み入れられていること，指揮命令下における演奏業務，演奏料の賃金性から，演奏がなされているキャバレーを経営する会社が使用者であると判示している。以上の二事例は，いずれも下請会社（的な者）が使用者的権能をほとんど行使していないケースであり，元請会社の使用者性が認められやすい事案であったといえる。

では，下請会社にそれなりの実態があったらどうか。この点は，TV番組制作業務の下請会社の従業員が組織する組合からの団交要求がなされた朝日放送事件において正面から争われた。前記最判は，労組法7条にいう使用者につき，「雇用主以外の事業主であっても，雇用主から労働者の派遣を受けて自己の業務に従事させ，その労働者の基本的な労働条件等について，雇用主と部分的とはいえ同視できる程度に現実的かつ具体的に支配，決定することができる地位にある場合には，その限りにおいて，右事業主は同条の『使用者』に当たるものと解するのが相当である」と判示し，下請労働者は朝日放送の職場において，そのディレクターの指揮監督下で作業秩序に完全に組み込まれて，就労しているとして朝日放送の使用者性を認めた。ここに判例法理が確立すると同時にこのフレームが一般的に適用されることになる（同事件差戻審・東京高判平成8・2・28労民集47巻1・2号53頁，下請会社が倒産したケースである朝日放送事件・東京地判平成20・1・28労働経済判例速報1995号18頁も参照）。

(2) 下級審の動向――――――――――――――――――――――

その後の下級審判決においても，使用者概念の拡張が図られている（その他に，朝日放送事件最判以前の事件であるが，親会社（明石生コン事件・神戸地

明石支部決昭和50・10・23労働法律旬報893号74頁）や姉妹会社（神港精機事件・神戸地決昭和51・1・30判例時報813号96頁）を相手に団交応諾仮処分が認められた例も存する。他方，東京都特別区現業労組が勤務条件について共通基準の企画立案を行なう「特別区人事・厚生事務組合」に対し団交応諾等を求めた特別区人事・厚生事務組合事件において，東京地判（平成2・5・17労働判例563号31頁）は，当該企画立案は労働条件決定の準備的行為にすぎないとして，その使用者性を認めなかった。しかし，各事案の特色もあり必ずしも朝日放送事件最判のフレームによっているわけではないことに注目したい。たとえば，大藤生コン三田事件・大阪高判（平成9・4・23労働判例734号91頁）は，黙示の雇用契約が成立したとして，また本四海峡バス事件・大阪高判（平成15・12・24労働法律旬報1577号48頁）は，海員組合の使用者性が争われ，会社に対し「実質的な影響力及び支配力を有し」ているとして使用者性を認めている。

　他方，最近は明確に朝日放送事件最判のフレームによる例も増加しており，同フレームを適用すべき事案か，またその適用の仕方も問題になっている。

　親子会社の事例について，シマダヤ事件・東京地判（平成18・3・27労働判例917号67頁）は，親会社が100％子会社従業員の労働条件を雇用者と同視できる程度に現実的かつ具体的に支配，決定していたとしてその使用者性を認めている（当事者間で争いはなかった）。もっとも，輸配送業務を別会社に委託し，子会社がその別会社から再委託を受けて業務に従事するようになった以降は，子会社従業員の賃金等を実質的に決定する関係にないとして親会社の使用者性は認められてはいない。

　また，持株会社の使用者性が争われたブライト証券他事件において，子会社三社を管理・監督する枠組みとして管理規程を制定し，同管理規程では，関係会社の従業員の昇給・賞与総額の決定や従業員の採用等，労働条件や人事に関する事項が持株会社の承認を要する事項とされていたことが問題になった。東京地判（平成17・12・7労働経済判例速報1929号3頁）は，朝日放送事件最判のフレームに基づき，同規定の「趣旨は，親会社であり持株会社である参加人実栄が関係会社を含むグループ全体について各事業年度の資金

計画を立てるに当たり、昇給・賞与の総額や従業員数によって変動する人件費総額が重要な要素となることから、財務政策上の観点から実栄証券の承認を経ることを求めたものと解されるのであり、上記のような管理規程の存在と定めから直ちに、参加人実栄が子会社である参加人ブライト証券の従業員の労働条件等について、雇用主と同視できる程度に現実的かつ具体的に支配、決定し得る地位にあったということはできない。」として、「参加人実栄は、参加人ブライト証券従業員の基本的な労働条件の一部（賃金、人事）に対してある程度重大な影響力を有していることは認められるものの、その態様及び程度をみると、持株会社がグループの経営戦略的観点から子会社に対して行う管理・監督の域を超えるものとはいい難く、原告主張の各事情をもって、参加人実栄が、本件当時、直接の雇用契約関係にない参加人ブライト証券従業員の基本的な労働条件等につき、支配株主としての地位を超えて、雇用契約の当事者である参加人ブライト証券がその労働者の基本的な労働条件等を直接支配、決定するのと同視し得る程度に、現実的かつ具体的に支配力、決定力を有していた」とはいえないと判示した。

　このような判断は控訴審たる東京高判（平成18・8・30判例集未掲載）においても示されており、子会社の人事管理に関し親会社の承認を要するという管理規定の趣旨については、「完全子会社といえども、会社の業務遂行を決し取締役も職務の執行を監督するのは、当該会社の取締役であって、親会社ではないから、管理規定に上記のような定めがあることをもって、参加人実栄が子会社である参加人ブライト証券の従業員の労働条件等について、雇用主と同視できる程度に現実的かつ具体的に支配、決定しうる地位にあったということはできない」と判示している（上告棄却・不受理平成19・11・6最決）。

　なお、本件原審が「雇用契約の当事者である参加人ブライト証券がその労働者の基本的な労働条件等を直接支配、決定するのと同視し得る程度に、現実的かつ具体的に支配力、決定力を有していた」かという基準を提示している点は指摘しておきたい。「直接支配、決定」という表現は朝日放送事件最判にないものであり、同最判のフレームの実質的な修正がなされている。もっとも、控訴審はそのような表現をとってはいない。

朝日放送事件最判の修正は，大阪証券取引所・仲立証券事件東京地判（平成16・5・17労働判例876号91頁）においてもとられている。朝日放送事件最判は，労働条件決定に関する関与の程度と共に使用者概念を重畳的に認めているが，同地判はこの重畳性にそれほど留意していない。本件は親会社的な地位にある大阪証券取引所の使用者性を認めた中労委命令を取り消した事案である。仲立証券は，大阪証券取引所（X）における正会員間の有価証券売買取引の媒介を目的とする株式会社であり，Xが資本参加（25％）し，以後，X出身者が役員・管理職に就任しているが法人の実体としてはXとは独立した存在であった。Xにおける仲立証券の媒介業務の作業内容，手順，時刻等はXが規定し，また各証券会社が仲立証券に支払う仲立手数料の料率はXが会員委員会に諮問の上決定している。仲立証券の経営悪化による廃業に伴う雇用問題につき仲立証券の従業員等で組織する組合からの団交要求をXが使用者に該当しないとして拒否したので同組合が不当労働行為の申立をした。なお，Xは，仲立証券の従業員の雇用確保につき一定の対応をしていた。

初審大阪地労委（平成12・10・26不当労働行為事件命令集118集93頁）とともに中労委（平成15・3・19労働判例847号91頁）もXの使用者性を認めたが，東京地判は次のように判示して本件救済命令を取り消した。

「一般に使用者とは労働契約上の雇用主をいうものであるが，同条が団結権の侵害に当たる一定の行為を不当労働行為として排除，是正して正常な労使関係を回復することを目的としていることにかんがみると，雇用主以外の事業主であっても，当該労働者の基本的な労働条件等について雇用主と同視できる程度に現実的かつ具体的に支配，決定することができる地位にある場合には，その限りにおいて，上記事業主は同条の『使用者』に当たるものと解するのが相当である（朝日放送事件最高裁判決参照）」。ただし，「外延が幾らでも広がるような開放的な概念によって『使用者』を定義することは相当ではな」い。

本件において，「Xが本件団体交渉に応じる義務があるというためには，Xにおいて仲立証券の事業再開と同証券従業員の雇用を確保しなければならないという程にあるいはXや証券関係の業界で仲立証券従業員を再雇用し

なければならない程に」,換言すれば「仲立証券従業員の雇用確保等について,雇用主である仲立証券と同視できる程度に現実的かつ具体的に支配,決定することができる地位にあったということがいえて,はじめて労働組合法7条にいう『使用者』に当たると解するのが相当である」。

　以上のフレームに基づき,①仲立証券の再建策に対するXの支配,決定力の存否,②制度面,資本関係,人事面からみたXの仲立証券に対する支配,決定の存否,③労働条件面からの支配,決定力の存否の観点から,「本件雇用問題については,仲立証券のみがこれを支配,決定することができる地位にあったというべきで」あるとして,「Xが,労働組合法7条にいうところの『使用者』に当たるとの結論を導くことは困難である」と判示した。

(3) 朝日放送事件最判の位置づけ

　使用者性は,TV番組制作業務に従事する下請会社の従業員が組織する組合からの団交要求がなされた朝日放送事件において正面から争われた。最判は,労組法7条にいう使用者につき,「雇用主以外の事業主であっても,雇用主から労働者の派遣を受けて自己の業務に従事させ,その労働者の基本的な労働条件等について,雇用主と部分的とはいえ同視できる程度に現実的かつ具体的に支配,決定することができる地位にある場合には,その限りにおいて,右事業主は同条の『使用者』に当たるものと解するのが相当である」と判示し,下請労働者は朝日放送の職場において,そのディレクターの指揮監督下で作業秩序に完全に組み込まれて,就労しているとして朝日放送の使用者性を認めた。ここに判例法理が確立すると同時にこのフレームが一般的に適用されることになる[11]。

　まず,本判決の特徴を判示内容に即して確認しておきたい。

　その一として,「雇用主以外の事業主であっても」という前提から立論され,さらに「雇用主と部分的とはいえ同視できる」程度の支配,決定を要件としている。つまり,雇用主以外にも一定の使用者的権限を行使している場合には,その者「も」使用者であるという重畳的な使用者概念を提示しているわけである。

その二として,「雇用主から労働者の派遣を受けて自己の業務に従事させ」,基本的な労働条件につき支配,決定する場合を想定している。派遣労働者を受け入れ,その者に対し一定の指揮命令をなしている事案を前提とした立論といえる。そのような事実関係であるがゆえに「現実的かつ具体的に支配,決定する」という要件が提示されたと思われる。

　その三として,現実的かつ具体的に支配,決定することのできる「地位にある場合」として,労働者の労働条件を支配,決定しうる「地位」自体に留意している。

　では,以上をふまえて同最判をどう評価すべきか。どの程度の先例的な意味があるか。

　第一に,その先例性はあくまで紛争類型との関係で考えるべきである。朝日放送事件は,朝日放送の事業所内で労働者が就労しているので朝日放送自体が現実に指揮命令をしているケースを前提としている。労働条件について現実的かつ具体的な支配とか決定が可能であった事案といえる。そうすると,親子会社の場合,親会社の使用者性につきこのフレームを直接使えるかどうかが問題になる。この点については,持株会社や投資ファンドの使用者性に関する前掲の報告書はいずれも,紛争類型に違いがあるにもかかわらず,朝日放送事件最判のフレームを直接使っており疑問といえる。

　このように考えると,朝日放送事件最高裁の判決がどの程度一般性,汎用性があるかに留意すべきである。このフレームはあくまで元請会社の事業所内で元請会社の指揮命令を受けて就労する下請会社の労働者のケースを前提とした理論であると思われる。従って,このフレームを,直接指揮命令をし

---

11) 詳細な判例解説として,福岡右武「雇用主との間の請負契約により労働者の派遣を受けている事業主が労働組合法7条にいう『使用者』に当たるとされた事例」最高裁判所判例解説民事篇平成7年度(上)224頁,直井春夫「朝日放送事件最高裁判決(最三小判平成7・2・28)の読まれ方」中央労働時報1062号(2006年)2頁,米津孝司「労組法7条の使用者」唐津博=和田肇『労働法重要判例を読む』(2008年,日本評論社)248頁等参照。また,控訴審判決(東京高判平成4・9・16労働法律旬報1302号43頁)の問題点については,拙稿「重畳的使用者概念の必要性」労働法律旬報1311号(1993年)18頁以下参照。

えない親子会社の事例にそのまま適用するのは問題である。前述の一連の下級審判決は，最高裁の考え方を無理に拡張適用しているのではと考える[12]。

第二として，先例的な意義は，使用者概念の重畳性を明確に認めた点にある。つまり，雇用契約上の使用者は当然労組法7条上の使用者にあたり，それ以外に労働条件の決定とか変更について使用者的な権能を行使している者「も」使用者に当たると判示している。この重畳性というのは重要な視点と思われる。しかし，その後の下級審は重畳的な視点が非常に希薄である。たとえば，大阪証券取引所・仲立証券事件の東京地裁判決（平成16・5・17労働判例876号5頁）は，朝日放送事件・最判のフレームを使っているが大阪証券取引所に契約上の使用者である仲立証券と同様な権限を要求している。大阪証券取引所が資本関係等で実質的に使用者的な権限を一定程度行使している場合に，大阪証券取引所「も」使用者となるかがまさに論点であった。このような重畳性の軽視は，ブライト証券他事件東京地判でも示されている。

第三は，学説上の位置づけに関する。学説は，使用者概念については，労働契約基準説[13]と労働者の労働条件について支配力があれば使用者性を認めるという支配力説[14]・対抗的関係説[15]が対立しており，朝日放送事件最判はこの労働契約基準説をとったと評価されている[16]。しかし，使用者概念の基準は労働契約であることはあまりにも当然である。問題は，労働契約以外の場合にそれに「準じた」関係があるか，つまり基準の持つ幅や意味であり，朝日放送事件は労働契約関係がない場合に7条の使用者性を明確に認

---

12) 盛誠吾「純粋持株会社解禁と労働法上の諸問題」労働法律旬報1411号(1997年)8頁。
13) 菅野和夫『労働法(9版)』(2010年・弘文堂)668頁は，「労働契約関係またはそれに隣接ないし近似した関係」と表現している。
14) 岸井貞男『不当労働行為の法理論』(1978年・総合労働研究所)281頁，西谷敏『労働組合法(2版)』(2006年・有斐閣)150頁，294頁等。「法形式のいかんを問わず，当該労働者の労働過程から，定型的，継続的に利益を得ている第三者」につき使用者性を認めるよりラディカルな見解もある（橋詰洋三「団体交渉の当事者適格」沼田還暦下巻『労働法の基本問題』(1974年・総合労働研究所)313頁）。
15) 外尾健一『労働団体法』(1975年・筑摩書房)210頁。
16) たとえば，福岡・前掲論文245頁

めた事案に他ならない。その意味では，労働契約上の使用者以外にも使用者性を認めるというまさに重畳的な使用者概念こそが問題となっている。したがって，検討すべきはあくまで，どのような視点から労働契約に「準じた」関係を認定すべきかである。

そう考えていくと，使用者概念が問題になる紛争として以下の三パターンを想定しうる。一つは朝日放送型で事業所内の派遣のケースであり，まさに朝日放送事件最判のフレームが適用される。二つは，新規採用のケースで営業譲渡とかＪＲ採用差別事件における使用者性の問題である。この点については，ＪＲ事件最判（最一小判平成16・12・22判例時報1847号8頁）が国鉄改革法23条の解釈としてＪＲの使用者性を否定している。三番目が親子会社事案に他ならず，この種ケースについては，適当な最高裁のリーディングケースは存在しない。油研工業事件最判や阪神観光事件最判は，直接の使用者に実態的な権限が全くないようなケースなので，これもリーディングケースとはならないであろう。

Ⅲ節　親会社の使用者性

親会社の使用者性の前提として，まず親子会社の要件が問題になる。総株主の議決権の過半数持っていることとか役員派遣をしていることで，親子会社関係は成立する（会社法2条3号・4号，会社法施行規則3条）。親会社は，過半数の株式取得等によって子会社に対する支配力を行使できる。もっとも，使用者性の基準は支配力の有無や程度，それを踏まえた具体的な支配力の行使態様が問題になる。朝日放送事件最判のフレームが適用しうる場合には親会社の使用者性が認められることは前掲の諸報告書でも指摘されている。しかし，実際の事案において「雇用主と同視できる程度に現実的かつ具体的に支配，決定」したことを立証することは困難である。たとえば，親会社が子会社の労務管理の在り方等につき具体的アクションを起こすと支配力の行使を立証しやすいが，企画や抽象的指示だけならば，あくまで子会社独自の立場で管理をしているとみなされがちである。では，支配力の問題を考える際の留意点は何か。この点は解釈論的にデリケートな論点なので，形式的では

なくあくまでも実質的な視点から親子会社の問題を考えることが必要になる。

(1) 不当労働行為制度のとらえ方

第一の留意点は，不当労働行為制度趣旨からの検討である。不当労働行為制度の基本的特徴としては，①あくまで事実行為として使用者の反組合的行為を規制すること，②そのために行政委員会たる労働委員会が設置されていること，にある。また，反組合的行為の規制は，組合を通じて集団的に労働条件を決定することを促進する目的を持つ[17]。団交拒否の禁止はまさにその中核と言えよう。

このような観点から親会社の使用者性を考える場合に着目するのは次の3点である。その一は，現行の集団的な労働条件決定の仕組みの評価である。現行不当労働行為制度が形成されたのは1949年であり，現在その仕組みが決定的に変貌しているので，その点に関する共通の理解や了解が必要となる。親会社が，迅速効率的な経営の観点から[18]，株主権の行使や資金の配分，取引関係等を通じてどの程度子会社の労務政策に関与しうるか，またしているかがポイントである。その二として，決定過程は事実行為としてのそれが想定されている。したがって，関与の有無・程度・過程をあくまでが事実行為のレベルでリアルに把握することが肝要になる。経営的な視点が法解釈の基盤ともなるわけである。

ここでは，誰がどのように実質的に労働条件を決定しているかこそが争点であり，労働契約上の権利・義務が直接争われていないことを確認しておきたい。企業組織の再編に伴い指揮命令関係が拡散・抽象化しているので，使用者概念を重畳的に把握することが不可欠となる。これがその三の視点である[19]。また，重畳性という視点は，労働契約論から自由になるためにも重要である。

なお，その際に注意すべきは，義務的交渉事項のあり方である。まず，日

---

17) 拙著『不当労働行為法理の基本構造』(2002年，北海道大学図書刊行会) 215頁以下。
18) 日本経営者団体連盟『企業組織再編とグループ経営における人事管理』(2001年・東京経営者協会) 14頁以下参照。

常的な指揮命令を子会社だけが遂行しておれば当該事項は親会社の義務的交渉事項にはならない。他方，雇用関係の終了等の労使関係の基盤ともいうべき労働条件については双方に独自の交渉義務があるといえる。その点，長野県労働委員会（平成17・3・23命令集131集854頁）命令は，直接の子会社が誠実な交渉をしたならば親会社との団交権は認められないという判断を示している。これは疑問である。つまり，子会社だけとの交渉で十分に対処しうる問題ならば，なぜ親会社とも団交する必要があるかを説明できなくなるからである。重畳的な使用者概念の立場からは，親会社には，関与した特定事項につき子会社とは別に「独自に」交渉義務があると考える。二重に説明しなければならないという側面はあるが，親会社独自の責任や能力に基づく説明の仕方，若しくは親会社独自の資料というのがあることが前提になっていると思われる[20]。

(2) なんのための団交権か

団交権保障は，労働条件を集団的に決定する目的を持ち，その過程において使用者から適切な説明を受け組合の意向を反映させることがポイントといえる。誠実交渉義務はまさにそのために要請される[21]。ここで留意すべきは，その決定過程は経営環境の変化等により大きく変貌することである。親子会社の場合にはその組織形態に応じた団交権の見直しが不可欠である。

親子会社形態は，迅速効果的な経営上の意思決定を目的とし，通常は親会社が基本方針を決定し子会社がその具体化をはかるという構造になってい

---

[19] 岸井・前掲書157頁は，使用者概念の重畳性を明確に提示し，親会社の「子会社の労働政策に対する支配という抽象的支配行為」を重視している。また，使用者責任論においてもこの重畳的視点が提起されている。田上富信『使用関係における責任規範の構造』（2006年・有斐閣）79頁参照。

[20] 使用者概念の拡張として「部分的使用者概念」という発想もある。この点については，前掲・直井論文5頁以下，深野和男「親子企業等における労働組合法第7条の使用者性の判断基準と部分的使用者概念の適用範囲」経営法曹151号（2006年）29頁以下参照。

[21] 拙著『労使関係法における誠実と公正』（2006年・旬報社）88頁以下。

る。義務的団交事項は，基本的には労働条件とされる。では，雇用問題（工場閉鎖にともなう転籍・解雇等）等に直結する基盤的労働条件についてはどうか。この場合は，労働条件決定過程全体つまり特定事業の廃止とか，場合によれば会社の解散とか，当初の「決定」段階から関与しない限りは意味のある交渉にはなりにくい[22]。労働委員会実務は，管理運営事項であっても労働条件に連動させることによって実質的に交渉の場にのせている[23]が，それだけでは不十分である。

　親子会社形態をとっている場合は，子会社の工場閉鎖等の決定は通常，親会社が「最終」判断をし，子会社はそれに事実上拘束されその具体化を図ることになる。「支配株主としての地位と同時に，自らは契約当事者ではないという法形式を濫用して労働条件の実質的決定に及んでいる」と評価しうる[24]。したがって，団交についても一連の過程を対象とする必要があり，この種の経営上の決定については，雇用確保の観点から前提的な問題，つまりなぜ特定の工場が閉鎖されるか等を組合に説明する必要がある。特に，組合サイドからいえば可能な限り早い時点での説明とそれに対する組合の対応が必要である。工場閉鎖は労働条件の基盤とも言える雇用問題に直接連なっており，自分の責任でその説明や決定内容の変更をしうる，つまり解決能力[25]があるのは親会社に他ならないからである[26]。あくまで労働条件の決定過程に見合った決定主体の説明責任に着眼する必要があるわけである。誠実交渉義務の中核が，譲歩をすること自体ではなく，適切な説明・説得にあることからも[27]，対処可能性の側面からもそういえる。まさに，親会社の

---

22)　その点では，管理運営事項自体をも義務的交渉事項と考える立論が必要かもしれない。
23)　注（1）拙著67頁。
24)　土田道夫「純粋持株会社と労働法上の諸問題」日本労働研究雑誌451号（1997年）6頁。
25)　萬井隆令「複数関係企業間における労働条件の決定・変更」日本労働法学会編『講座21世紀の労働法3巻　労働条件の決定と変更』（2000年・有斐閣）218頁。
26)　連結財務会計という発想自体が共通支配下の取引として親子会社の利害の共通性を端的に示している側面もある。関根愛子『企業結合会計の知識』（2006年・日本経済新聞社）132頁。

自己責任にほかならないわけである[28]。子会社だけを相手にしては適切な団交にならないことは，説明さえしないという態度をとっている親会社自身が一番熟知していることと思われる。

したがって，全体として次のように考えることができる。

第一に，親会社が子会社の労務政策について個別具体的なコントロールをしている場合には不当労働行為制度における使用者性を容易に認めることができる。持株会社や投資ファンドに関する報告書もこの点を認めている。

第二に，親会社が個別具体的なコントロールをせず，その地位を利用して子会社の基本的な労務政策に関する経営上の決定をしている場合には，その労働条件，とりわけ雇用問題に関する基本事項についての団交につき使用者性が認められる。もっとも，義務的交渉事項は限定される。

なお，このような原則論に対して次のような問題点も指摘しうる。

その一は，朝日放送事件最判との関連である。親子会社事案は，事業内下請のケースと指揮命令の在り方や利害状況が明確に異なるので，原則として朝日放送事件最判のフレームは直接適用がないものと考える。もっとも，使用者性一般につき判示した適切な最判がないことから朝日放送事件最判の処理視角を次の2点において間接的に応用することは想定しうる。その一は，現実的かつ具体的に支配，決定することができる「地位」という表現に着目して，潜在的な支配力を重視している点である[29]。その二として，雇用契約関係がある使用者以外にも7条上の使用者性を認めるという使用者概念の

---

27) 注（1）拙著136頁以下。

28) 「親会社の責任に関する実体規制の根拠となるのは『支配あるところに責任あり』と言われる支配と責任の一致原則である。これにより，手続き面と実体面つまり連結財務諸表における実質的支配という自己表明とそれに相応した実体面における帰責とが法的に接合することになる」と指摘されている。早川勝「企業結合と支配企業，経営者の責任」沢野直紀・高田桂一・森淳二郎編『企業ビジネスと法的責任』（1999年・法律文化社）150頁。

29) 髙見澤電機事件長野地労委①命令は，基盤的労働条件に関する団交上の使用者の地位について，「親会社の個別具体的な指示命令行為の立証までは必要なく，親会社の子会社に対する企業組織の再編に対する明示又は黙示の承認を間接的であっても認めることができれば足りる」と判断している。

重畳性である。

　その二は，親会社の使用者性を認め，経営上の決定過程につき団交を認めることは，迅速効果的な経営上の意思決定という経営ニーズに明確に反することである。これは経営サイドの本音であり，「持株会社のメリットである経営の迅速性が損なわれる」[30]と評価されている。企業秘密の漏洩の問題もある。たしかに，そのような側面は否定できないが，交渉事項の限定や誠実交渉の在り方につき特段の配慮をすることによって一定の対処は可能といえる。ここで強調しておきたいことはそれは，使用者性を認めない決定的な理由にならないことである。団交権保障は経営上の利害との調整という側面が常にあるからである[31]。

　その三は，労組法の全体的な仕組みとの関連である。使用者が労働契約上の使用者ということになると，団交権は当然として協約締結権もあるし争議もでき，法システムとして完備している。ところが，親子会社の場合は，子会社の労働者が親会社との関係で労働契約が成立していることの立証は困難である。さらに，子会社の組合との関係につき，協約や争議の法理も直接には使いにくい。とりわけ団交→協約（規範的効力）という合意内容強制システムが機能しにくい。このように考えるとこと団交については，労働条件決定過程との関係での説明・説得義務が中心になるので，必ずしも協約・争議さらに契約法理とは直接連動しない法理の構築が必要となる[32]。もっとも，親会社と合意することは想定でき（たとえば，雇用保障協定），当該合意には一定の法的効力が認められるであろう[33]。

　この側面においては，団交権保障は適切な説明，説得の実現がポイントになり，団交の実現自体を目的とすると解するべきと思われる。それを踏まえ

---

30) 日経連『企業組織再編とグループ経営における人事管理』（2002年）2頁。
31) 組合サイドの課題については，鈴木不二一「コーポレート・ガバナンスと労働組合」稲上毅・連合総合生活開発研究所『現代日本のコーポレート・ガバナンス』（2000年・東洋経済新報社）295頁以下参照。
32) 拙稿「重畳的使用者概念の必要性」労働法律旬報1311号（1993年）22頁参照。
33) たとえば，書面化されていない「労働協約」と類似の効力が考えられる。

第3部　直面する諸問題

た親会社との合意をどう位置づけ強制するかについては，実態に見合った独自のルールの構築が必要になろう。強調すべきは，労組法システムをパーフェクトに適用し得ない場合についても，こと団交権についてはそれを独自に保障する必要があるということである。

(3) 残された課題

最後に，この問題をより本格的に検討する際に必要な今後の課題についてもふれておきたい。解釈論レベルを超えるものも少なくない。

その一は，管理運営事項と労働条件との関連につき，団交の実態や必要性をふまえて新たな角度からの法理構築が不可欠といえる。労働条件に関連する範囲で管理運営事項も義務的交渉事項になるというお茶を濁した理論だけではすまない。誠実団交義務の時間的な広がりと内容の深さの問題である。労使協議法理と団交法理とを連動させた視点といえる[34]。

その二は，団交の担い手たる労働組合のあり方，とくに企業グループに対応する組織形態が問題になる。同時に，経営上の決定への関与という側面では組合内部の組織体制の充実（たとえば，グループ単位の組合連合や排他的交渉代表制）や，より実効性のある組合民主主義の確立も必要である。とりわけ，交渉段階において入手した企業情報の下部組合員への開示や管理等に関するルールの確立である[35]。

その三は，不当労働行為法理以外にも，労働契約論レベルのグループ雇用の法理ともいうべきものの追求も緊急の課題である。たとえば，雇用保障義務の一環としての親会社の説明責任の問題である。さらに，労働者利益を包含した企業グループ法理の構築も緊急の課題といえる[36]。

34) アメリカ法上の論議も示唆的である。小宮文人「アメリカにおける使用者概念・責任」季刊労働法219号（2007年）118頁，奥野寿「米国労使関係法における『単一使用者』・『共同使用者』法理」立教法学73号（2007年）281頁以下参照。
35) 草野忠義「インサイダー規制が労使関係や労働組合活動に与えた影響」日本労働研究雑誌495号（2001年）53頁参照。
36) 上村達男・金児昭『株式会社はどこに行くのか』(2007年,日本経済出版社)308頁(上村発言)。

その四は，最近団交拒否事件において，使用者概念レベルではなく，労働組合を組織している楽団員や「委託事業者」等がはたして労組法上の「労働者」（3条）に該当するかが正面から争われる事件が増加している。とくに新国立劇場事件・東京地判（平成20・7・31労働判例967号5頁），同控訴審（東京高判平成21・3・25労働判例981号13頁），ビクターサービスエンジニアリング事件・東京地判（平成21・8・6労働判例986号5頁），イナックスメンテナンス事件・東京高判（平成21・9・16労働判例989号12頁）がそれぞれ労働者性を認めない判断を示していることからホットな論争状態に直面している[37]。

　一連の事件では，職能別組合との団交拒否が不当労働行為かが争われた。労働委員会は不当労働行為の成立を認めたが，上述の諸判決は，契約論的なアプローチにより労働者性自体を否定し，団交関係の前提を欠くという判断を示した。しかし，問題は労働者性を判断する契約論的アプローチ自体に存する。労組法の想定する団交関係と労働契約関係は相違しているからである。つまり，労組法上の「労働者」であるかよりは，一定の雇用に準じた関係があるか否かこそを争点とすべきであったと思われる。その点では，「雇用する労働者」（7条2号）の解釈こそが論点である。

　実際にも，労働委員会実務や判例法理は，雇用関係形成過程や雇用の終了以後についても，一定の団交関係を認めており[38]，また，請負等非雇用の関係においても団交義務が課されている。労働契約関係がないケースにおいても雇用に準じた関係があれば重畳的に労組法上の「使用者」とみなされていることは前述した（朝日放送事件・最三小判平成7・2・28労働判例668号11頁）。そこでは，組合員の「労働者性」はまったく問題となっていない。論点は，あくまで団交によって労働条件を決定すべき関係（「団交関係」という）となりうるか否かである[39]。

---

37) 野田進「就業の『非雇用化』と労組法上の労働者性」労働法律旬報1679号（2008年），古川陽二「最近の不当労働行為救済申立をめぐる諸問題（1）（2）」労働判例988，989号（2009年），古川景一「労働組合法上の労働者――最高裁判例法理と我妻理論の再評価」季刊労働法224号（2009年）等参照。

38) 以下のようなケースが散見される。第一は，雇用関係の有無が正面から争いになるケースである。被解雇者が所属する組合（通常は一般労組もしくは合同労組）からの解雇問題についての団交要求の事案において特に問題となる。判例は，解雇について争っている限り，被解雇者は雇用する労働者に他ならないと判断している（たとえば，三菱電機事件・東京地判昭和63・12・22判例時報1309号142頁）。解雇後に組合に加入したケース（いわゆる駆け込み訴え）においても同様に解されている（日本鋼管事件・最三小判昭和61・7・15労働判例484号21頁）。また，たとえ雇用関係が終了したとしても，懸案事項が残っている限りその範囲において団交義務があると解されている（日本育英会事件・東京地判昭和53・6・30労民集29巻3号432頁，もっとも本件ではその後交渉義務が尽されていると判断されている）。第二は，雇用関係が流動的なケースである。この点は，経営権をめぐる争いから，別会社の従業員が組織した組合からの団交要求の適否が問題となった四條畷カントリー倶楽部事件において争われた。大阪地判（昭和62・11・30労働判例508号28頁）は，交渉に応ずべき使用者には，「労働契約関係に準じる地位にある者，労働契約関係の継続の有無につき争いのある同契約上の雇い主で労働者の労働関係上の諸利益についてなお支配力あるいは影響力を行使しうる者」をも含むとの一般的な基準を示すとともに，「原告と組合員らとの雇用をめぐる諸関係は未だ未確定」であるとしてその使用者性を認めている。

39) 詳しくは，拙稿「団交関係形成の法理」労働法律旬報1687号（2009年）57頁参照。

◆第6章
労働協約締結過程における労使の利害調整

Ⅰ節　なにが問題か
Ⅱ節　なぜこのような紛争が増加したのか
Ⅲ節　労働条件決定過程における労働組合

Ⅰ節　なにが問題か

　景気が堅調とはいえ，それが賃上げや労働条件の向上としてそれほど現れていない。むしろ，格差やワーキングプア問題が顕著である。労働事件としても，雇用終了や労働条件の不利益変更事案が増加している。この不利益変更の仕方としては，個別合意による場合，就業規則による場合，労働協約による場合がある。ここでは，使用者・労働組合・個々の組合員の三者の関係が争われる労働協約による不利益変更紛争を対象にして，組合内における民主主義の在り方が労使交渉やその結果たる労働協約の効力にどのような影響を与えるかを考察したい。

　使用者が労働組合との団交を通じて労働条件を決定する場合に，労働条件を不利益に変更する労働協約の有効性をめぐり多様な紛争が生じている。そこでの基本的な論点は以下であり，一定の判例法理が形成されている。まず，この点を確認しておきたい。

　① 団交の結果たる労働協約によって組合員の労働条件を不利益変更しうるか，そのための要件はなにか。この点につき学説上活発な論議がなされたが，朝日火災海上保険事件・最一小判（平成9・3・27労働判例713号27頁）は不利益変更し得ることを認め，判例法理は確立している。

　② 不利益変更しうるとして，変更に関する具体的ルールはなにか。中根製作所事件・最三小決（平成12・11・28労働判例797号12頁，原審は東京高判平成12・7・26労働判例789号6頁）は，組合内手続を問題にし，労働条件の有

利変更の場合に組合規約に反する簡易な組合内部手続が採用されていたとしても，不利益変更の場合には組合規約通りの厳格な手続によらなければならず，規約違反のケースでは協約自体の規範的効力（労組法16条）も認められないと判示している。

③　②の応用問題として，たとえば，特定の組合員グループ（50歳以上の者）だけを対象として協約によって賃金の引き下げをした場合，当該協約に強制力（規範的効力）は認められるか。この点について，下級審において多く争われているが，最高裁の具体的説示を示した判断はいまだなされていない。

労働者・組合員の見解や利益が多様化している場合に，③のような紛争をどう処理すべきか，そのための適切な法的ルールはなにかは，理論的にも実務的にも重要な課題といえる。この点につき労働法学会では，組合と組合員との関係につき，（A）組合が組合員総体を代表するよりも組合員の意向を個別に代理する側面を重視する「個別代理」的見解，（B）組合員の利害の個別性にもかかわらず，多数決ルールを前提とした代表性を広く認める「集団志向」的見解，（C）組合員全体と個別グループの利害を調整する観点から多数決ルールを修正した形の代表性を認める「公正代表」的見解等が主張されている[1]。

本稿では，この種紛争につき法社会学的（と思われる）観点から，いかなる問題が提起されているかを考察するものである。具体的には，Ｉにおいて，なぜこのような紛争が多発しているのかという紛争化の背景，Ⅱにおいて，紛争の発生過程と労使の利害状況，特に組合内部における民主的決定の限界と修正，Ⅲにおいて，法的な紛争処理視角の特質，について検討する。

---

[1]　詳しくは拙稿『労使関係法における誠実と公正』（2006年，旬報社）236頁以下参照。また，集団的労働条件決定過程をめぐるルールについては，拙稿『不当労働行為法理の基本構造』（2002年，北海道大学図書刊行会）221頁以下参照。歴史的にみても，労働法は公法・私法とは異なる「社会」法との位置づけられており，その基本的特徴として，労働者の組織化・集団化をふまえた「団結」権を保障している。団結権の担い手たる労働組合をめぐる法理を考察することは，組織化・集団化の在り方から「公共性」を考える上で一定の示唆を与えるものと思われる。

Ⅱ節　なぜこのような紛争が増加したのか

　労働協約の規範的効力の在り方は，1980年代から協約自治の限界（「労働協約と労働契約」日本労働法学会誌61号1983年），労働組合の公正代表義務（「労働組合法の新展開—公正代表義務をめぐって—」日本労働法学会誌69号1987年）という形で議論され，関連裁判例も出現していた。本稿の対象となる労働条件の不利益変更事案が裁判例として増加したのは2000年頃からである。では，増加した理由は何か。

　第一は，景気の後退にともない労働条件の「不利益変更事案」が増加したからである。多くは，就業規則の不利益変更として争われたが，組合が関与していた場合には労働協約紛争となった[2]。

　第二に，「特定グループ」に対する不利益変更事案が増加した理由は，労務管理の個別化，能力主義・成果主義人事の導入によって年功的もしくは職能資格的賃金体系の見直しがなされたことによるといわれる。人件費を増加させることなくその配分の「合理化」をはかり，中高年労働者にそのしわ寄せがきたわけである。

　第三に，「紛争化」した背景には組合民主主義（法理）の未成熟があげられる。つまり，組合内部問題に関する判例法理は，主に政治問題がらみの紛争を対象としたものであり，労働条件との関連での法的紛争は案外少なく，この種紛争を処理する適切な法理は形成されなかった。

　また，実際にも，組合内部の対立は組合内における民主主義的決定によって解決されず，組合分裂という形で事実上解消され，組合の併存状態が形成された。我が国における労働運動史が組合分裂の歴史といわれる所以である。労働法理自体も，団結権を人権的に把握することによって（憲法28条），組合内部における調整よりも対立構造を助長し，不当労働行為法理たる「使用者の中立保持義務」は組合併存状態の形成・維持にとって適合的な法理で

---

2)　就業規則変更と労働組合との関連については拙稿「労働契約法制と労働組合」労働法律旬報1630号（2006年）4頁以下（本書4章）参照。

あった[3]。
　第一、第二の理由によって紛争が多発したにもかかわらず、組合内部において対立を的確に処理しうる経験や法理が形成されていなかったわけである。実際の組合間・組合内紛争はほとんどの場合使用者が関与するいわゆる「不当労働行為」事件として現象した。正確に言えば、そのような構成に見合う法理(その中核は使用者の「中立保持義務」である)しか用意されていなかったといえる。
　第四に、21世紀以降、個別労働紛争が増加し、労働相談・紛争処理のニーズが高まり、紛争調整委員会や労働審判等のいくつかの紛争処理機関が整備された[4]。しかし、それらの機関は、あくまで使用者と労働者間の個別紛争を対象とするものであり、組合がからんだ集団紛争を対象とするものではなかった(個別労働関係紛争解決促進法1条、労働審判法1条)。また、集団紛争を対象とする労働委員会においても、その対象は組合と使用者との間の紛争であり、組合内部もしくは併存組合相互間の紛争ではなかった[5]。結局、裁判所だけがこの種紛争に付き対処しうる機関であった。この意味において、現行紛争処理機関が関係当事者間の自主解決を援助し、「紛争化」を回避することは困難であった。
　労働関係においてADRがそれなりに整備されてきたが、実質的に組合内部の争いという側面があったとしても、「労使」問題として処理せざるをえなかった。また、労働委員会は別として他の紛争処理機関は集団的な観点から紛争を処理することも困難であった。(使用者・組合)対組合員としてもしくは使用者対(組合・組合員)として争訟化するメカニズムしかなかったわけである。職場の利害状況に応じた適切な対応が困難といえた。

---

[3]　詳しくは、拙稿『不当労働行為の行政救済法理』(1998年、信山社) 145頁以下。
[4]　個別紛争をめぐる状況については、労働政策研究・研修機構編『労働条件決定システムの現状と方向性』(2007年、労働政策研究・研修機構) 112頁。
[5]　この点の問題点については、拙稿「集団的労使紛争処理システムからみた不当労働行為制度の見直し」季刊労働法205号 (2004) 97頁以下参照。

Ⅲ節　労働条件決定過程における労働組合

　ここでは，労働条件の決定過程の流れをふまえて労使においてどのような利害状況にあるか，それに応じた適切な処理はどうあるべきかを裁判例を素材に考察する。組合組織内における民主的決定と当該組織が対外的に効果的に交渉することとの調整をどう図るかが問われているわけである。組合執行部にとって，対処すべき相手（敵）は使用者とともに組合員総体である。

(1) 労働条件決定過程

決定過程の全体の流れは，概ね以下である。
① 　組合内部における討議・要求の集約（組合民主主義）
② 　使用者との団交
③ 　実際には①と②の相互過程
④ 　協約の締結
⑤ 　協約の履行

　直接の法的な争点は④を前提とした協約の規範的効力の有無である。その判断をするためには，③が，③との関連で①が問題になる。最終的には①，つまり組合内における意思集約・決定の在り方が争点となるわけである。なお，②の過程は直接の問題とされてはいないが，団交権[6]という発想自体が組合に強い権限を与え，個々の組合員と個別に交渉することを使用者に対し禁止しているので，①の過程が決定的に重要となる。個々の組合員は組合を通してしか労働条件を決定しえないからである。

　この一連の労働条件決定過程において，多様な紛争が発生し一定の法理がそれぞれに対応している。ところが，最終的な争点は④の協約の規範的効力

---

6)　使用者の団交応諾義務については，着席だけではなく交渉に誠実に応じる法的な義務までもが認められている。適正かつ実効性のある労働条件の決定のためといわれる。同時に交渉過程を可視化することによって組合員による団交過程のチェックを容易にする仕組みといえる。詳しくは，拙稿『労使関係法における誠実と公正』（2006年，旬報社）17頁以下。

の有無であり，形式的には個別組合員と使用者との争いとして現象する。一連の決定過程にみられる組合内部における利害状況と裁判上の争われ方が齟齬しているわけである。法解釈学的にはよくあることであるが，法社会学的な観点からは興味深いものと思われる。

　まず，協約の規範的効力をめぐる判例法理を確認しておく。

　団交の結果たる労働協約によって組合員の労働条件を不利益変更しうるかについては，朝日火災海上保険事件・最一小判（平成9・3・27労働判例713号27頁）はそれを承認した。次に，不利益変更に関する具体的ルールについて，中根製作所事件・最三小決（平成12・11・28労働判例797号12頁，原審は東京高判平成12・7・26労働判例789号6頁）は，労使慣行がどうであれ，組合規約通りの手続によらなければ労働条件を不利益に変更する協約の規範的効力は認められないと判示した。ここまでは判例法理として確立している。

　問題は，最初に提起した特定の組合員グループだけを対象として協約によって賃金の引き下げをした場合の処理である。この点について，下級審において多く争われており多様な判断が示されている[7]。他方，最高裁[8]は上告棄却・不受理という判断を示すのみで積極的に一定の判断を示してはいない。学説においても活発な議論がなされている[9]。

7）　たとえば，茨木高槻交通事件・大阪地判平成11・4・28労働判例765号29頁，川崎製鉄事件・神戸地判平成12・1・28労働判例778号16頁，日本鋼管事件・横浜地判平成12・7・17労働判例792号74頁，鞆鉄道事件・広島地福山支部判平成14・2・15労働判例825号66頁，控訴審・広島高判平成16・4・15労働判例879号82頁，竹中工務店事件・東京地判平成14・5・19労働判例879号61頁，箱根登山鉄道事件・横浜地小田原支部判平成14・12・21労働判例903号22頁，控訴審・東京高判平成17・9・29労働判例903号17頁，日本郵便逓送事件・大阪地判平成17・9・21労働判例906号36頁，日本郵政公社事件・東京地判平成18・5・29労働判例924号82頁等。これらの事件につき詳しくは，拙稿『労使関係法における誠実と公正』（2006年，旬報社）258頁以下参照。なお，その後の事件として，中央建設国民健康保険組合事件・東京地判平成19・10・5労働判例950号9頁，控訴審・東京高判平成20・4・23労働判例960号25頁，第二次鞆鉄道事件・広島地福山支部判平成20・2・29労働法律旬報1700号48頁，控訴審・広島高判平成20・11・28労働法律旬報1700号45頁等がある。

8）　鞆鉄道事件・最二小決平成17・10・28。

9）　まず，規範的効力が認められるための要件をことさら問題にしない見解があり，「現

行労働法は，労働条件の形成は，労使により自主的に行われることを要請していると解すべきであり，裁判所が協約締結過程の民主性に対する審査という形で間接的であれ労働条件の形成に関与すること」は団体自治の要請に反すると主張する（大内伸哉『労働条件変更法理の再構成』(1999年，有斐閣) 301頁)。これに対し多くの説はなんらかのチェックを必要とするという見解である。チェックのし方としては，協約内容と組合内部手続の双方に目配りしているが，どこに重点を置くかについては，①組合内部手続，②協約内容，③協約内容と内部手続の双方，という見解が示されている。

①組合内部手続を重視する説は，特別の集団的授権の必要性を以下のように強調する（もっとも，協約内容自体の合理性も問題にしている)。「たとえば，経営危機の打開策として従業員全体についての異例の不利益措置（賃金引下げ，労働時間延長，等）を協約化するような場合には，組合は，ことがらの性質に応じて，通常の団体交渉プロセスとは異なる特別の集団的な意思集約（授権）の手続き（組合大会での特別決議，組合員投票など）を踏む必要がある。また，労働条件制度の改革などにおいて，組合員（従業員）の一部集団に特に不利益が及ぶ措置を協約化する場合には，当該組合員（従業員）集団の意見を十分に汲み上げてその不利益の緩和に努めるなど，組合員（従業員）全体の利益を公正に調整する真摯な努力をすることが必要となる」（菅野和夫『労働法 7版補正2版』(2007年，弘文堂) 523頁，荒木尚志『雇用システムと労働条件変更法理』(2001年，有斐閣) 275頁も同旨)。

②協約内容を重視する説は，「『手続き』面における『民主的』決定の必要性については，組合内部の事柄ゆえ，前述のように基本的には組合自治に委ねるのが適当である。これに対し，使用者との交渉から生み出される『内容』に関しては，『集団的規制と個人利益の調整の必要性』あるいは『組合の「公正」代表の要請』からして，労使の集団的自治に委ね切れない場合が少なからずあると考えられる。そのような場合については，あえて労使自治に制約を加えて協約の規範的効力を否定しなければならない」（下井隆史「労働協約の規範的効力の限界」甲南法学30巻3・4号（1990年）21頁，毛塚勝利「集団的労使関係秩序と就業規則・労働協約」季刊労働法150号（1989年）151頁，諏訪康雄「労働協約の規範的効力をめぐる一考察」久保還暦『労働組合法の理論課題』(1980年，世界思想社) 200頁も参照）として「組合員の合理的期待」に着目する。

③はっきりと協約内容と内部手続の双方からのチェックを必要する見解は，まず不利益変更一般につき，「全員参加の民主的な手続による事前の承認もしくは事後の追認があった場合にのみ，労働条件の不利益変更を内容とする協約の規範的効力を承認しうるであろう」（西谷敏『労働法における個人と集団』(1992年，有斐閣) 370頁，鈴木芳明「労働条件決定過程と組合内部手続」日本労働法学会編『講座21世紀の労働法 8巻』(2000年，有斐閣) 45頁も参照）とし，同時に一部の者に不利な協約条項については平等原則を重視して次のように論じている。組合員相互の平等という原則は，「組合内部関係における決定参加の平等の要請に尽きるものではなく，決定の結果の享受についても保障されねばならない」と主張する。公正代表義務論もこの立場といえる（拙稿『労使関係法における誠実と公正』(2006年，旬報社) 287頁以下参照)。

では，どのように考えるべきか。ここで着目すべきは，団交過程が使用者と労働組合との交渉過程であるとともに，それと連動して組合内部の要求集約・協約承認の過程でもあることである。つまり組合内部における民主的な意思決定の要請と対使用者との関係における団結力を背景とした協約締結という双方の要請を調整する必要があり，同時に，労働条件の集団的な決定の観点から，交渉関係の個別化を意味する組合員の脱退行動を抑止する工夫も必要とされるわけである。つまり，①内部民主主義を貫徹すること，②労使の交渉過程を可視化することによって，交渉の実質化を図ること，さらに③個々の組合員による交渉過程へのチェックを図ること，が同時に必要とされる。以上の問題関心に基づき労働組合の「公正代表義務」からするあるべき決定手続およびそれを支えるルールを検討したい。ここでは，組合運営における多数決原理の前提とはなにかが問われている。

(2) 労働組合の「公正代表義務」

　紛争事案を特定のグループが職種や地域との関連において独自に労働条件を決定することに合理性がある（労働組合サイドからみても利害関係が明確に異なる）場合とない場合とに区分する。企業別組合では，職種自体が明確に異なることが少なくなく，職種毎に異なった労働条件を設定することは一般的である。このような場合の特定グループについては，そのグループについてだけの不利益変更を独自に決定することが許される。もっとも，内部手続的には当該グループ独自に決定することが規約上明確に定められていることが前提になり，組合員多数による決定とともに当該グループの多数による決定，二重の決定が必要とされる。その意味では規範的効力の承認のためには，組合規約の整備がまず必要となる。

　他方，独自に労働条件を設定することに合理性がない場合，例えば，年齢はその階層に応じて独自に労働条件を決定することに合理性はなく，また，組合内部における利害調整システムも想定されていない[10]。つまり，組合全体の意向によって一部の者に不利な形での変更をすることを決定しうる前提に欠けると思われる。

第6章 労働協約締結過程における労使の利害調整

　しかし，当該協約は，組合全体の意向に基づくという側面もあるので以下のような集団法的効果は認められるべきである[11]。その一として，当該協定には，それ以上不利な労働条件を認めないという有利原則的な規範的効力は認められる。その二として，その規定につき規範的効力自体は認められないが，契約の「ひな型」を提示する効果は認められよう。つまり，当該不利益変更規定に基づいて，使用者と個別組合員が個々的に契約を締結することは可能となり，個別交渉は協約内容の具体化を図るものなので不当労働行為とはみなされない。

　では，なぜ，特定グループについての労働条件を集団的に決定することが許されないのか。明確に利害（意見ではない）が対立した場合に，利害対立に相当な理由がありかつ対立に応じた適正な内部的調整・決定方法が完備している場合は利害状況を反映した決定システムがあるので強制力のある決定をなしうる。そのような事案以外については，労働組合自身が個別労働者の利益を適正・公正に調整しえず，代表性自体に欠けるからである。全般的な意向を明らかにするレベルはともかく，強制力（規範的効力）のある決定自体はできず，まさに組合民主主義の限界といえる。

(3) 労使の利害調整

　裁判上は，労働協約の規範的効力が争いになっているので，使用者対個別組合員間の賃金額をめぐる法的紛争となる。とはいえ，その判断をする前提として直接的には，組合内部における決定の在り方が問題となる。組合対個別組合員の利害対立の側面が強いわけであり，現実にもこのような形の裁判例（朝日自動車労組事件・大阪地判1997・2・24労働判例721号65頁[12]，AIGエ

10）　この場合は，たとえば55歳以上等特定のグループについて（若年層も55歳になれば同一の処遇を受けるという点では必ずしも特定グループとはいえないという評価もありうるが），短期的には「特定」と解するほうが現実的である。
11）　組合の代表性については，基準設定機能（本来の規範的効力），契約のひな形設定機能（個別契約との関連），個別代理的機能（個別の委任必要）等を想定しうる。
12）　詳しくは，拙解説・法律時報70巻6号（1998年）125頁参照。

ジソン生命労働組合他事件・東京地判2007・8・27労働判例954号78頁。もっとも組合や委員長に対する損害賠償請求は認められていない）もある。学説上も組合内部における決定の在り方をめぐって論争が展開されている。直接的な利害状況と法的な紛争パターンに大きな齟齬がみられる。

　裁判規範を前提とした解釈論的には疑問をあまり感じないが，法社会学的な視点からは興味深い論点といえる。では，なぜ組合ではなく使用者が相手になるか。形式的には労働契約上の賃金額をめぐる紛争であるからに他ならないが，実質的に次の諸点を指摘しうる。

　その一として，賃金支払いについての最終責任は使用者に他ならず，組合は賃金額決定過程に関与しただけとみなすことができる。その意味では，あくまで「労働契約」の問題であり，組合の自己責任は大きく後退しているわけである。ユニオンショップをめぐる紛争，つまり組合からの除名が無効ならばなぜ解雇も無効となるかの論点と類似した利害状況にある[13]。

　労働組合と使用者との間の労使自治というフィールドの中に個別組合員が存在するという図式ではなく，使用者と個別労働者との間の労働契約関係を外から規制するものとして労働組合が存在するという発想法といえようか。就業規則の不利益変更事案における多数組合の同意の位置と類似している。今後の労使関係法を考える場合の基本的な視点といえよう。

　その二として，組合内部おける決定内容は組合の意思（自己責任）によるとはいえ，労働条件の不利益変更（少なくとも一部の者について）の決定をせざるをえなかったのは使用者の提案に対応したためである。不利益変更事案なので，主原因は使用者が作出したとの側面は否定できない。使用者からの賃下げ協定の提案等から一連の決定過程は出発するので，使用者が相当なリスクを負うと考えることもできる。組合執行部の本音といえようか。

　その三として，組合内部紛争を処理するＡＤＲが整備されていないので，このレベルにおいて迅速かつ自主的に解決することは困難である。どうしても通常の民事裁判を利用せざるを得なくなる。

13）　日本食塩製造事件・最二小判昭和50・4・25判例時報774号3頁。

次に，会社と個別組合員間の裁判過程において組合はどのような位置を占めるか。端的にいって，使用者サイドに「参加」するだろうか。ほとんどの事例においてこのような参加はなされていない。その理由は，へたに参加すると労使一体とみられ裁判官の心証形成のうえでも，また一般組合員との関係でも不利になるからと思われる。もっとも，実質的な争点が組合内部の出来事なので組合は実際に何らかのサポートをしていることは予想しうる。少なくとも組合内で適正な手続で決定したことを使用者が立証する必要性あり，基本的な組合資料は使用者へ提供されている。

このように考えていくと，本件にみられるような紛争処理視角は，我が国の労使関係の在り方を知る上でもきわめて興味深いものといえる[14]。また，このような紛争パターンに適合的な ADR を構築しうるかも今後の課題である。

〈参照文献〉
荒木尚志　（2001）『雇用システムと労働条件変更法理』（有斐閣）
大内伸哉　（1999）『労働条件変更法理の再構成』（有斐閣）
　　　　　（2007）『労働者代表法制に関する研究』（有斐閣）
毛塚勝利　（1989）「集団的労使関係秩序と就業規則・労働協約」季刊労働法150号
菅野和夫　（2007）『労働法　7版補正2版』（弘文堂）
鈴木芳明　（2000）「労働条件決定過程と組合内部手続」日本労働法学会編『講座21世紀の労働法　8巻』（有斐閣）
諏訪康雄　（1980）「労働協約の規範的効力をめぐる一考察」久保還暦『労働組合法の理論課題』（世界思想社）
下井隆史　（1990）「労働協約の規範的効力の限界」甲南法学30巻3・4号
道幸哲也　（1998）『不当労働行為の行政救済法理』（信山社）
　　　　　（2002）『不当労働行為法理の基本構造』（北大図書刊行会）
　　　　　（2004）「集団的労使紛争処理システムからみた不当労働行為制度の見直し」季刊労働法205号
　　　　　（2006①）『労使関係法における誠実と公正』（旬報社）

---

14)　労働関係紛争の解決手続全般の特徴は，菅野和夫『労働法　7版補正2版』（2007年，弘文堂）623頁以下参照。

（2006②）「労働契約法制と労働組合」労働法律旬報1630号
西谷 敏（1992）『労働法における個人と集団』（有斐閣）
労働政策研究・研修機構編（2007）『労働条件決定システムの現状と方向性』（労働政策研究・研修機構）

◆第7章
公務員労働法における団交・協約法制
―― 2007.10.19報告書の死角

はじめに
Ⅰ節　公務員労働基本権の現状と問題点
Ⅱ節　本報告書の内容
Ⅲ節　本報告書の特徴と問題点
Ⅳ節　残された基本問題

はじめに

　2007年10月19日に行政改革推進本部専門調査会から「公務員の労働基本権のあり方」についての報告書（以下，「本報告書」という）が発表された。同専門調査会は，2006年7月から各府省，地方公共団体，職員団体等にヒヤリングを実施し，公務員の協約締結権と争議権を中心とする構想を提示した。今国会に提出予定の「国会公務員制度改革基本法案」との関連においてどのような論議がなされるのかが注目される。本章は，この報告書の内容を確認し，その問題点を論じるものである。

　同報告書は，行政改革の一環として作成されたので，近時の全体的流れをまず確認しておきたい。2000年12月に「行政改革大綱」が閣議決定され，その後，2001年3月に基本的方向として「公務員制度改革の大枠」が取りまとめられ，同年12月に「公務員制度改革大綱」が閣議決定された。ここに，「公務に求められる専門性，中立性，能率性，継続・安定性の確保に留意しつつ，政府のパフォーマンスを飛躍的に高めることを目指し，行政ニーズに即応した人材を確保し，公務員が互いに競い合う中で持てる力を国民のために最大限に発揮し得る環境を整備するとともに，その時々で最適な組織編成を機動的・弾力的に行うこと」等を目的とする公務員制度改革の内容が明らかにさ

れた[1]。

　その後も2004年12月に「今後の行政改革の方針」が，また2005年12月に「行政改革の重要方針」が閣議決定され，それをうけて2006年6月に「簡素で効率的な政府を実現するための行政改革の推進に関する法律」が成立し，能力及び実績に基づく人事管理，退職管理の適正化並びにこれらに関連する事項について，できるだけ早期にその具体化のため必要な措置を講ずることになった（63条）。さらに，2007年4月24日に閣議決定した「公務員制度改革について」に基づき国家公務員法等改正法案が提出され，6月に成立した。同法において，人事評価制度の導入等により能力及び実績に基づく人事管理の徹底を図るとともに，離職後の就職に関する規制の導入，再就職等監視委員会の設置等により退職管理の適正化を図るほか，官民人材交流センターの設置により官民の人材交流の円滑な実施のための支援を行うこと等が定められた[2]。

　ところで，最近の公務員制度改革の動きはおおむね4つの方向を示している。その一は，公務員数の削減である。一連の定数削減の動きとともに，独立行政法人化や郵政の公社化，民営化として具体化している。また，指定管

---

1) 公務員制度改革及び大綱の問題点については，特集「公務員制度改革——公務員制度調査会答申をめぐって」ジュリスト1158号（1999年），特集「公務員制度改革案の検討」行財政研究48号（2001年），特集「公務員制度改革の検討」労働法律旬報1510号（2001年），特集「公務員制度改革」ジュリスト1226号（2002年），西谷敏＝晴山一穂『公務員制度改革』（2002年，大月書店），特集「公務員制度改革の問題点」季刊労働法202号（2003年），特集「公務員制度改革」ジュリスト1355号（2008年）等参照。また，公務員賃金制度や公務の民間化については，西谷敏＝晴山一穂＝行方久生編『公務の民間化と公務労働』（2004年，大月書店），二宮厚美＝晴山一穂編著『公務員制度の変質と公務労働』（2005年，自治体研究社）等参照。
2) 同法については，政木広行「能力及び実績に基づく人事管理の徹底と退職管理の適正化——国家公務員法等の一部を改正する法律案」立法と調査271号（2007年）9頁以下参照。
3) 文化政策提言ネットワーク編『指定管理者制度で何が変わるか』（2004年，水曜社）等参照。
4) 晴山一穂＝清水敏＝榊原秀訓「『市場テスト法』と公務員の雇用・勤務条件」労働法律旬報1636号（2006年）6頁以下参照。

理者制度[3]や市場化テスト[4]の動きも間接的に公務員数削減の目的をもっている。その二は，人事管理の適正化，能力主義化である。大綱が打ち出した能力等級制度がその典型であり，その後の諸構想における目玉になっている[5]。また，最近は，特に採用・キャリアシステムの在り方が重視されている。その三は，公務員の分断化である。基本的に現業と非現業に2分されていたものを，現業については非公務員化，非現業についてはいわゆるエリート官僚と一般の公務員に分けて法規制する方向である。その四は，管理システム自体の分散化である。大綱は，内閣の総合調整機能を重視しつつも，各主任大臣に広い人事管理権限を付与しようとしている。

　以上の他に，公務員倫理の確立や天下り・再雇用の在り方も論点となっている。さらに，制度改革とはいえないが，公務員の賃金切り下げの傾向も顕著である。

　本章は，本報告書をふまえて公権力の行使をする一般の（ノンエリートの）職員層を対象とした集団的労働条件決定システムをどう構築すべきかを考える[6]。同報告書は本来論ずべき点がきれいに欠落しており，これでは適正なシステムは形成されないと思われる。

I節　公務員労働基本権の現状と問題点

　公務員に関する労使関係規定および関連裁判例の特徴と問題点を，非現業の国家公務員を中心に確認しておきたい。現行公務員法の独自性がはっきり

---

5)　成果主義人事制度の法的問題については，土田道夫＝山川隆一編『成果主義人事と労働法』（2003年，日本労働研究機構），拙稿「成果主義人事制度導入の法的問題（1）（2）（3）」労働判例938，939，940号（2007年）等参照。また公務員制度との関連については，中野雅至『間違いだらけの公務員制度改革』（2006年，日本経済新聞社）参照。

6)　公務員労働基本権論をめぐる最近の研究については，香川孝三「公共部門における労働条件の決定・変更」『講座21世紀の労働法　3巻』(2000年，有斐閣)，根本到「公務員制度改革と労働条件決定システム」労働法律旬報1510号（2001年）20頁，和田肇「国家公務員の労働基本権と労働条件決定システム」季刊労働法202号（2003年）70頁，清水敏「公務員労働基本権の展望」ジュリスト1316号（2006年）2頁，濱口桂一郎「公務労働の法政策」季刊労働法220号（2008年）138頁等参照。また，本格的研究として渡辺賢『公務員労働基本権の再構築』（2006年，北海道大学出版会）がある。

と示されているからである。

　まず，関連する憲法規範としては以下がある。基本規定として勤労者の団結権等を定めた28条があり，公務員も「勤労者」にあたると解されている。その他に，国民の公務員選定罷免権（15条1項），公務員の全体の奉仕者性（15条2項），官吏に関する事務を掌理することが内閣の職務であること（73条4号），国会の議決による国費の支出（85条）の定めがある。全体として，憲法上の「公務員像」や公務員規制の特徴は必ずしもはっきりしない。特に労働条件決定システムの側面においては，公務員は憲法28条の対象であるにもかかわらず労働三法が適用されておらず（国家公務員法附則16条），国家公務員法はじめ多くの特別法および人事院規則によって具体的な労働条件等が定まっている。

　つまり，基本的な労働条件は法定化され，民間的な労使自治は存立の基盤がないとされているわけである。とはいえ，労働組合（職員団体）の存立は認められ，一定の交渉関係も予定されている。その点では，憲法28条の具体化がそれなりに図られている。

(1) 労働基本権の保障規定

　では，非現業の国家公務員について労働基本権はどのように保障され，どのような特徴を有するか（他に特定独立行政法人の労働関係法参照）。

　第一に，団結権については，警察，海上保安庁，監獄職員等は別として（国家公務員法108条の2第5項）基本的に認められている。職員団体としての登録制度（108条の3）が採用され，組合員資格につき，構成員を職員に限定（108条の3第4項）するとともにユニオンショップを禁止し（108条の2第3項），さらに管理職について独自の職員団体を結成すべきこと（108条の2第3項）が定められている[7]。いずれも民間の労働組合とは全く異なった規制がなさ

---

7) 「職員団体」は，「職員がその勤務条件の維持改善を図ることを目的として組織する団体又はその連合体をいう」と定義され（108条の2），構成員は必ずしも職員だけとはされていない。職員だけというのは登録との関連である。また，登録の効果としては，団交の実施（108条の5），在籍専従の許可（108条の6）等がある。

れている。

　他方，労組法7条1号と同様に職員団体の構成員たること等を理由とする不利益取扱いは禁止されており（108条の7），団結権の保障は一定程度図られている。もっとも，労組法7条2，3号的な規定はなく，独自の救済機関も存在しない。当局の反組合的行為に対しては国家賠償を求めることになる（全税関横浜支部事件・最一小判平成13・10・25労働判例814号34頁，全税関東京支部事件・最一小判平成13・12・13労働判例818号12頁等）。

　第二に，団交権については，団交を前提とした規定はあるが団交自体を直接当局に義務づける規定はない。その意味では，団交「権」は認められず，放任されている。とはいえ，団交ルールは法定化（108条の5，主体・1項，相手方・4項，交渉事項・1項，3項，参加人数等の交渉条件・5項，事前協議・5項，打切り事由・7項）されており，当局も拘束する点が特徴といえる（特に管理・運営事項が交渉事項にならないこと）。

　団交拒否紛争については独自の処理機関はなく，措置要求の対象ともならないと判示されている（地方公務員法の事件であるが，横浜事件・東京高判昭和55・3・26行裁例集31巻3号668頁）。せいぜい国家賠償が考えられるにすぎない。

　なお，個別的苦情に対しては独自の苦情処理制度（勤務条件に関する行政措置の要求（86条））があり，団交との関連においても非組合員の意見表明の自由（108条の5第9項）が定められている。

　第三に，協約については，団交→合意の成立という事態は一応想定されているが，団体協約の締結権はないと明確に定められている（108条の5第2項）。したがって，団交に基づく労使間合意の法的意味はまったく不明であり，判例は法的効力がないとはっきりと判示している（国立新潟療養所事件・最三小判昭和53・3・28判例時報884号107頁，また，地公法55条9項の協定についても「原則として道義的責任を生じるにとどまるもの」という判断が示されている。横浜人事委員会事件・東京高判平成8・4・25労働判例740号15頁，上告は棄却されている。最一小判平成10・4・30労働判例740号14頁）。また，債務的効力についてもほとんど論議されていない。現業職の場合には協約締結権を認める（特

定独立行政法人労働関係法8条）とともに議会権限との調整規定（特定独立行政法人労働関係法16条）があるが，非現業についてはその前提自体を欠く。

　第四に争議権については，完全に禁止され（98条），争議参加は違法とされ懲戒処分の対象となる（82条）。さらに，教唆等については刑事罰（110条17項）が課せられる。公務員の労働基本権論はもっぱらこの争議禁止と関連付けて議論されてきた。判例は，完全禁止→一定法認→完全禁止と3段階で変化し，現在判例法上争議は完全に違法とされている。人事院勧告の不完全実施等代償措置が機能しない場合も同様であり（全農林事件・最二小判平成12・3・17労働判例780号6頁，熊本県教委事件・最二小判平成12・12・15労働判例803号5頁，新潟県教委事件・最二小判平成12・12・15労働判例803号5頁），また，争議を理由とする懲戒処分についても当局に広範な裁量権が認められている（神戸税関事件・最三小判昭和52・12・20民集31巻7号1101頁）。

　第五に，労働関係紛争の処理機関としては，勤務条件に関する措置要求に対応し（86条），俸給等につき勧告を行う人事院（3条）がある。もっとも，人事院には，労働基本権を直接保障する権能は与えられていない。

(2) 判例法理の特徴と問題点

　判例法理は，公務員についても憲法28条の勤労者とみなす一方，労働基本権保障については団交権・協約締結権・争議権を認めない国公法の規定を合憲と解釈している（最近の例として，平成14年度人事院勧告等損害賠償事件・東京高判平成17・9・29労働判例907号35頁等）。その理由付け等については学説上種々の批判がなされている。ここでは，もっとも基本的な問題点だけを指摘したい。これは，判例だけではなく，学説上の論議の仕方に関してもいえる。

　その一は，憲法28条の捉え方自体である。最判は，同条を共同決定原則ととらえている。たとえば，名古屋中郵事件最判（最大判昭和52・5・4判例時報848号21頁）は，「私企業の労働者の場合のような労使による勤務条件の共同決定を内容とする団体交渉権の保障はなく，右の共同決定のための団体交渉過程の一環として予定されている争議権もまた，憲法上，当然に保障されているものとはいえないのである」と判示している（国立新潟療養所事件・

最三小判昭和53・3・28判例時報884号107頁も同旨）。しかし，憲法28条が労働組合との合意によらなければ労働条件の決定ができないという「共同決定原則」までを定めているわけではない[8]。労働組合との集団的な労働条件の決定原則と共同決定原則は必ずしも同一でなく，前者は，労働組合の同意がなければ労働条件を決定しえないことまでは意味しない。最判はこの点を十分に理解していない。つまり，憲法28条を使用者にとって厳しい制約を課すものと解釈したために，公務員について憲法28条の適用の余地を不当に狭めたものといえる。

その二は，労働基本権といってももっぱら争議権を中心に議論がされてきたことである。判例・学説ともにそうである。その結果，争議権の保障が困難なゆえに団交権・協約締結権の保障も困難という図式になっている（典型は，前掲・国立新潟療養所事件最判である）。しかし，労働条件の集団的決定過程の視点からは，むしろ団結→団交→(争議)→協約締結とのシェーマになる。とりわけ，争議権は要求実現のための手段的権利という側面があるとともに，最近では実際に争議がなされることは極端に少なくなった。現在では，むしろ団交権・協約中心の法理が要請されている。また，団交権保障は争議回避的側面があり（アメリカ）[9]，また争議を回避するためには，誠実に団交をする必要が当局にあることはいうまでもない。公務員の労働基本権論には，このような問題関心は恐ろしく希薄であった[10]。

---

8) 名古屋中郵事件最判は，「右の意味における共同決定の権利が憲法上保障されているものとすれば，勤務条件の原案につき労使間に合意が成立しない限り政府はこれを国会に提出できないこととなり，常に合意をもたらしうるという制度的保障が欠けていることとあいまって，国会の決定権の行使が損なわれるおそれがある」とも判示している。

9) 拙著『不当労働行為救済の法理論』(1998年，有斐閣) 314頁以下，拙著『不当労働行為法理の基本問題』(2002年，北海道大学図書刊行会) 193頁以下参照。

10) 基本文献として，菅野和夫「『財政民主主義と団体交渉権』覚書」『法学協会百周年記念論文集第二巻』(1983年，有斐閣)，同「公務員団体交渉の法律政策—アメリカに見るその可能性と限界」法学協会雑誌98巻1号1頁，12号1561頁，100巻1号1頁 (1981年，1983年)，同「国家公務員の団体協約締結権否定の合憲性問題」久保還暦『労働組合法の理論課題』(1980年，世界思想社)，渡辺賢・前掲書がある。

その点，本報告書は争議権よりも協約締結権に留意していることでより現実的・実効性ある労働条件決定に着目しているといえる。しかし，後述のように，民間労使関係における協約締結過程をめぐる最近の法理を全く学んでおらず，仕事の公務性にもそれほど留意していないので，その内容は極めて不十分と思われる。

II節　本報告書の内容

報告書の内容は概略以下の通りである。ここでは，主に団交・協約締結過程について紹介する。

(1) 改革の必要性と方向性

1）改革の必要性として，①行政の諸課題に対する対応能力向上の観点から，「公務部門においても，適切な人事管理を実現することにより，コスト意識を徹底し，公務の能率を向上させていくことが求められ，それを可能にするための労使関係制度等の改革が求められる」。また，②責任ある労使関係構築の観点から，真に責任ある労使関係の構築と，労使交渉に関し労使が説明責任を果たす仕組みが必要である。

2）改革の方向性として，「行政の諸課題に対する対応能力を高め，効率的で質の高い行政を確保し，国民・住民の永続的な信頼を得ていくためには，総合的な公務員制度改革の一環として，労使関係制度等についても，改革に取り組む必要があり」，具体的には以下の施策がとられる。

① 労使関係の自律性の確立

責任ある労使関係を構築するためには，透明性の高い労使間の交渉に基づき，労使が自律的に勤務条件を決定するシステムへの変革を行わなければならない。よって，「一定の非現業職員ついて，協約締結権を新たに付与するとともに第三者機関の勧告制度を廃止して，労使双方の権限の制約を取り払い，使用者が主体的に組織パフォーマンス向上の観点から勤務条件を考え，職員の意見を聴いて決定できる機動的かつ柔軟なシステムを確立すべきである」。「このシステムの転換を契機として，労使双方が責任感を持ってそれぞ

れの役割を果たし職員の能力を最大限に活かす勤務条件が決定・運用されることを通じて，公務の能率の向上，コスト意識の徹底，行政の諸課題に対する対応能力の向上といった効果が期待できる。一方で，基本権の付与拡大に伴い，交渉不調の場合の調整も含めた労使交渉に伴う費用の増大や，争議権まで付与する場合は，争議行為の発生に伴う国民生活等への影響が予想される。こうしたコストの発生が，付与に伴うメリットに比して過大なものとなれば，改革に対する国民・住民の理解は得られない。また，安易な交渉が行われれば，パフォーマンス向上に対応しない人件費の増加を招くのではないかという指摘もある。そして何よりも，長期にわたる準備が必要である。こうした改革に伴うコスト等に十分留意しつつ，慎重に決断する必要がある。

② 国における使用者機関の確立

責任ある労使関係の構築のためには，使用者機関が確立されなければならない。このため，使用者として人事行政における十分な権限と責任を持つ機関を確立するとともに，国民に対してその責任者を明確にすべきである。その上で，使用者機関が主体的・戦略的に，行政全体の組織パフォーマンスを高める勤務条件を，労使交渉により職員の意見を聴きつつ構築していくべきである。これを通して，行政の諸課題に対する対応能力の向上，職員のコスト意識の徹底，公務の能率の向上を図るべきである」。

③ 国民・住民に対する説明責任の徹底

主権者である国民・住民にとって，公務員の人事管理や勤務条件などの制度や実態は大きな関心事である。使用者はこれらに関し責任を持って，国民・住民に対し説明責任を果たすべきである。特に，公務員の労使関係については，不適切な労使慣行の再発を防止して健全な労使関係を構築するためにも，その透明性を高め，説明責任を徹底して果たすべきである。

④ 意見の分かれた重要な論点

ア 消防職員及び刑事施設職員の団結権について

イ 争議権について

　3）改革において留意すべき点

「憲法上の要請である議会制民主主義及び財政民主主義の考え方について

は，今日においても妥当する当然の制約理由である。一方で，その給与が基本的には国民の租税負担により賄われるという『公務員の地位の特殊性』については，近年，独立行政法人，国立大学法人及び指定管理者制度が導入されており，また，『公務員の職務の公共性』については，公共サービスの多くが民間委託などにより民間労働者によっても担われつつあるという現状にある。よって，この2つの制約理由については，当時ほど絶対的なものではなくなっているといえる。また，『市場の抑止力の欠如』については，労使交渉の結果や経過を公開して，国民・住民の監視を可能とすることで，過度な要求や安易な妥協がある程度，抑止されることが期待できる。このように，公共サービスをめぐる環境の変化を踏まえ，現行の制約を緩和する余地はある。もちろん，議会制民主主義，財政民主主義の要請があり，また，公務員の地位の特殊性，職務の公共性，市場の抑止力の欠如といった基本的制約理由もなくなるものではないから，現行の制約を緩和するに当たっては，これらの制約理由を十分に踏まえ，適切かつ合理的な制度的措置を併せて講じることが必要であり，また重要である。」

(2) 改革の具体化にあたり検討すべき論点
1) 基本権付与の前提について
（1） 労使の理念の共有。公務員は全体の奉仕者であるから，交渉等においても，労使は「効率的で質の高い行政サービスの実現」という理念を共有して行うべきである。

（2） 労使交渉の透明性の向上。労使交渉の透明性の向上については，交渉結果である協約はもちろん，交渉過程まで含めた情報公開が必要である。この点，情報公開の具体的方法等について，検討が必要である。

（3） 国における使用者機関の確立。使用者として人事行政における十分な権限と責任を持つ機関を確立することが必要である。このため，具体的にいかなる機関のいかなる権限が，責任ある使用者機関が担うべき権限として移管されるべきか，早急な検討が必要である。

（4） 交渉当事者の体制の整備。一定の非現業職員に協約締結権を付与す

る際には，国の中央レベル，各府省レベル及び地方支分部局レベル並びに地方公共団体それぞれにおいて，労使交渉に必要な体制を整備し，十分な準備期間を設けて，試行等により習熟していくことについて，検討が必要である。

2）協約締結権について

(1) 付与する職員の範囲。協約締結権を付与する非現業職員の具体的な範囲については，検討が必要である。この点，「団体交渉権を有する非現業職員のうち，管理職員等以外の職員に付与すべき」か否かが問題になる。

(2) 交渉事項・協約事項の範囲。一定の非現業職員に協約締結権を付与する際に，交渉事項の全部を協約事項とするのか，一部に限定して協約事項とするのか，検討が必要である。とくに，「任用・分限・懲戒に関する事項については，これらが成績主義（メリットシステム），人事管理の公正性の確保という面を強く有することから，協約締結事項から除外すべき」か否かが問題となる。

(3) 法律・条例，予算と協約との関係。憲法上の当然の要請である議会制民主主義及び財政民主主義の観点から，法律・条例，予算は協約に優先すべきであり，そのため，法律・条例，予算と抵触する部分が効力を有するために必要な手続等について，検討が必要である。

(4) 少数組合等の協約締結権の制限。一定の非現業職員に協約締結権を付与する際に，少数組合・職員団体が多数存在する場合には，交渉コストが多大になるおそれがあることから，一定の組織率を有しない少数組合・職員団体には協約締結権を付与しないこととすべきか否かについて，検討が必要である。

(5) 協約締結権が付与されない職員の取扱い。一定の非現業職員に協約締結権を付与する際に，なお協約締結権を付与されない職員について，給与等の勤務条件決定の仕組みをいかにすべきか，検討が必要である。

3）争議権について

(1) 争議行為の制限等

(2) 争議行為を行うことのできる事項

4）協約締結権等を支える仕組みについて

(1) 地方自治体における交渉円滑化のための全国レベルの仕組み。個々の自治体の交渉の円滑化に資するため，組合・職員団体の代表と地方団体の代表が，給与などの枠組みについて協議する全国レベルの仕組みの必要性や内容について，検討が必要である。

(2) 交渉不調の場合の調整。交渉不調の場合の調整の仕組みをいかにすべきか，検討が必要である。

(3) 民間準拠原則の必要性。公務員の勤務条件について，民間の労働条件に準拠すべきか否か，準拠すべきとする場合，どの程度とすべきか，検討が必要である。

(4) 民間給与等の実態調査等。一定の非現業職員に協約締結権を付与し，人事院等による給与勧告を廃止する場合に，交渉や仲裁の基準として，客観的なデータを第三者機関が調査収集する仕組みが必要か，検討が必要である。

(5) 労使協議制度。公務部門における労使協議制については，「効率的・効果的な事務事業の遂行，国民・住民に対する良質な公共サービスの提供を促進するため，労使間の意思疎通を図るツールとして労使協議制度を整備すべき」との考えがある。団体交渉を補完するというその性質上，基本権の付与拡大のあり方が具体的に定まらないと，その必要性及び内容について，定めることは困難である。

Ⅲ節　本報告書の特徴と問題点

本報告書のポイントは以下と思われる[11]。

その一は，基本的視点であり，次の二点がその目標とされている。①コスト意識と公務の能率向上，②責任ある労使関係制度の確立，である。いずれもそれ自体としては問題はない。②については，より具体的に労使の自律，

---

11) 解説として，清水敏「公務員労働関係の原理的転換——専門調査会報告の意義」都市問題99巻2号（2008年）19頁，上仮屋尚「公務員の労使コミュニケーションの抜本的拡大は成るか」ビジネス・レーバー・トレンド2008年1月号41頁，小幡純子「公務員の労働基本権のあり方——平成19年専門調査会報告に関して」ジュリスト1355号（2008年）28頁等がある。

第7章 公務員労働法における団交・協約法制——2007.10.19報告書の死角

使用者サイドの体制整備，住民に対する説明責任の要請が示されている。もっとも，この三者がどう関係するかまでは論じられていない。公務員制度改革の一環であることが重視されているわけである。

その二は，協約による労働条件決定との関連での留意点として，①「効率的で質の高い行政サービスの実現」という理念の共有，②労使交渉の透明性の向上・情報公開の必要性，③国における使用者機関の確立・交渉当事者の体制の整備，が示されている。ここでも，協約法制というより「公務員の賃金」決定システムの整備という色彩が強く，本報告書の一貫した流れになっている。

その三は，協約締結権の具体的内容との関連における検討課題として以下があげられている。①付与する職員の範囲，管理職層も対象となるか，②交渉事項・協約事項の範囲，とくに，「任用・分限・懲戒に関する事項」はどうか，③法律・条例，予算と協約との関係，憲法上の当然の要請である議会制民主主義及び財政民主主義の重視の程度，④少数組合等の協約締結権は制限されるか，⑤協約締結権が付与されない職員の取扱いをどうするか。

では，本報告書の問題点はなにか。

第一は，民間の協約法制についての関心のなさである[12]。協約法理については，労働条件の不利益変更事案を中心に規範的効力の在り方をめぐり活発な議論がなされている。しかし，本報告書では，使用者サイドの対応体制の整備はそれなりに重視されているが，以下のような基本的問題についての検討が不十分である。というより，論点自体が適切に提起されていない[13]。

その一として，団交・協約締結過程の検討が不十分である。協約は団交を通じて締結されるが，団交過程の論議はほとんどなされていない。交渉事項の範囲や少数組合の協約締結権（団交権？）については言及されているが，より基本的な論点，つまり団交「権」の有無，誠実交渉義務の内容，権利の

---

12) 民間の団交・協約法理については，拙著『労使関係法における誠実と公正』（2006年，旬報社）参照。

13) この点は，2006年9月に発表された日本労働組合総連合会「新しい公共サービスのために」においても同様である。

実現システム等については検討の対象とされていない。近時，誠実団交義務については，争議禁止との関連において問題とされているにもかかわらず，この側面への無関心は不思議である。

　その二として，組合内部問題，とりわけ組合民主主義の在り方についても関心が示されていない。組合内部における要求の集約，それをうけた団交，最終段階における協約の締結という一連のプロセスにおいては，団交とともに組合内部手続は重要な段階である。とりわけ，労働条件の不利益変更事案についてそのようにいえる。報告書は，使用者サイドの体制整備を重視しているが，組合サイドのそれにはほとんど言及していない。むしろ，職員組合の体制整備のほうが緊急に必要であると思われる。

　その三として，協約条項がどのような法的なメカニズムによって，労働条件を規制するのかがはっきりしない。公務員の身分関係が「契約」関係でないために，労組法16条的な規範的効力論は想定しにくい。にもかかわらず，この点は未解決である。ここでは，契約論なしの協約論が求められているわけである[14]。

　第二は，公務員法独自の論点については，それなりに言及されているが，ほとんど詰めた議論がなされていない。なんのための報告書かといえる。この程度の論点の提起をするだけならばわざわざ時間と手間は必要ではない。問題に肉薄する熱意は全く感じられない。

　その一は，労使自治と住民によるコントロールとの関連についてである。まず，労使自治のとらえ方が十分ではない。特に，労働条件の決定・実施のプロセスに配慮していないので，住民によるコントロールがどの段階で，どのようになされるのかが不明確である。協約締結後の議会によるコントロール以外の方策も検討すべきものと思われる。

　理論的には，使用者の立場の二重性を明確に確認して立論すべきである。つまり，一方では組合との対抗的側面があり，他方で組合と一体化して公務

---

14)　公務員の労使関係についても「実質的に」民間的な発想が導入されつつある（たとえば，中野区非常勤保育士事件・東京高判平成19・11・29労働判例951号47頁）

を実施する側面がある（外部との関係における利害の共通性）。利害対立内容の明確化，透明化，公開性は労働条件決定過程に対する国民的コントロールのために不可欠と思われる。この点につき抽象的な議論がなされているにすぎない。

その二は，公務遂行に関する論点についてである。労働時間等の労働条件は，公務遂行やサービスの在り方に決定的な影響を与える。また，成果主義的な賃金制度も個別労働者の働きかたを通じて仕事の仕方に影響がある。本報告書においては，交渉事項・仕方との関連において一定の指摘はなされているが，より本格的，もしくは構想力のある議論が必要であろう[15]。

その三は，交渉事項に関し，具体的には以下が特に問題になる[16]。

① 一般的な管理・運営事項については，民間では，義務的な交渉事項とされないが，使用者が任意で応ずることは禁止されてはいない。また，実際にも労使協議の対象となることは多い。しかし，公務員については，管理・運営事項は公務の実施に関するものなので，労使間の団交事項にすることは明

---

15) 職務命令についてどの程度，協約によって制約を課すかは重要な論点といえる。民間ならば実際に，就業規則の規定によって使用者に包括的な業務命令権は付与されているが，法的な説明はあくまで「合意」に基づく。他方，公勤務の場合は，職務（業務）命令は基本的に行政の実現のために出されるので，合意に基づくものではない。その点からは，当局も適切な職務命令を出すことが義務付けられている。とはいえ，職務命令には，政策の実現という側面とともに労働条件的側面もある（たとえば，特定の職務に関する残業命令）。前者の側面については職務命令につき強い拘束力があるが，後者の側面については民間の場合と基本的な差異はないと思われる。協約による規制のレベルにおいてこの両側面をいかに関連付け，分離するかは難問といえる。なお，職務命令の拘束性については，今村成和「職務命令に対する公務員の服従義務について」杉村章三郎先生古希記念『公法学研究上』（1974年，有斐閣）67頁，藤田宙靖「公務員法の位置づけ」『田中二郎先生追悼論文集 公法の課題』（1985年，有斐閣）409頁参照。

16) 交渉事項一般については，拙著『労使関係法における誠実と公正』64頁以下，また，相関関係論に基づく公務員の弾力的団体交渉権理論については，渡辺・前掲書309頁以下，人事院勧告制度との関連については，渡辺賢「公務員の労働基本権——団交権に関する一考察」高見勝利＝岡田信弘＝常本照樹『日本国憲法解釈の再検討』（2004年，有斐閣）229頁以下参照。

文によって禁止される。その意味では，当局の応諾行為自体も許されない。なお，管理・運営事項が労働条件に関連する場合はその範囲で交渉事項となり，両者の調整は難問といえる。

　②人事管理システム，勤務成績に関する基準・ルールは，それによって具体的処遇や賃金が決定されるので労働条件に関するものといえる。原則として交渉事項となる。もっとも，人事管理システムは，勤務内容自体の設定・評価も問題となるので，管理・運営的な側面もある（この点につき，広島県教育委員会事件・東京高判平成21・7・15別冊中央労働時報1388号56頁参照）。能力給・成果給の導入に伴ってこの点が正面から争われることが予想される。ところで，能力主義の導入にともなって「能力」「成果」基準の具体化，とりわけ「実績評価の対象」や能力評価の仕方が問題となる。公務サービスについて基準の明確化は困難である。

　③仕事内容は労働条件ではないので通常は団交事項にならないとされている。しかし，仕事内容自体は労働者の働き甲斐や人格と不可分に結びついているのでそれについて「交渉する」一定の利益があると思われる。とりわけ公務員については，使用者（当局）のために働いているわけではないので，仕事（公務）内容について発言し，交渉する必要は民間の場合よりより大きいともいえる。その点では，労働組合の役割として「公務の担い手の集団」としての側面を重視することが必要であろう。

　もっとも，仕事内容については団交システムによって処理すべきかという基本問題はある。交渉事項とまで認めることは，公務の実施を阻害する可能性が高いので，交渉ではなくなんらかの「説明・協議」が必要と構成すべきか。理論的には，説明・協議過程と組合内における公正代表義務がどう関連するかの問題もある。

　また，勤務条件法定・条例主義と労使自治との関連において，団交事項をどう設定するかも問題になろう[17]。

17）　下井康史「公務員の団体交渉権・協約締結権」季刊労働法221号（2008年）103頁参照。

Ⅳ節　残された基本問題

　本報告書においてほとんど取り上げられてはいないが，公務員の協約法制において検討すべき重要な論点として以下をあげうる。いずれも難問である。

　第一は，職員組合の「代表性（制）」の問題であり，次の二つの側面がある。

　その一は，職員組合が，組合員をどのように代表するかといういわゆる「公正」代表の論点である。民間では労働協約による労働条件の不利益変更，とくにその内容が一部の労働者に関する事案（たとえば，50代以上の組合員だけに関する賃下げ）において，協約の規範的効力の認められる要件はなにかという形で争われている（最近の事案として，日本郵便逓送事件・大阪地判平成17・9・21労働判例906号66頁，AIGエジソン生命労組事件・東京地判平成19・8・27労働経済判例速報1988号18頁，中央建設国民健康保険組合事件・東京地判平成19・10・5労働判例950号19頁，控訴審・東京高判平成20・4・23労働判例960号25頁，第二次鞆鉄道事件・広島地福山支部判平成20・2・29労働法律旬報1700号48頁，控訴審・広島高判平成20・11・28労働法律旬報1700号45頁等参照）。今後，公務員についても労働条件の不利益変更ケースを想定しうるので，組合内民主主義をめぐる法理構築とともに組合規約の整備も緊急の課題といえる。

　その二は，平等取扱いの原則との関連である（国家公務員法27条，地方公務員法13条）。民間でも想定できるが公務員についてはより厳格に同原則が適用され，別組合員や非組合員との関連で協約の規範的効力の在り方が問題となる。公務の実施内容が法定化されていること，国には公務員との関係において公平・平等の取扱いが強く要請されていることから，労働条件の統一性が求められる。また，公務員が提供する労務（サービス）についても，国民（顧客）との関係において公平，統一的な取り扱いが要請されている。その点において，労使自治は大幅な制約をうけ，民間におけるような併存組合の「自主」交渉原則も制約される。とはいえ，統一性はあくまでもルールとしてのそれであり，ルールの適用の結果個別に相違が生じることは問題にならない（能力査定）であろう[18]。

以上をふまえて公務員の団交・協約法制の特質を考えてみたい。まず，労使間協定に効力がなければ，代表制について論じる意味はほとんどない。「団交」は意見表明の機会にすぎないからである。しかし，協約としての効力があり，労働条件の共通性・統一性の要請をも重視すると当該協約内容は，組合員だけではなく非(別)組合員にも適用あると解される。職員組合はまさに「従業員代表的」機能をはたすわけである。そうすると民間の場合のような「団交関係の複線化＋自主交渉原則」という併存組合法理の適用は困難となる。むしろアメリカ法的な排他的交渉代表制のアイデアのほうが適合的と思われる[19]。交渉の一本化による統一的な労働条件の決定プラス非（別）組合員をも含めた公正代表義務という構想なわけである。

　第二は，公務員像の変化にともなうものである[20]。公務の実施主体としての公務員像について，年功処遇，身分保障に安穏として，上司の指揮命令下でいわれたことだけを行う公務員から，専門的観点からより積極的に公務を行う主体としての変貌が期待されている[21]。そのような観点からは，仕事（公務）内容についての上司の説明責任・義務が重視され，個々の職員の一定の関与が想定され，その延長としての組合の関与権も構想しうる。つまり，組合について，公務員の「公務実施主体たる利益」を代表する集団としての位置付けが可能となり，それをふまえた「協約」法理も検討に値する。

---

18) 本報告書においても脈絡は異なるが，少数組合の協約締結権についての検討はなされている。なお，少数組合の団交権については，奥野寿「少数組合の団体交渉権について」日本労働研究雑誌573号（2008年）28頁参照。

19) アメリカ法上の交渉システムの特徴については，拙著『不当労働行為法理の基本構造』（2002年，北海道大学図書刊行会）204頁以下参照。また，公務員の職員代表的なアイデアについては，前掲・西谷敏＝晴山一穂『公務員制度改革』106頁（西谷執筆），前掲・拙著『労使関係法における誠実と公正』（2006年，旬報社）201頁参照。

20) 本稿の問題関心とは異なるが，公務労働論については，晴山一穂『行政法の変容と行政の公共性』（2004年，法律文化社）210頁以下参照。

21) 例えば，公務員制度改革大綱前文では，「行政を支える公務員が，国民の信頼を確保しつつ，主体的に能力向上に取り組み，多様なキャリアパスを自ら選択することなどにより，高い使命感と働きがいを持って職務を遂行できるようにすることが重要である」と提言している。

当局ではなく，その背後にいる住民を相手にした協定という側面があるわけである。これは民間を含めた既存の協約法理を大きく越えたものである。

なお2009年12月現在「国家公務員制度改革推進本部労使関係制度検討委員会」において具体的な立法作業のために多様な論点につき論議が深められている。

〈著者紹介〉

道幸哲也（どうこう・てつなり）
　1947年　北海道生まれ
　1970年　北海道大学法学部卒業
　1972年　同大学大学院法学研究科修士課程修了
　1972年　北海道大学法学部助手
　1976年　小樽商科大学助教授
　1983年　北海道大学法学部助教授
　1985年　北海道大学法学部教授
　2000年　北海道大学大学院法学研究科教授
　2004年　同法科大学院教授

〈主　著〉
『ワークルールの基礎』(単著), 2009年, 旬報社
『労使関係法における誠実と公正』(単著), 2006年, 旬報社
『不当労働行為法理の基本構造』(単著), 2002年, 北海道大学図書刊行会
『不当労働行為の行政救済法理』(単著), 1998年, 信山社
『職場における自立とプライヴァシー』(単著), 1995年, 日本評論社

学術選書
45
労働法

労働組合の変貌と労使関係法

2010(平成22)年7月30日　第1版第1刷発行
5445-7：P320　￥8800E-012-050-015

著者　道幸哲也
発行者　今井　貴　稲葉文子
発行所　株式会社　信山社
〒113-0033　東京都文京区本郷6-2-9-102
Tel 03-3818-1019　Fax 03-3818-0344
henshu@shinzansha.co.jp
笠間才木支店　〒309-1611 茨城県笠間市笠間515-3
笠間来栖支店　〒309-1625 茨城県笠間市来栖2345-1
Tel 0296-71-0215　Fax 0296-72-5410
出版契約2010-5445-7-01010　Printed in Japan

©道幸哲也, 2010　印刷・製本／亜細亜印刷・渋谷文泉閣
ISBN978-4-7972-5445-7 C3332　分類328.615-a003 労働法

◇学術選書◇

1	太田勝造	民事紛争解決手続論(第2刷新装版)	6,800円
2	池田辰夫	債権者代位訴訟の構造(第2刷新装版)	続刊
3	棟居快行	人権論の新構成(第2刷新装版)	8,800円
4	山口浩一郎	労災補償の諸問題(増補版)	8,800円
5	和田仁孝	民事紛争交渉過程論(第2刷新装版)	続刊
6	戸根住夫	訴訟と非訟の交錯	7,600円
7	神橋一彦	行政訴訟と権利論(第2刷新装版)	8,800円
8	赤坂正浩	立憲国家と憲法変遷	12,800円
9	山内敏弘	立憲平和主義と有事法の展開	8,800円
10	井上典之	平等権の保障	続刊
11	岡本詔治	隣地通行権の理論と裁判(第2刷新装版)	9,800円
12	野村美明	アメリカ裁判管轄権の構造	続刊
13	松尾 弘	所有権譲渡法の理論	続刊
14	小畑 郁	ヨーロッパ人権条約の構想と展開〈仮題〉	続刊
15	岩田 太	陪審と死刑	10,000円
16	石黒一憲	国際倒産 vs. 国際課税	12,000円
17	中東正文	企業結合法制の理論	8,800円
18	山田 洋	ドイツ環境行政法と欧州(第2刷新装版)	5,800円
19	深川裕佳	相殺の担保的機能	8,800円
20	徳田和幸	複雑訴訟の基礎理論	11,000円
21	貝瀬幸雄	普遍比較法学の復権	5,800円
22	田村精一	国際私法及び親族法	9,800円
23	鳥谷部茂	非典型担保の法理	8,800円
24	並木 茂	要件事実論概説 契約法	9,800円
25	並木 茂	要件事実論概説Ⅱ 時効・物権法・債権法総論他	9,600円
26	新田秀樹	国民健康保険の保険者	6,800円
28	戸部真澄	不確実性の法的制御	8,800円
29	広瀬善男	外交的保護と国家責任の国際法	12,000円
30	申 惠丰	人権条約の現代的展開	5,000円

信山社

価格は税別

◇学術選書◇

31	野澤正充	民法学と消費者法学の軌跡 6,800円
32	半田吉信	ドイツ新債務法と民法改正 8,800円
33	潮見佳男	債務不履行の救済法理 近刊
34	椎橋隆幸	刑事訴訟法の理論的展開 続刊
36	甲斐素直	人権論の間隙 10,000円
37	安藤仁介	国際人権法の構造Ⅰ〈仮題〉 続刊
38	安藤仁介	国際人権法の構造Ⅱ〈仮題〉 続刊
39	岡本詔治	通行権裁判の現代的課題 8,800円
40	王 冷然	適合性原則と私法秩序 7,500円
41	吉村徳重	民事判決効の理論(上) 8,800円
45	道幸哲也	労働組合の変貌と労使関係法 8,800円
2010	高瀬弘文	戦後日本の経済外交 8,800円
2011	高 一	北朝鮮外交と東北アジア:1970-1973 7,800円

◇総合叢書◇

1	甲斐克則・田口守一 編 企業活動と刑事規制の国際動向 11,400円
2	栗城壽夫・戸波江二・古野豊秋 編 憲法裁判の国際的発展Ⅱ 続刊
3	浦田一郎・只野雅人 編 議会の役割と憲法原理 7,800円
4	兼子仁・阿部泰隆 編 自治体の出訴権と住基ネット 6,800円
5	民法改正研究会 編(代表 加藤雅信) 民法改正と世界の民法典 12,000円
6	本澤巳代子・ベルント・フォン・マイデル 編 家族のための総合政策Ⅱ 7,500円
7	初川満 編 テロリズムの法的規制 7,800円

◇法学翻訳叢書◇

1	R.ツィンマーマン 佐々木有司 訳 ローマ法・現代法・ヨーロッパ法 6,600円
2	L.デュギー 赤坂幸一・曽我部真裕 訳 一般公法講義 続刊
3	D.ライポルド 松本博之 編訳 実効的権利保護 12,000円
4	A.ツォイナー 松本博之 訳 既判力と判決理由 6,800円
9	C.シュラム 布井要太郎・滝井朋子 訳 特許侵害訴訟 6,600円

信山社

価格は税別

渡辺 章
労働法講義 上（総論・雇用関係法Ⅰ）

A5変　768頁　本体価格 6,300円(税別)

労働法理論の適用場面をリアルに解説した法科大学院用体系書
上巻14講・下巻10講で構成した新司法試験対応基本書

〈上巻内容〉労働関係法総説／労働基本権の保障／労働憲章／労働契約と就業規則／労働契約上の権利義務／労使協定等・労働協約／賃金法制／法定労働時間制・時間外労働／弾力的労働時間制／年次有給休／労働契約の成立と試用労働契約／異動人事／労働契約の終了

〈下巻内容〉労働組合／団体交渉／争議行為／組合活動の権利と労働委員会／不当労働行為制度・不利益取扱い／団交拒否・支配介入／雇用均等・休業法など／非正規雇用労働者など／安全衛生法制／労働法（近刊）

山川隆一 編
プラクティス労働法

A5変　430頁　本体価格 3,800円(税別)

【執筆】山川隆一、皆川宏之、櫻庭涼子、桑村裕美子、原昌登、中益陽子、渡邊絹子、竹内(奥野)寿、野口彩子、石井悦子

基本概念の正確な理解に有効な説明事例(illustration)を使用した解説方法を採用。各章に演習（CASE）・解説付き。さらに巻末では「総合演習」および解説をおこない、基礎から応用までを一冊に凝縮。具体的事例を、基礎理解のために多用した、新感覚の最新テキスト !!

―――― 信山社 ――――

蓼沼謙一著作集〔全8巻+別巻〕

第Ⅰ巻　労働法基礎理論　¥16,000（税別）
労働法一般・方法論／労働基本権／
略歴・主要著作【作成】盛誠吾・石井保雄／【解説】毛塚勝利・石井保雄

第Ⅱ巻　労働団体法論　¥14,000（税別）
労働組合／不当労働行為／団体交渉／労働協約／【解説】石井保雄

第Ⅲ巻　争議権論（1）　¥12,000（税別）
争議権基礎理論／【解説】石井保雄

第Ⅳ巻　争議権論（2）　¥12,000（税別）
ロックアウト論／労働争議法の諸問題／【解説】石井保雄

第Ⅴ巻　労働保護法論　¥8,000（税別）
労働基準法／労働契約／就業規則／個別労働条件／【解説】毛塚勝利

第Ⅵ巻　労働時間法論（1）　¥16,800（税別）
労働時間法制／労働時間／【解説】毛塚勝利

第Ⅶ巻　労働時間法論（2）　¥10,000（税別）
年休権論

第Ⅷ巻　比較労働法論　¥10,000（税別）
アメリカ法研究／書評・紹介（サヴィニー、ジンツハイマー等）／
【解説】藤原稔弘

別　巻　労働法原理　H. ジンツハイマー 著　¥9,800（税別）
楢崎二郎・蓼沼謙一 訳

信山社

◇労働法判例総合解説◇
監修：毛塚勝利・諏訪康雄・盛誠吾

判例法理の意義と新たな法理形成可能性の追求

12　競業避止義務・秘密保持義務　　石橋　洋
　　重要判例とその理論的発展を整理・分析　　2,500円+税

20　休憩・休日・変形労働時間制　　柳屋孝安
　　労働時間規制のあり方を論点別に検証　　2,600円+税

37　団体交渉・労使協議制　　野川　忍
　　団体交渉権の変質と今後の課題を展望　　2,900円+税

39　不当労働行為の成立要件　　道幸哲也
　　不当労働行為の実体法理と成否を検証　　2,900円+税

信山社